Günter Ogger, Jahrgang 1941, war Redakteur bei *Capital* und gründete das Technologiemagazin *High Tech*. Er arbeitete als Berater für Verlage, Sender und Wirtschaftsunternehmen und schreibt für Illustrierte und Fachblätter.
Managererfahrung sammelte er als Geschäftsführer einer Beteiligungsgesellschaft, die Anteile an mehreren Dienstleistungsunternehmen verwaltet.

Von Günter Ogger sind außerdem erschienen:

Kauf dir einen Kaiser (Band 3613)
Die Gründerjahre (Band 77152)
Das Kartell der Kassierer (Band 77206)

Dieses Buch wurde auf chlor- und säurefreiem Papier gedruckt.

Mit einem aktuellen Nachwort versehene Taschenbuchausgabe
September 1995
Droemersche Verlagsanstalt Th. Knaur Nachf., München
© 1992 Droemersche Verlagsanstalt Th. Knaur Nachf., München
Das Werk einschließlich aller seiner Teile ist urheberrechtlich
geschützt. Jede Verwertung außerhalb der engen Grenzen des
Urheberrechtsgesetzes ist ohne Zustimmung des Verlages
unzulässig und strafbar. Das gilt insbesondere für
Vervielfältigungen, Übersetzungen, Mikroverfilmungen und die
Einspeicherung und Verarbeitung in elektronischen Systemen.
Umschlaggestaltung Agentur ZERO, München
Druck und Bindung Clausen & Bosse, Leck
Printed in Germany
ISBN 3-426-77136-5

6 8 10 9 7

Günter Ogger

Nieten in Nadelstreifen

Deutschlands Manager
im Zwielicht

INHALT

IM ZWIELICHT 9

Die Wettbewerbsfähigkeit läßt nach 10 Die Zukunft wird verspielt 13 Der soziale Friede ist gestört 15 Das Sündenregister wird länger 16 Eine mächtige Million 17

1 DIE MACHT DER MANAGER 22

Versager werden geschützt 23 Der Pate und sein Opfer 25 Das Zentrum der Macht 26 Wählst du mich, wähl' ich dich 29 Die Räte mit dem müden Blick 30 Allianz gegen Aktionäre 33 In Europa nur Mittelmaß 34 Daimlers Abstieg 37 Über den Tisch gezogen 39 Von der Konkurrenz überholt 41 Der Vorsprung der Japaner 43 Das Defizit der Schwaben 45 Die Bosse bunkern sich ein 46 »Festung Deutschland« 48 Kungelei der leitenden Angestellten 51 Entmachtete Aktionäre 53 Die neuen Opponenten 55 Angriff auf die VEBA 57 Konzerne als Kapitalvernichter 59 Die »deutschen Krankheiten« 61 Infame Argumente 63 Tolpatschig in Übersee 65

2 DIE MORAL DER MANAGER 67

Knastbrüder 67 Der Erfolg heiligt die Mittel 68 Wie die Elektromafia schmiert 70 »Nützliche Ausgaben« 72 Wie absolutistische Fürsten 74 »Bären«-Geschäfte mit Krupp 77 Ottos Selbstbedienungsladen 78 Ein Konzern wird ausgeplündert 82 Zwei Milliarden abgezockt 84 Eine deutsche Karriere 85 Sie nehmen, was sie bekommen 86 Verwahrloste Sitten in der Finanzbranche 88 Arme Würstchen 91 Gewaltige Dunkelziffer 93 Ohne Stil und Moral 97 Die Pyramide steht auf der Spitze 98 Vollkommene Risikoabsicherung 101 Luxustourismus der Führungskräfte 103 Sponsoring 105 Abfindungen 106 Stillose Rausschmisse 110 Die Herrschaft der Greise 113 Das Seminar-Unwesen 116 Gurus 119

3 DIE FEHLER DER MANAGER 122

Egoismus 122 Zur Teamarbeit unfähig 124 Opportunismus 126 Konformismus 127 Bürokratismus 129 Akademiker im Elfenbeinturm 132 Frostiges Betriebsklima 134 Insuffizienz 139

4 DIE VERSÄUMNISSE DER MANAGER 147

Die Technologielücke 149 Der Größenwahn 157 Das geplante Chaos 161 Jeder gegen jeden 167 Mißachtung der Märkte 171

5 DIE MISSMANAGER 175

6 ANPASSER, DUCKMÄUSER, FACHIDIOTEN 187

Lämmer statt Tiger 188 Langweiler bevorzugt 191 Demütigungen und Niederlagen 192 Gönner gesucht 194 System der Flaschenzüge 195 Falsche Leute am falschen

Platz 197 Schwäche für Bluffer und Blender 199 Ein Vorstand läßt jagen 200 Leichtverderbliche Handelsware 202 Orientierungslose Führer 204 Angst in den Augen 207 Blinder Aktionismus 213 Akuter Realitätsverlust 215 Die Mythen der Manager 217

7 DIE NEUE WIRTSCHAFT 220

Größe bedeutet nichts, Schnelligkeit alles 221 Die Bürokraten gehen von Bord 226 Philosophie statt Organisation 227 Die verschlafene Revolution 229 Die Zwei-Klassen-Gesellschaft verschwindet 232 Mit dem Rücken zur Wand 235 Alle wollen »schlank« werden 237

8 DIE NEUEN MANAGER 240

»Ethisches Gesäusel« 242 Führer braucht das Land 244 Manager müssen inspirieren 247 Unternehmer statt Beamte 249 Theater bei Thyssen 251 Gewerkschaften in der Klemme 252 Frauen an die Macht 254 Sprachlose Helden 256 Vergreiste Vorstände 258 Chancen für Philosophen 260 Ehrenkodex für Manager 262

Nachwort zur Taschenbuchausgabe 267

Literaturverzeichnis 271

Register 273

IM ZWIELICHT

Sie sind tüchtig, alle Welt weiß es. Sie kommandieren die drittgrößte Volkswirtschaft der Erde und beherrschen die internationalen Märkte. Sie bescherten uns einen Wohlstand, wie wir ihn nie zuvor in unserer Geschichte kannten. Sie besiegten den Kommunismus und arbeiten im deutschen Osten hart am Wirtschaftswunder, zweiter Teil.
So sehen sie sich am liebsten, die deutschen Manager. Selbstzweifel sind in ihrer Ausbildung nicht vorgesehen, und öffentliche Kritik ist selten. Warum auch, steht doch alles zum besten mit unserer Wirtschaft, oder?
Verglichen mit den Zuständen in der Politik oder in der öffentlichen Verwaltung, ist die deutsche Privatwirtschaft zweifellos in recht guter Verfassung. Ob das aber ein Verdienst der Manager ist, darf bezweifelt werden. Denn gerade da, wo die angestellten Bosse das Sagen haben, zeigen sich seit ein paar Jahren erschreckende Schwächen: in der Großindustrie und in der Finanzwirtschaft.
Die totale Herrschaft, die eine zahlenmäßig kleine Gruppe von Topmanagern seit dem Rückzug der großen Unternehmerfamilien über den wichtigsten Bereich der deutschen Wirtschaft angetreten hat, führte zu einer Reihe

gravierender Fehlentwicklungen, deren Folgen erst jetzt allmählich sichtbar werden:

Die Wettbewerbsfähigkeit läßt nach

Die deutsche Sonderkonjunktur, hervorgerufen durch den Zuwachs der neuen Bundesländer, überdeckte bisher die nachlassende Leistungsfähigkeit der Industrie. Der katastrophale Einbruch der Autoexporte in die USA, schrumpfende Gewinne bei vielen Publikumsgesellschaften, abstürzende Aktienkurse und ein drastischer Personalabbau selbst bei Renommierfirmen wie Mercedes-Benz, AEG, VW oder Lufthansa künden von der Krise der Konzerne.

Nach Untersuchungen führender Unternehmensberater sind in der deutschen Industrie zwei bis drei Millionen Arbeitsplätze gefährdet. Allein die Automobilbauer und ihre Zulieferer wollen ab 1992 rund 100 000 Stellen streichen, im Maschinenbau sind es etwa 150 000, in der Elektrobranche 120 000. Daimler-Benz plant bereits den Abbau seiner Belegschaft um 20 000, VW um 25 000, Opel um 11 000 und BMW um 3000 Mitarbeiter.

Die Hektik, mit der in der Automobilindustrie, bei den Kfz-Zulieferern und im Maschinenbau jetzt japanische Produktionsmethoden kopiert werden – die Stichworte heißen »lean production« und »lean management« –, ist in Wahrheit eine späte Bankrotterklärung des industriellen Managements. Die Herren der deutschen Wirtschaft haben die Entwicklung schlicht verschlafen. Erst eine Studie des amerikanischen Massachusetts Institute of Technology (MIT) brachte an den Tag, was zumindest die Bosse der deutschen Automobilhersteller längst hätten wissen müssen: Die japanischen Konkurrenten – und mittlerweile auch einige US-Werke – haben einen Kosten- und Produktivitäts-Vorsprung von rund 35 Prozent. Und das nicht, weil sie geringere Löhne zahlen oder benötigte Materialien billiger einkaufen, sondern weil sie ihre Fabriken intelligenter organisiert haben. Die Manager, und nicht die Arbeiter, sind in Japan einfach besser.

Anstatt ihre Betriebe auf größtmögliche Effizienz zu trimmen, haben die Herren der deutschen Wirtschaft während der vergangenen Jahre in einer Art kollektiven Größenwahns das Falsche getan: Mit dem Geld ihrer entmündigten Aktionäre kauften sie Umsätze hinzu, um immer mächtiger und unangreifbarer zu werden.

Doch die euphemistisch als »Diversifikation« ausgegebene Shopping-Tour der Bosse endete in den meisten Fällen recht kläglich: mit Riesenverlusten, zerstörten Unternehmenskulturen, unzufriedenen Mitarbeitern. Weder die Aktionäre und Gesellschafter noch die Belegschaften und Kunden der Konzerne hatten Vorteile von der Übernahme fremder Firmen. Die kam allein den Managern zugute, in Form vieler neuer Posten, höherer Gehälter und einem kolossalen Zuwachs an Macht und Einfluß.

Edzard Reuter schaffte den Sprung an die Daimler-Spitze, indem er seinen Aufsichtsräten einredete, Deutschlands erfolgreichster Autobauer müsse sich in einen »integrierten Technologiekonzern« verwandeln. Also plünderte er die pralle Firmenkasse, um nacheinander die AEG, Dornier und MBB zu kaufen. Mit dem Ergebnis, daß die Daimler-Gewinne abstürzten, der Betriebsfrieden dahin war, der Konzern mehrfach umorganisiert werden mußte. Sieben Jahre nach Reuters Machtergreifung hat sich das einstige Musterunternehmen noch immer nicht erholt: Nach wie vor schreibt die AEG rote Zahlen, und bei der Dasa (Deutsche Aerospace) drohen nach dem Absturz des »Jägers 90« und der Kürzung des Bonner Raumfahrtetats sogar Massenentlassungen. Nicht viel besser erging es dem obersten Mann von Mannesmann. Werner H. Dieter, ein autokratischer und machtbesessener Manager, liftete mit teuren Zukäufen (unter anderem Fichtel & Sachs, Boge, VDO) zwar den Umsatz des einstigen Röhrenkonzerns auf zuletzt beachtliche 24 Milliarden Mark hoch, doch der Gewinn halbierte sich.

Sein Vorstoß in die Branche der Autozulieferer erfolgte just in dem Moment, da hier heftige Preiskämpfe die Margen wegbrechen ließen. Und auch der Aufbau eines Mobilfunknetzes (»D 2«) erwies sich bisher lediglich als höchst kostspieliges Abenteuer mit ungewisser Zukunft.

Danebengegriffen haben auch die VW-Manager mit dem Ankauf der maroden Büromaschinenfabrik Triumph-Adler und die Kollegen von BMW mit dem Erwerb der Elektronikfirma Kontron.
Genützt haben solche Fehlentscheidungen bisher nur den Managern. Obwohl sie mit keiner Mark haften und ausschließlich fremder Leute Geld verwalten, führen sich die leitenden Angestellten in der deutschen Großwirtschaft auf wie Könige von Gottes Gnaden. Ihr erstes und wichtigstes Bestreben ist es, ihre Macht zu mehren und abzusichern. Deshalb verhindern sie, im Verein mit den Kollegen von den Großbanken und Versicherungen, jeden ernsthaften Wettbewerb.
Wann immer ein Außenstehender – gleich, ob es sich um einen dynamischen Selfmadeunternehmer oder einen ausländischen Konzern handelte – nennenswerte Anteile an einem Unternehmen der »Deutschland AG« erwerben wollte, schlossen sich die Abwehrreihen des Managements.
Kein Trick war ihnen zu abgefeimt, kein Manöver zu windig, wenn es galt, die vom Gesetz gewollte Freizügigkeit im internationalen Kapitalverkehr zu unterlaufen.
Der Chef der Aachener und Münchener Versicherungsgruppe, Wolf-Dieter Baumgartel, verhinderte mit juristischen Finessen und fragwürdigen Kapitalmanövern bis zuletzt, daß ein Vertreter des französischen Großaktionärs AGF in seinen Aufsichtsrat einzog, und die um ihren Job bangenden Vorstände des Hannoveraner Reifenherstellers Conti blockierten die Fusion mit dem italienischen Rivalen Pirelli, obwohl der Zusammenschluß für beide Firmen Vorteile gebracht hätte.
So gelang den bis in die Vorstandsetagen aufgestiegenen Bossen, praktisch alle wichtigen Posten in der deutschen Großwirtschaft unter sich aufzuteilen. Das garantierte ein bequemes Leben, denn unter Kollegen tut man sich nicht weh.
Eine verhängnisvolle Rolle spielen die Bankiers und Versicherungsmogule. Mit der unermeßlichen Kapitalkraft ihrer Konzerne stützen sie das Regime der Industriemanager, die sich im Gegenzug mit Wohlverhalten bedanken.

Das Kartell der Großmanager sorgte dafür, daß die Gewichte schön ungleichmäßig verteilt wurden, nach dem Motto: die Guten ins Kröpfchen, die Schlechten ins Töpfchen. Das Kröpfchen gehörte selbstverständlich ihnen, aus dem Töpfchen hatten sich die Belegschaften, die Kunden und die Aktionäre zu bedienen. Im Kröpfchen sammelten sich Millionengehälter, fette Tantiemen, Dienstvillen, üppige Spesenkonten und Alterspensionen an, im Töpfchen verblieben magere Dividenden, stagnierende Aktienkurse, ein mieses Betriebsklima, ständig steigende Preise.

Ausgehungert wurden vor allem die Aktionäre. Etwa dreieinhalb Millionen deutsche Haushalte halten Anteilsscheine an Industrieunternehmen, Banken und Versicherungen. Zu sagen haben sie freilich nichts, denn über die Hälfte des Kapitals aller an der Börse notierten Aktiengesellschaften befindet sich in den Händen von Unternehmen. Und die werden regiert von Managern.

Die Hauptversammlungen fast aller großen Publikumsgesellschaften sind deshalb nicht mehr als reine Showveranstaltungen. Sie sollen eine Aktionärsdemokratie vorgaukeln, wo in Wahrheit die Oligarchie der Manager herrscht. Den Firmen ist das ebensowenig bekommen wie unserer Volkswirtschaft. Im internationalen Vergleich konnten die deutschen Konzerne dank der Zukaufpolitik ihrer Chefs nur beim Wachstum der Umsätze einigermaßen mithalten. Bei den Gewinnen jedoch, der eigentlichen Qualität jedes Unternehmens, fielen die deutschen Companies selbst gegenüber ihren europäischen Konkurrenten weit zurück.

Die Zukunft wird verspielt

Die ganz auf Bequemlichkeit und Machterhalt ausgerichtete Politik des Industrie-Establishments ist dabei, die Zukunft unserer Volkswirtschaft zu verspielen. Deutschlands Manager haben bewiesen, daß sie, im Gegensatz zu den Japanern, unfähig sind, gemeinsam strategische Ziele anzusteuern. Fast ohne Gegenwehr überließen sie ausländischen Konkurrenten Schlüsseltechnologien wie die Mikroelektronik oder die Gentechnik. Ebenso vernachlässigten sie die wachstumsstärksten Märkte der Zukunft rund um den Pazifischen Ozean.

Für eine Nation, deren Wohlstand größtenteils auf der Nutzung der jeweils modernsten Technik beruht, ist der Rückfall deutscher Firmen in der Mikroelektronik und der verwandten Gebiete ein Desaster von verheerendem Ausmaß. Dabei handelt es sich eigentlich nicht um eine Technologielücke, sondern um ein Managementproblem.

Denn in der Forschung und Entwicklung sind die deutschen Physiker und Ingenieure durchaus auf der Höhe der Zeit. Erst wenn es um die Umsetzung ihrer Arbeiten in marktfähige, kostengünstige Produkte geht, geraten die Firmen gegenüber den schnelleren Konkurrenten aus Fernost in einen hoffnungslosen Rückstand. Das ist deshalb so fatal, weil die gesamte verarbeitende Industrie immer stärker von elektronischen Bauteilen abhängig wird.

Japans Konzerne haben dies schon vor Jahren erkannt und mittlerweile einen fast uneinholbaren Know-how-Vorsprung in der Herstellung der Mikrospeicherchips erkämpft. Selbst ein Weltkonzern wie Siemens, obwohl von Bonn mit Hunderten von Millionen Mark gefördert, blieb bisher nur zweiter Sieger. Europäische Projekte wie »Jessi« oder »Eureka« scheiterten am Prestigedenken der Manager, die keinem Rivalen einen Erfolg gönnen.

Erfolglos blieben die Deutschen bisher auch in der Gentechnik, die in Zukunft eine ähnlich branchenübergreifende Bedeutung erlangen könnte wie die Mikroelektronik. Die vordergründige Diskussion um die ethische Rechtfertigung bestimmter Forschungslinien oder einschlägige Umweltschutzmaßnahmen verdeckten nur die Tatsache, daß es die Manager der Chemie- und Pharmaunternehmen nicht fertigbringen, die Öffentlichkeit vom Nutzen dieser Technologie zu überzeugen.

Die biederen Verwalter der deutschen Konzerne machen ihr Geschäft lieber mit Produkten, deren Basiserfindungen noch aus dem 19. Jahrhundert stammen: mit Stahl, Maschinen, Autos, Düngemitteln und Starkstromanlagen. Bei den High-Tech-Erzeugnissen des späten 20. Jahrhunderts hingegen haben sie nichts mehr zu melden: Die Computer, Kopierer, Telefaxgeräte, Video- und

Camcorder der Gegenwart kommen fast ausnahmslos aus fernöstlichen Fabriken. Und dort, zwischen Taiwan, Singapur, Hongkong, Korea und Japan, entstehen auch die dynamischsten Märkte der Zukunft. Aber weil unsere Herren Manager zu bequem sind, die Landessprachen zu erlernen und die Unbilden eines Umzugs auf sich zu nehmen, überlassen sie ihren Konkurrenten aus den USA und Japan kampflos das Feld.

Der soziale Frieden ist gestört

Beängstigender noch als die nachlassende Konkurrenzfähigkeit ist jedoch die innere Verfassung unserer Wirtschaft. Galt Deutschland einst als sozialpolitischer Musterfall innerhalb der Weltwirtschaft, so machen sich in den letzten Jahren immer stärkere Spannungen in den Betrieben bemerkbar. Bei den Belegschaften wächst der Unmut über »die da oben«, wenn die Manager Sparappelle verkünden und mit Entlassungen drohen, während sie sich selbst immer höhere Gehälter, Tantiemen und Pensionen bewilligen. Die Bezüge der Topmanager nahmen in den letzten Jahren etwa doppelt so schnell zu wie die Tariflöhne. Vorstandsgehälter von einer Million Mark und mehr im Jahr sind bei den großen Konzernen längst die Regel, und ungeniert langen viele Bosse auch dann noch kräftig zu, wenn die Gewinne ihrer Unternehmen wegbrechen. 1991 genehmigten sich zum Beispiel Hayo Schmiedeknecht und seine Kollegen von der Deutschen Babcock AG 7,3 Prozent mehr, obwohl der Oberhausener Anlagenbauer in die roten Zahlen schlitterte. Auch die Vorstände von Thyssen, VEBA, VW, RWE, Commerzbank und vieler anderer Konzerne bedachten sich trotz magerer Ergebnisse mit üppigen Zulagen. Altkanzler Helmut Schmidt brachte die Stimmung in den Betrieben auf den Punkt, als er forderte, daß »in den nächsten fünf Jahren keine Aufsichtsratstantiemen, Vorstandsgehälter und Vorstandstantiemen erhöht werden sollten«. Denn die, postulierte Schmidt, »sind in Deutschland schon eh viel zu hoch«.

Die Unzufriedenheit der Mitarbeiter äußert sich in stillschweigender Ob-

struktion, in immer längeren Fehlzeiten, in »blauen« Montagen und in schlampiger, weil gedankenlos ausgeführter Arbeit. Rund 35 Milliarden Mark, so hat das Institut der deutschen Wirtschaft ausgerechnet, gehen den Betrieben jährlich dadurch verloren.
Die Verantwortung für das abgekühlte Sozialklima trägt in erster Linie das Management. Denn die zur Führung von Menschen häufig ungeeigneten Führungskräfte der Wirtschaft haben es bis heute nicht verstanden, in ihren Betrieben jene Harmonie zwischen »unten« und »oben« zu erzeugen, die ihre japanischen Konkurrenten so erfolgreich macht. Noch immer gibt es in der deutschen Industrie, allen Parolen von »kooperativer Führung« zum Trotz, eine Zweiklassengesellschaft aus »Schlipsträgern« und »Blaumännern«: Die einen befehlen, die anderen haben zu gehorchen. Ängstlich grenzen sich die »leitenden« Angestellten gegenüber den geleiteten ab, durch lächerliche Statussymbole betonen sie die Rangunterschiede innerhalb der betrieblichen Machthierarchie. Doch der Klassenkampf von oben ist, auch wenn das noch längst nicht alle Manager gemerkt haben, endgültig vorbei. Im gnadenlosen Wettbewerb um die Weltmärkte können es sich die Herren der Wirtschaft nicht mehr leisten, ihre Mitarbeiter in die »innere Emigration« zu entlassen. Nur wenn es ihnen gelingt, deren kreatives Potential auszuschöpfen – es dürfte in Deutschland größer sein als irgendwo anders –, finden die Betriebe wieder Anschluß an das Niveau ihrer Konkurrenten aus Fernost. Dazu aber müssen die Manager kompetenter, offener und glaubwürdiger werden.

Das Sündenregister wird länger

Die blassen, karrieresüchtigen Typen, die heutzutage die Chefetagen bevölkern, haben schon zuviel Kredit verspielt. Angesichts der skrupellosen Art, in der sich manche von ihnen auf Kosten ihrer Firmen bereicherten, der zahllosen Fälle von Managerkriminalität, der illegalen Waffengeschäfte mit Massenmördern vom Schlage eines Saddam Hussein, der Giftgas- und Raketenlieferungen, der bedenkenlosen Umweltzerstörungen, traut ihnen keiner mehr so recht über den Weg. Auch mit ihrer beruflichen Qualifikation ist es offensichtlich nicht weit her. Zahllose Fälle von Mißmanagement ließen in den letzten Jahren starke Zweifel an den Fähigkeiten unserer Wirtschaftselite aufkommen. Von A wie AEG bis Z wie ZF reicht die Liste der Unternehmen, die von ihren Managern in die Bredouille gebracht wurden.

Weil die dumpfen Herren der Wirtschaft mit ihrem Latein schnell am Ende sind, wenn die Probleme unübersichtlich werden, blüht das Beraterunwesen. Nirgendwo sonst auf der Welt verdienen so viele aushäusige »Medizinmänner« so viel Geld mit guten Ratschlägen wie in Deutschland.

Beraterfirmen wie McKinsey, Roland Berger oder Boston Consulting müssen richten, was die Herren Manager verbockt haben. Sie krempeln ganze Konzerne um, entwickeln Marktstrategien und sorgen für die Schließung unrentabler Betriebsteile – alles Hausaufgaben des Managements. Selbst so einfache Aufgaben wie die Suche nach neuem Personal, die Organisation der EDV oder die steuerrechtliche Optimierung der Bilanz überlassen die überforderten Führungskräfte den freien Beratern. Bereitwillig zahlen die hochdotierten Bosse dafür opulente Honorare – auf Kosten der Eigentümer, Mitarbeiter und Kunden. Damit keine Langeweile aufkommt, vergnügen sie sich derweil auf allerlei Seminaren, Kongressen und anderen fröhlichen Veranstaltungen, die selbstverständlich stets der »Fortbildung« dienen. Wenn schon nicht auf dem Golfplatz, suchen sie Entspannung beim Überlebenstraining mit dem früheren Zehnkampfweltrekordler Kurt Bendlin oder bei den Karatekursen des Arnold Gehlen. Stille Naturen bevorzugen die Einkehr im Kloster unter Aufsicht des Jesuitenpaters Rupert Lay, gehemmte Redner sprechen sich frei in den Rhetorikkursen des Heinz Goldmann. Nichts ist den bildungssüchtigen Managern zu teuer – wenn es die Firma bezahlt.

Eine mächtige Million

Wie groß die Kaste der Manager in Deutschland ist, läßt sich nicht so ganz genau bestimmen. Das Statistische Bundesamt zählte zuletzt 1,7 Millionen

Menschen, die »leitende Tätigkeiten« (wie disponieren, koordinieren, organisieren, führen) ausüben. Alle diese kleinen und großen »Chefs« als Manager zu bezeichnen, wäre vielleicht etwas übertrieben. Interessant aber ist in diesem Zusammenhang, daß sich die »leitenden« Deutschen in den letzten zehn Jahren etwa zehnmal so schnell vermehrten wie die arbeitende Bevölkerung insgesamt. Es gibt also tatsächlich immer mehr »Häuptlinge« – derzeit sind es 6,1 Prozent – und immer weniger »Indianer« unter den werktätigen Germanen.

Die »Leseranalyse Führungskräfte 91« der deutschen Zeitschriftenverlage setzte die Meßlatte ein wenig höher an und ermittelte insgesamt nur 1,164 Millionen »Entscheider« in der deutschen Wirtschaft, nämlich:

- 198 000 Selbständige mit Betrieben ab fünf Beschäftigten
- 215 000 Freiberufler mit mindestens einem Beschäftigten;
- 543 000 leitende Angestellte ab der Ebene Sachgebietsleiter/Referent mit einem monatlichen Nettoeinkommen von mindestens 4000 Mark;
- 208 000 Beamte ab Besoldungsgruppe A 14.

Die Kerngruppe der eigentlichen »Manager« aber rekrutiert sich aus jenen 1,5 Prozent Arbeitnehmern, die als Direktoren, Amts- oder Betriebsleiter, als Geschäftsführer oder Vorstandsmitglieder fungieren. Es sind demnach etwa 370 000 Personen. Die Macht ist in dieser Gruppe freilich sehr unterschiedlich verteilt. Die meisten »Chefs« haben nämlich sehr viel weniger zu sagen, als ihre Untergebenen vermuten. Sie sind in ihren Entscheidungen nicht frei, sondern an »Weisungen« von Gesellschaftern, Aktionären oder Konzernmüttern gebunden. Dennoch zeigen sich bereits in dieser relativ großen Gruppe jene typischen Verhaltensweisen, die zu diesem Buch anregten.

Gestützt auf die unbezweifelbaren früheren Erfolge der deutschen Wirtschaft – die eine Unternehmerwirtschaft war –, hat die Kaste der Manager in den letzten Jahren eine Machtvollkommenheit erlangt, die der Nachlässigkeit ebenso Vorschub leistete wie der Arroganz.

Die Akkumulation des Kapitals an den von Managern beherrschten Sammelstellen der Banken und Versicherungen hat diese Entwicklung ebenso begünstigt wie die von den Gewerkschaften erkämpfte Mitbestimmung. Denn auch die Arbeitnehmerorganisationen werden von Managern geleitet. In den Aufsichtsräten sitzt sich deshalb jetzt überall der gleiche Typus gegenüber, egal ob er aus einer Bank stammt, aus einem Industriebetrieb oder aus der IG Metall.

Dieser Typ ist fast immer männlich, Akademiker, zwischen 40 und 65 Jahre alt, verheiratet, zwei Kinder, ehrgeizig, egoistisch und selten zu echter Teamarbeit fähig. Dies jedenfalls ergibt sich aus Untersuchungen von Personalberatern und Wirtschaftshochschulen.

Im deutschen Topmanagement haben Frauen nur einen Minianteil von 5,9 Prozent, im Mittelbau bringen sie es immerhin schon auf 7,8 Prozent. Über 80 Prozent der Firmenlenker haben studiert, und jeder zweite von ihnen arbeitet seit mehr als 20 Jahren in derselben Firma. Obwohl insbesondere die Konzernvorstände schon arg vergreist wirken – das Durchschnittsalter der Chefs der 50 größten deutschen Industrieunternehmen liegt bei 57 Jahren –, rühmen sich die Bosse allzugern ihrer sportlichen Fähigkeiten: 72,2 Prozent geben an, aktiv Sport zu treiben. Die meisten spielen Golf.

Die Machtergreifung der leitenden Angestellten fand in aller Stille statt. Trotz der vielen Wirtschaftsmagazine, die die Konzernlenker zu ihren Helden erkoren, trotz populärer TV-Serien wie »Dallas« und »Denver-Clan« blieben die Herren der deutschen Wirtschaft ziemlich unbekannte Wesen. Jeder TV-Moderator, Fußballprofi oder Schlagersänger steht dem Volke offenbar näher als die ungleich mächtigeren, aber öffentlichkeitsscheuen Konzernregenten.

Als die Meinungsforscher von Emnid 1990 rund 2000 deutsche Männer und Frauen fragten, welche Topmanager sie mit Namen kannten, wußten 60 Prozent keine Antwort. Derzeit bekanntester Manager ist laut einer Allensbach-Umfrage eine Frau: Birgit Breuel, Präsidentin der Treuhandanstalt. Bei den Konzernbossen rangiert Daimler-Chef Edzard Reuter mit einem Bekanntheitsgrad von 30,3 Prozent an der Spitze. Unbekanntester Spitzenmanager ist demnach Marcus Bierich, der Boß von Bosch.

Während Markenartikler wie Henkel, Reemtsma, Binding und Oetker Milliarden Werbemark dafür ausgeben, ihre Produkte dem Volk nahezubringen, halten sich deren Chefs vornehm im Hintergrund. Diese Diskretion hat Methode: Aus der Anonymität heraus läßt es sich leichter agieren als im grellen Rampenlicht. Außerdem sind viele der Chefs einfach miserable Darsteller.

Selbst solche, die sich öffentliche Auftritte durchaus zutrauen, machen dabei oft eine klägliche Figur. Wenn etwa BMW-Lenker Eberhard von Kuenheim zu Fragen der Wirtschaftspolitik Stellung nimmt, schaudert es selbst seinen treuesten Anhängern.

Sogar ein interviewerprobter Verbandssprecher wie BDI-Präsident Heinrich Weiss geriet ins Zwielicht, als er Giftgas- und Rüstungslieferungen deutscher Firmen bestritt, obwohl er es eigentlich besser hätte wissen müssen. Offensichtlich fehlt vielen Spitzenmanagern jegliches Gespür für Gut und Böse, wenn ihre eigenen Interessen berührt werden.

Gefördert wird die »Betriebsblindheit« der Wirtschaftslenker durch ihre pflegliche Behandlung in den Medien und ihre eigene publizistische Macht. Sahen sich Deutschlands Ärzte einst als millionenschwere »Halbgötter in Weiß« diffamiert, standen die Beamten als »Schlafmützen der Nation« am Pranger der Medien und die Politiker als habgierige »Diätenschneider«, so blieb den Managern ein vergleichbarer Ehrentitel bis heute versagt.

Die heile Welt der Führungskräfte ruht auf festen publizistischen Fundamenten. Sämtliche »meinungsbildenden« Medien, von der *Frankfurter Allgemeinen* bis hin zum *Spiegel,* haben die »Leitenden« im Visier. Nur wer von der Wirtschaftselite gelesen, gehört und gesehen wird, bekommt die Werbemillionen zugeschoben, die die Medienbranche zum bestverdienenden Zweig unserer Volkswirtschaft machten.

Und so pflegen sie alle das »Heldenimage« der Manager. Sieben Wirtschaftsmagazine berichten monatlich, eines gar wöchentlich aus den Chefetagen der deutschen Wirtschaft. Kaum ein Rundfunk- und Fernsehsender, der sich nicht mit regelmäßigen Börsen-, Geld- und Firmennachrichten ins Blickfeld der kaufkräftigen »Entscheider« rückt. Da ist stets »objektive Information« gefragt und keine Kritik.

Natürlich muß es, wo Helden walten, auch Verlierer geben. Doch das »Negative« ist stets der Einzelfall, nie wird die Kompetenz der Gruppe in Frage gestellt.

Großunternehmen wie Daimler, Siemens oder VW beschäftigen im eigenen Haus mehr Journalisten als die meisten Redaktionen. Und selbst mittelständische Unternehmen leisten sich heutzutage eigene Presseabteilungen oder beauftragen aushäusige Public-Relations-Agenturen mit der Pflege ihres Images.

Pausenlos spuckt diese gut geölte Propagandamaschinerie positive Informationen über Personen und Produkte aus, die ihren Niederschlag in sämtlichen gedruckten und elektronischen Medien finden, und selbstverständlich profitieren die Manager dieser Unternehmen stets auch persönlich von den günstigen Firmennachrichten, als deren Urheber sie erscheinen. So unterschiedlich diese »Nachrichten« auch sein mögen, eines haben sie gemeinsam: Sie sind selten kritisch. Und wenn, dann richtet sich die Kritik immer an andere; an die Politiker, wenn sie nicht genügend Subventionen herausrücken, an die Verbraucher, wenn sie »Zurückhaltung üben«, an die preiswerte Konkurrenz aus dem Ausland, wenn sie eine »perfide Dumpingstrategie« verfolgt.

So nimmt es nicht wunder, wenn uns die Herren der deutschen Wirtschaft stets als hart arbeitende, durchweg erfolgreiche und moralisch über jeden Zweifel erhabene Figuren begegnen.

1
DIE MACHT DER MANAGER

Als der amerikanische Nationalökonom John Kenneth Galbraith in seinem Buch über *Moderne Industriegesellschaft* schon zu Beginn der 60er Jahre vor der totalen Herrschaft der Manager warnte, nahm ihn niemand besonders ernst. Inzwischen ist es soweit. Überall in den modernen Volkswirtschaften hat sich das Regime der Manager etabliert, und diese haben die übrigen Mitspieler an den Entscheidungsprozessen, nämlich die Eigentümer und die Belegschaften, ins Abseits manövriert. Natürlich ist es nicht so, daß die angestellten Manager eine mafiaähnlich organisierte Kaste bildeten, die von irgendeinem Paten ferngelenkt würde. Im Gegenteil: Das Management in den modernen Industriegesellschaften gleicht eher einer »gemischten Raubtiergruppe« – so der ehemalige Vorstandssprecher der Deutschen Bank, Wilfried Guth.

Hier kämpft zwar jeder gegen jeden, und Futterneid ist die elementare Triebkraft in der Ellenbogengesellschaft der Leistungsträger, doch wenn es um die Gesamtinteressen ihrer Kaste geht, beweisen die Führungskräfte sehr wohl einen lebendigen Korpsgeist. Je komplexer sich die Arbeitsprozesse in den modernen Volkswirtschaften gestalteten, desto wichtiger wurde im Laufe der Jahre der Produktionsfaktor »Information«, während die Bedeutung der Faktoren »Kapital« und »Arbeit« stetig abnahm. Parallel dazu verlief der Siegeszug des Managements.

Manager verfügen über alle relevanten Informationen in einem Betrieb, sie haben die totale Dispositionsgewalt. Und wie sie mit den ihnen anvertrauten Ressourcen, nämlich dem Kapital der Eigentümer und der Arbeitskraft ihrer Mitarbeiter, umgingen, das diente letztlich vor allem ihren eigenen Interessen. Über die deutsche Wirtschaft herrscht das Management mittlerweile so total wie einst der Adel über seine Untertanen. Manager steuern, als Vorstände oder Geschäftsführer, nahezu alle größeren Unternehmen der Republik. Eigentümerunternehmer sind in der Großindustrie, wie in der Welt der Banken und Versicherungen, seltener als ein falscher Fuffziger in der Geldzählmaschine der Deutschen Bank.

Nun muß man dem Ende der Eigentümerära nicht unbedingt nachtrauern – viele der Altkapitalisten vom Schlage eines Flick, Quandt, Klöckner oder Stinnes waren alles andere als liebenswerte Zeitgenossen –, doch sie hatten einen unschätzbaren Vorteil: Sie mußten mit ihrem eigenen Vermögen dafür büßen, wenn sie eine Fehlentscheidung getroffen hatten. Diese Gefahr besteht für den Manager nicht.

Versager werden geschützt

Er verfügt zwar über ungeheure Summen und vermag weitreichende Entscheidungen zu treffen, aber er haftet für gar nichts. Häufig haftet er nicht mal mit seinem Job. Denn das wichtigste ungeschriebene Gesetz für die Mitglieder der Chefetagen in der deutschen Großwirtschaft lautet: Ein Vorstand hat immer recht, und wenn er sich irrt, dann sind die Umstände schuld. Wer es bis hierhin geschafft hat, ist vor Verfolgung sicher, das beweisen die Karrieren zahlreicher Topmanager, denen auch gravierende Fehlleistungen nichts anhaben konnten.

Arno Bohn zum Beispiel, Vertriebschef des gescheiterten Computerkonzerns

Nixdorf, landete wenig später im Cockpit des Sportwagenherstellers Porsche. Heinz Dürr, dem die Sanierung der AEG mißlang, wurde trotz eines zu verantwortenden Jahresverlustes von zuletzt 450 Millionen Mark an die Spitze der Deutschen Bundesbahn befördert. Und auch Vorstandsmitglieder so erfolgloser Unternehmen wie Orenstein & Koppel, Olympia und Triumph-Adler fanden andernorts ebenso lukrative Pöstchen. Bei der Deutschen Bank gar wurde die Exkulpierung der Topmanager zum Prinzip erhoben: Der Vorstand entscheidet grundsätzlich einstimmig und deckt damit gemeinsam jeden Fehler seiner einzelnen Mitglieder.

Die beispiellose Konzentrationswelle in den 80er Jahren, die die großen Konzerne noch größer machte und die Zahl der unabhängigen Industrieunternehmen deutlich verringerte, diente in erster Linie dem Machthunger der Konzernvorstände.

Dieser elitäre Zirkel, eine Gruppe von kaum mehr als 200 Personen, kontrolliert heute über ein kompliziertes Netzwerk den weitaus größten Teil der deutschen Industrie mitsamt der Finanzwirtschaft.

Die Herren begegnen sich häufig, mal in den Vorständen ihrer eigenen Unternehmen und deren Tochtergesellschaften, mal in den Aufsichtsräten befreundeter Banken, Versicherungen oder Industriekonglomerate. Jedes Mitglied dieses inneren Zirkels der deutschen Wirtschaft verfügt über krakenhaft lange Arme, die in die entferntesten Winkel ihrer Imperien reichen. Ihre Macht stützt sich auf ein enges Beziehungsgeflecht aus ranggleichen und rangniederen Kollegen.

Die Ranggleichen helfen bei der Bewilligung von Großkrediten, der Besetzung von einflußreichen Ratsposten, der Anhäufung weiterer Ämter und Machtpositionen. Die Rangniederen machen sich als Informanten und Exekutoren nützlich, in der Hoffnung, dereinst mal ebenfalls in den Olymp befördert zu werden.

Eine wichtige Rolle in diesem System spielen die Assistenten. Nach dem Beispiel des legendären Deutsch-Bankiers Hermann Josef Abs, der ständig zwei bis drei Assistenten beschäftigte, die er nach spätestens zwei Jahren in irgendeinen Winkel seines Wirkungsbereichs verpflanzte, haben sich viele Konzernmogule kopfstarke Mannschaften von »Ex-Assis« verpflichtet.

Der Pate und sein Opfer

Wie die Stasiseilschaften im Osten, so helfen sich die Assitrupps im Westen gegenseitig aus der Klemme und stützen als unsichtbare Hausmacht den Thron ihres Anführers. Wer freiwillig oder aufgrund irgendwelcher Verstöße gegen den Komment aus einem solchen Netzwerk ausscheidet, kann seine Karrierepläne durch den Reißwolf jagen – es sei denn, er findet Anschluß an einen anderen »Flaschenzug«. Jüngstes Beispiel: der ehemalige Allianz-Vorstand Friedrich Schiefer.

Sein Fall erregte in der Wirtschaftspresse Aufsehen, weil er wie kaum ein anderer die Selbstherrlichkeit demonstrierte, mit der Spitzenmanager heutzutage ihre Konzerne regieren. Schiefer war schon vor Jahresfrist von Wolfgang Schieren, einem der Paten der deutschen Wirtschaft, offiziell zu seinem Nachfolger erkoren worden. Der Allianz-Aufsichtsrat, in dem die Creme der deutschen Wirtschaft versammelt ist, segnete die Wahl des allmächtigen Allianz-Lenkers ohne Widerrede ab, und ebenso stillschweigend duldete die honorige Runde ein halbes Jahr später den kommentarlosen Rausschmiß des Kronprinzen. Was war geschehen?

Nun, Altvater Schieren, damals 64, hatte es sich einfach anders überlegt, nachdem sein tatkräftiger Nachfolger keinerlei Neigung zeigte, sich willenlos den Launen und Eingebungen des Ziehvaters zu beugen. »Es ist ein einzigartiger Fall, beispiellos in der eiskalten Art der Exekution, peinlich für eine Reihe von Beteiligten, enthüllend mit Blick auf das Machtgefüge im deutschen Versicherungs- und Bankgewerbe«, notierte *Der Spiegel*.

Statt des unbotmäßigen Finanzexperten Schiefer, der außerhalb des Konzerns als brillantester Kopf des Allianz-Gremiums galt, erwählte Schieren kurzerhand seinen ehemaligen Assistenten Henning Schulte-Noelle zum Nachfolger. Das hatte für den Senior, der anschließend den Vorsitz im

Aufsichtsrat zu übernehmen gedachte, den Vorteil, daß er auch künftig das Allianzreich regieren konnte, ohne Reibereien mit einem unbotmäßigen Vorstandsvorsitzenden befürchten zu müssen.

Der geschaßte Kronprinz wäre damit in der deutschen Wirtschaft wohl erledigt gewesen, wenn er nicht einen Gönner gefunden hätte, der mit Schieren noch ein Hühnchen zu rupfen hatte. Marcus Bierich, Herr des Stuttgarter Bosch-Konzerns, nahm sich des Schieren-Opfers an und gab ihm einen Spitzenjob im fernen Amerika. Hintergrund: Bierich hatte einst als Schiefers Vorgänger auf dem Posten des Allianz-Finanzvorstands selber unter den Launen seines damaligen Chefs zu leiden gehabt.

Die Allianz ist wohl das nach der Deutschen Bank zweitstärkste Machtzentrum der deutschen Wirtschaft. Dafür sorgt schon die schiere Kraft des Kapitals, das der Versicherungsriese umwälzt. Pro Jahr können die Allianz-Manager nicht weniger als 16 Milliarden Mark investieren, und für einen nicht geringen Teil davon haben sie sich wertvolle Beteiligungen an Dutzenden Konzernen im In- und Ausland gesichert.

Die Macht der Allianz reicht von der Dresdner Bank, der Bayerischen Hypotheken- und Wechsel-Bank und der Münchner Rückversicherung bis hin zum Nivea-Hersteller Beiersdorf, dem Baukonzern Hoch-Tief, Daimler-Benz, der MAN, Thyssen, Klöckner-Humboldt-Deutz, Heidelberger Druckmaschinen AG und Metallgesellschaft.

Das Zentrum der Macht

Kein zweites Konglomerat dieser Größe gehorcht so absolut den Befehlen eines einzelnen Managers wie die Allianz den Eingebungen Wolfgang Schierens. Der Mann, der vor 20 Jahren den Vorstandsvorsitz erklomm, machte aus seinem Aufsichtsrat das, so das Urteil des Wirtschaftsmagazins *Capital,* »prominenteste Ja-Sager-Gremium Europas«. Anstatt die Geschäfte der grauen Eminenz zu kontrollieren, die 1990 auf höchst umstrittene Weise sich die ehemals staatliche Monopolversicherung der Ex-DDR unter den Nagel riß, pflegten die honorigen Allianzräte stets nur artig zu nicken, wenn der Exflakhelfer Schieren ihre Zustimmung einforderte. Sämtliche Schlüsselpositionen im Konzern hat der jetzige Ratspräsident mit ihm ergebenen Leuten besetzt, und so kann er nach Gutdünken schalten und walten wie eh und je. Weder die Kunden noch die Mitarbeiter und schon gar nicht die Anteilseigner können die Herrschaft solcher Angestelltenkönige erschüttern.

Etwa 70 Prozent des Allianz-Kapitals sind zum Beispiel bei befreundeten Konzernen geparkt, an denen wiederum der Versicherungskonzern selbst Anteile besitzt. Durch solche Überkreuzbeteiligungen flocht der Münchner Geldgigant einige der größten und kapitalkräftigsten Konzerne Deutschlands zu einem kaum überschaubaren Netz gegenseitiger Einflußnahmen und Abhängigkeiten zusammen, das mit den Mitteln des deutschen Wettbewerbs- und Kartellrechts nicht zu sprengen ist.

Ohnehin sind die Deutschen freundlicher zu ihren Konzernen als die anderen EG-Länder. Während die Brüsseler Behörde seit 1991 verlangt, daß Beteiligungen ab 10 Prozent offengelegt werden müssen, weigerte sich der deutsche Gesetzgeber lange, diese Vorschrift in nationales Recht umzusetzen. Bislang liegt in Deutschland die Meldegrenze bei 20 Prozent, und auch diese Vorschrift kann von den Konzernen leicht umgangen werden.

So ist die Allianz an der Dresdner Bank zum Beispiel offiziell mit knapp 25 Prozent beteiligt. Tatsächlich aber kontrolliert der Versicherer, über befreundete Unternehmen, insgesamt mindestens 46 Prozent des Kapitals der zweitgrößten deutschen Geschäftsbank. Umgekehrt ist die Dresdner mit über 10 Prozent am Allianz-Kapital beteiligt und mit demselben Prozentsatz bei der Münchner Rück, die wiederum 26 Prozent der Allianz-Aktien besitzt. Derlei Verflechtungen, allerdings weit unter der gesetzlich vorgeschriebenen Offenlegungsgrenze, gibt es mit Daimler-Benz, Siemens und anderen Großunternehmen der Industrie.

Zu den engagiertesten Kritikern des »unüberschaubaren Machtkartells aus Großbanken und Großindustrie« gehört der Würzburger Ordinarius für Bank- und Kreditwirtschaft, Ekkehard Wenger. Seit Jahren nervt der »brillante und scharfsinnige Theoretiker« (so sein Stuttgarter Kollege Franz W. Wagner) die Vorstände deutscher Aktiengesellschaften auf ihren Hauptversammlungen mit bohrenden Fragen.

Als Wenger beim Aktionärstreffen der Allianz im Oktober 1991 wissen wollte, welche Anteile der Konzern direkt oder indirekt an anderen Konzernen halte, verweigerte ihm Wolfgang Schieren die Antwort. Prompt klagte der Professor vor dem Münchner Landgericht, doch eine zufriedenstellende Antwort bekam er bis heute nicht. Wenger: »Die Allianz hat ihr Aktionärsregister so angelegt, daß das gesetzlich vorgesehene Einsichtsrecht des einzelnen Aktionärs sabotiert wird. Zwar ist ein Blick ins computergespeicherte Aktienbuch gestattet, doch wenn man erfahren will, welcher Aktionär wie viele Aktien hält, muß jede einzelne Aktie auf den Bildschirm geholt werden. Bei 18 Millionen Namensaktien ist das eine Sisyphusarbeit, an der jeder scheitern muß.«

Auch die Manager anderer Großunternehmen, wie Siemens, Daimler-Benz oder die Münchner Rück, verweigern Aktionären, die nicht zum inneren Machtzirkel der deutschen Wirtschaft gehören, konsequent jeglichen Einblick in ihre Besitztümer. Geradezu beleidigt reagieren sie, wenn man sie nach ihren Gehältern, nach Gratisaktien oder sonstigen Nebenleistungen, die sie sich selbst bewilligt haben, fragt.

Wie arrogant die obersten Angestellten der deutschen Aktiengesellschaften mit ihren Anteilseignern umspringen, kann jeder miterleben, der mal eine Hauptversammlung besucht. Alle wesentlichen Fragen sind längst vor der Versammlung zwischen Vorstand und Aufsichtsrat geklärt worden, die vom Gesetz vorgeschriebenen Abstimmungsprozeduren sind nur noch bedeutungslose Rituale. Auch wenn zu solchen Treffen einige tausend Kleinaktionäre anreisen, die sich in den Pausen mit Gratiswürstchen abspeisen lassen, so haben sie auch zusammen keinerlei Einfluß auf die Entscheidungen des Managements.

Denn die wahre Macht sitzt nicht im Saal beim Aktionärspublikum, sondern bei den Managern der Banken und Versicherungen im Aufsichtsrat. Allein aus ihren eigenen Beständen kontrollieren die Vertreter der fünf großen Aktienbanken und der beiden größten Versicherungskonzerne Beteiligungen in der Größenordnung von etwa 200 Milliarden Mark. Das entspricht einem Drittel des Marktwertes sämtlicher börsennotierter Aktiengesellschaften in Deutschland. Damit nicht genug: Das gesamte Kapital der von den Banken und Versicherungen direkt oder indirekt beherrschten Unternehmen macht fast die Hälfte des gesamtdeutschen Aktienmarktes aus. Und was ihnen nicht selbst gehört, das beherrschen die Vertreter der Finanzkonglomerate über ihr Depotstimmrecht.

Wählst du mich, wähl' ich dich

Wenn ein Geldanleger ein paar Aktien kauft, läßt er die Papierchen für gewöhnlich im Depot seiner Bank liegen. Naht der Termin der Hauptversammlung, schickt ihm die Bank eine Vollmacht zur Ausübung des Stimmrechts zu. Nur etwa 2 bis 3 Prozent der Aktionäre machen von ihrem Recht, der Bank konkrete Weisungen für die Stimmabgabe zu erteilen, Gebrauch. Bei gut zwei Drittel aller sogenannten Depotstimmen konnten die Banken sogar auf Dauervollmachten zurückgreifen, die sie dazu legitimierten, das Abstimmungsprozedere bei den Hauptversammlungen ganz in ihrem Sinn zu regeln. Allein über ihre Depotvollmachten haben die Vertreter der Banken und Investmentgesellschaften bei den meisten Publikumsgesellschaften das Sagen.

Nach den Erhebungen der Bankenstrukturkommission stellten sie bei 74 börsennotierten Großunternehmen mit einem Grundkapital von über 50 Millionen DM rund 52,5 Prozent der auf den Hauptversammlungen vertretenen Stimmen. Mit Hilfe der schweren Aktienpakete ihrer eigenen Unternehmen und der Depotvollmachten beherrschen die Manager der Finanzkonzerne den größten Teil der deutschen Wirtschaft. Die Art, wie sie ihre Macht nutzen, läßt freilich immer wieder Zweifel sowohl an ihren Fähigkeiten wie auch am gesamten System aufkommen.

Fragwürdig ist zum Beispiel die Machtverteilung zwischen den großen Publikumsgesellschaften und ihren Aufsichtsräten. Vom Gesetz vorgeschrieben ist eine Gewaltenteilung nach demokratischem Muster: Der Vorstand lenkt, der Aufsichtsrat kontrolliert. Da hier wie dort aber die gleiche Spezies sitzt, nämlich angestellte Manager, verhindern Kumpanei und Interessenidentität, daß das Rollenspiel im Sinne des Gesetzgebers funktioniert.

Das fängt schon damit an, daß sich die Vorstände der großen Publikumsgesellschaften, die keinen beherrschenden Großaktionär haben, ihre Aufsichtsräte praktisch selbst aussuchen können. Hier gilt dann das Prinzip: Wählst du mich, wähl' ich dich. So ist man sich gegenseitig verpflichtet und bemüht, einander nicht allzu weh zu tun. Da auch die Arbeitnehmerbank im Aufsichtsrat überwiegend mit Managern besetzt ist – nämlich den hauptberuflichen Funktionären der Gewerkschaften –, wird die Harmonie nur selten gestört.

Probleme, die zu ernsten Konflikten zwischen Anteilseignern und Belegschaftsvertretern führen könnten, werden vorsorglich gar nicht im Aufsichtsrat erörtert, sondern häufig in irgendwelche Ausschüsse delegiert. Bei der Deutschen Bank liegt die eigentliche Macht nicht beim Aufsichtsrat, sondern beim Kreditausschuß. Dieses Gremium, dem neben den Topmanagern der Bank ein paar hochkarätige Berater aus anderen Konzernen angehören, muß jedes Kreditengagement der Bank über 100 Millionen DM absegnen.

Die Räte mit dem müden Blick

Die Filzokratie in den Chefetagen führte zu einer Reihe von Pannen, Pleiten und Skandalen. Sie haben ihre Ursache vor allem darin, daß sich eine zahlenmäßig kleine Crew von Topmanagern anmaßt, das Riesengebilde der deutschen Wirtschaft zu steuern. So sind viele der Banker und Versicherungsmogule schlicht überfordert, wenn sie die Geschäfte von Auto-, Chemie-, Stahl- oder Baukonzernen kontrollieren sollen.

Die 13 Vorstände der Deutschen Bank beispielsweise verwalten rund 120 Aufsichtsratsmandate, und jeder von ihnen sitzt nebenbei noch in diversen

Beiräten, Ausschüssen und anderen Verwaltungsgremien. Was ihrem Stammvater offensichtlich keinerlei Mühe machte – Hermann Josef Abs brachte es gar auf 24 Aufsichtsratsmandate –, stellt die Nachfahren offenbar vor unüberwindliche Probleme.

»Keine andere Bank fällt durch so viele Fehlleistungen ihrer Würdenträger in Aufsichtsräten auf, wie die Deutsche«, urteilte *Der Spiegel* nach der blamablen Vorstellung des Deutsch-Bankiers Herbert Zapp beim Dortmunder Stahlkonzern Hoesch. Erst lief Zapp hilflos von Pontius zu Pilatus, um einen Nachfolger für den ermordeten Hoesch-Vorsteher Detlev Rohwedder zu finden, dann konnte er nicht verhindern, daß der ganze Hoesch-Konzern von Krupp geschluckt wurde. Als besonders schmerzlich mußten es die Herren der Deutschen Bank empfinden, daß ihr angestammter Erbhof Hoesch damit aus ihrem Einflußbereich verschwand und unter die Fittiche der WestLB geriet, die Krupp mit dem Geld zum Kauf der erforderlichen Hoesch-Aktien versorgt hatte.

Noch dilettantischer agierten zwei Vorstände der Deutschen Bank beim Hannoveraner Reifenhersteller Continental, als der italienische Konkurrent Leopoldo Pirelli seinen Übernahmecoup startete. Contis Ratsvorsteher, Ulrich Weiß von der Deutschen Bank, paktierte erst mit den Italienern, dann gegen sie. Unterdessen ließ sich ein anderer Deutsch-Bankier, der Engländer John Craven, von dem um seinen Job bangenden Conti-Vorstandschef Horst Urban zur Abwehr gegen die Italiener anheuern. Das Ganze endete in einem heillosen Durcheinander, bei dem schließlich Urban seinen Job verlor, die Italiener das Handtuch warfen und Conti in den roten Zahlen landete.

Wann immer in den letzten Jahren Großunternehmen in Schwierigkeiten gerieten, hatten häufig die Aufsichtsräte versagt. Weil sie zuwenig von den Geschäften der ihnen anvertrauten Firmen verstehen und sich zuwenig Zeit für die einzelnen Mandate nehmen, sind die Räte in den meisten Fällen gar nicht in der Lage, die Vorstände wirklich zu kontrollieren, selbst wenn sie dies ernstlich wollten.

Sie konnten nicht verhindern, daß der Teppichkonzern Girmes in Konkurs geriet, daß der Textilhersteller Nino jahrelang Verluste einfuhr, daß die einstmals mächtige AEG zum Sanierungsfall wurde, daß beim Stahlkonzern Klöckner das gesamte Eigenkapital bei windigen Termingeschäften mit Erdölkontrakten draufging oder daß beim VW-Konzern fast eine halbe Milliarde verspekuliert wurde.

Beim Wolfsburger Devisenskandal attestierte sogar der Bundesrechnungshof den »Bankenvertretern« im VW-Aufsichtsrat, sie hätten nicht rechtzeitig auf Warnungen der Wirtschaftsprüfer reagiert. Die Räte mit den müden Augen brauchen den Ernstfall nicht zu fürchten. Bisher wurde noch nie ein Aufsichtsrat wegen Pflichtverletzung angeklagt oder gar verurteilt. Das Old-Boys-Network schützt sogar offensichtliche Versager wie den ehemaligen Vorstandsvorsitzenden des Maschinenbaukonzerns Klöckner Humboldt Deutz. Als Bodo Liebe sein Unternehmen verließ, machte es runde 285 Millionen Mark Verlust. Dennoch durfte Liebe mit dem Segen der Deutschen Bank in den Aufsichtsrat seines beinahe ruinierten Unternehmens einrücken und kurz darauf gar noch den Ratsvorsitz beim ebenfalls von der Deutschen Bank kontrollierten Papier- und Sprengmittelkonzern Feldmühle Nobel AG erklimmen.

Derlei honoriger Umgang mit ihresgleichen verpflichtet, und deshalb mögen sich die Manager der Deutschen Bank auch selber nicht genauer als unbedingt notwendig auf die Finger sehen lassen. Ihren eigenen Aufsichtsrat bestückten sie deshalb mit pensionierten Kollegen wie Wilfried Guth oder Friedrich Wilhelm Christians, mit guten Kunden wie Friedrich Karl Flick oder den Chefs befreundeter Konzerne wie Marcus Bierich von Bosch und dem auf der Payroll der Bank stehenden Berater Günter Vogelsang. Von solchen Räten ist kein Anpfiff, geschweige ein Kündigungsbrief zu erwarten, selbst wenn man sich so heillos verheddert wie die Kollegen Zapp, Weiß und Cartellieri. Der jetzige Chef der Bank, Hilmar Kopper, hat als Kontrolleur ebenfalls versagt. Zusammen mit seinen ehemaligen Kollegen Alfred Herrhausen und F. W. Christians sah er dem Niedergang der Otto-Wolff-Gruppe tatenlos zu. Kopper saß im Aufsichtsrat der Konzerntochter PHB Weserhütte, die von ihrem Chef Peter Jungen in den Konkurs gesteuert wurde. Auch dieser Manager wurde nicht fallengelassen, er durfte anschließend den Baukonzern Strabag führen.

Allianz gegen Aktionäre

Die unheilige Allianz zwischen den bequemen Räten und den auf die Absicherung ihrer Macht bedachten Managern richtet sich vor allem gegen die freien Aktionäre. Die Vertreter der Banken und Versicherer in den Kontrollgremien sind nämlich gar nicht sonderlich an hohen Dividenden und steigenden Aktienkursen interessiert.

Ihr wichtigstes Ziel ist fast immer die Sicherung ihrer Kredite, die sie den jeweiligen Unternehmen gegeben haben, und die Erhaltung der für sie so vorteilhaften Kräfteverhältnisse.

Denn die deutschen Unternehmen sind, verglichen mit ihren Konkurrenten aus Großbritannien, der Schweiz oder auch der USA, relativ dürftig mit Eigenkapital ausgestattet. In Großbritannien zum Beispiel beträgt der durchschnittliche Anteil des Eigenkapitals an der Bilanzsumme etwa 40 bis 50 Prozent, in Deutschland hingegen sind es oft nicht mal 15 Prozent. Die Gründe hierfür liegen einmal in der deutschen Geschichte: Zwei verlorene Weltkriege und zwei Währungsreformen zehrten nicht nur die Ersparnisse der privaten Haushalte, sondern auch die Vermögen der Unternehmen auf.

Doch 45 Jahre nach der letzten Währungsreform hätten gutverdienende Unternehmen längst wieder so viel Eigenmittel ansammeln können, um von den Krediten der Banken ziemlich unabhängig zu werden. Eine in dieser Hinsicht verfehlte Steuerpolitik und der alles beherrschende Einfluß der Geldhäuser sorgten jedoch im Verein mit dem willfährigen Management dafür, daß die Kapitaldecke der Unternehmen stets angespannt blieb. So sind selbst unglaublich reiche Konzerne wie Daimler-Benz oder Siemens weiterhin auf eine hohe Fremdfinanzierung angewiesen, die den beteiligten Banken stets üppige Zinseinnahmen garantiert.

Für die Manager der am Tropf der Banken hängenden Konzerne hat die Geldpipeline den Vorteil, daß sie ihren Expansionsdrang voll ausleben können. Schon Galbraith hat darauf hingewiesen, daß das oberste Ziel des Managements nicht ein möglichst hoher Gewinn, sondern die Ausdehnung seines Machtbereichs ist. Und diese Erkenntnis haben offenbar auch die Bosse fast aller deutschen Industriekonzerne verinnerlicht.

Als ob der Wohlstand der Nation und die Rentabilität ihrer Unternehmen davon abhinge, strebten die Vorsteher fast aller Konzerne in den letzten Jahrzehnten vor allem nach mehr Macht. Dabei ist längst erwiesen, daß schiere Größe kein Ausweis unternehmerischer Qualität ist.

Im Gegenteil: Die meisten Klein- und Mittelbetriebe erwirtschaften höhere Renditen als die Konzerne. Für das Management freilich ist Marktmacht gleichbedeutend mit Bequemlichkeit. Sie brauchen sich nicht mehr sonderlich anzustrengen, sondern können, wenn keine Konkurrenz mehr stört, einfach die Preise für ihre Produkte nach Belieben hochschrauben, auch wenn weder ihre Produkte noch ihre Vertriebsorganisationen höchsten Anforderungen entsprechen.

Je mehr Menschen, Betriebe und Kapital das Management zu verwalten hat, desto sicherer fühlt es sich. Die Herren Vorstände glauben nämlich, sie könnten sich dann jederzeit einige Schwächen leisten, die sie durch Stärke in anderen Konzernbereichen ausgleichen können. Der bequeme Trott, von der Bankenmacht in den Aufsichtsräten gedeckt, ließ die deutschen Großunternehmen, die einst zu den leistungsfähigsten und dynamischsten der Welt zählten (man sprach von einem »Wirtschaftswunder«), ins Mittelmaß abgleiten.

In Europa nur Mittelmaß

Verglichen etwa mit ihren japanischen Konkurrenten, sehen Deutschlands Autokonzerne, Elektrogiganten und sämtliche Konsumgüterhersteller ziemlich alt aus. Und sogar im europäischen Rahmen steht kaum ein deutsches

Unternehmen an der Spitze seiner Branche. Als das Hamburger *Manager Magazin* vom Institut für Betriebswirtschaftslehre der Universität Kiel nach den am besten geführten Unternehmen unter den 500 größten Aktiengesellschaften Europas fahnden ließ, war das Ergebnis für die Deutschen blamabel. Briten und Italiener schnitten weit besser ab als die Deutschen. Als bestes heimisches Unternehmen kamen die Kölner Ford-Werke auf den 10., der Medienkonzern Bertelsmann auf den 18. Platz.

An der Spitze standen der britische Chemiekonzern Glaxo, das ebenfalls britische Medienunternehmen Reuters und der italienische Textilfilialist Benetton. Auch bei den Banken rangierten die Deutschen unter »ferner liefen«, die allmächtige Deutsche Bank schaffte gerade noch den sechsten Platz. Entscheidend für die Bewertung waren Kriterien wie Rentabilität, Sicherheit und Wachstum, keineswegs aber das, was deutsche Manager offenbar am liebsten betrachten, nämlich die Zahlen ihrer Umsätze und die Kopfstärke ihrer Belegschaft.

Zu träger Gangart ermuntert werden die Unternehmenslenker freilich auch durch großzügige Bilanzierungsvorschriften, die es ihnen erlauben, erwirtschaftete Gewinne so zu verstecken, daß sie weder die Begehrlichkeit der Belegschaften noch jene der Aktionäre zu wecken vermögen. Der Münchner Siemens-Konzern zum Beispiel verstand es im Laufe der Jahre, sich ein Liquiditätspolster von rund 20 Milliarden Mark zuzulegen. Diese gewaltige Finanzmasse, angelegt in Wertpapieren, Aktien oder als Festgeld, ist viel größer als das Aktienkapital des Konzerns und entspricht zu manchen Zeiten beinahe dem Börsenwert des gesamten Konzerns, so daß das Unternehmen an der Börse bereits als »Bank mit angeschlossener Elektroabteilung« verspottet wird.

Tatsächlich brauchen sich die 20 000 Führungskräfte des Konzerns nicht mehr besonders anzustrengen, denn die Milliarden in der Kasse des Finanzverwesers werfen genug Zinsen ab, um am Jahresende einen stattlichen Gewinn vorzuweisen, auch wenn im Geschäft mit der Elektrotechnik kaum etwas verdient wurde. So ist denn der wichtigste Mann des Konzerns keineswegs der Forschungschef oder der Vorstandsvorsitzende, sondern der Verwalter der konzerneigenen Sparbüchse.

Natürlich ist nichts dagegen einzuwenden, wenn ein Unternehmen reichlich Kapital angesammelt hat, doch die Frage sollte erlaubt sein, warum den hochbezahlten Siemens-Vorständen nichts Besseres einfällt, als ihr Geld auf die Bank zu tragen. Schließlich ist das Unternehmen ja nicht in einer ausgereizten Branche tätig, die keine weitere Expansion mehr erlaubt, sondern auf dem höchst innovativen Gebiet der Elektrotechnik und Elektronik, wo es genug Möglichkeiten zu produktiven Investitionen gibt.

Die verwöhnten Siemensianer freilich scheinen sich lieber an ihrer fetten Geldkatze zu wärmen, als sich auf knochenharte Fights mit aggressiven Wettbewerbern aus Fernost und den USA einzulassen. Schmerzliche Erfahrungen, etwa bei der Entwicklung und Produktion von Mikrochips, dämpften offenbar ihren Elan. Obwohl die Bundesregierung seit Jahren Hunderte von Millionen Mark an Siemens überweisen ließ, um die Entwicklung dieser für die künftige Wettbewerbsfähigkeit der deutschen Industrie wesentlichen Schlüsseltechnologie zu fördern, schafften die Münchner bis heute nicht den Anschluß an das von Japanern (bei Speicherchips) und Amerikanern (bei Mikroprozessoren) vorgegebene Weltniveau.

Noch immer brauchen die Siemensfabriken in Regensburg und Villach (Kärnten) viel zu lange, ehe sie die jeweils nächste Integrationsstufe bei den Speicherchips produktionstechnisch beherrschen, und noch immer sind die Entwickler neuer Mikroprozessoren für Computer im Siemens-Forschungszentrum Neuperlach meilenweit vom Niveau ihrer Kollegen bei Intel oder Motorola in Kalifornien entfernt. Dies liegt freilich weniger an den durchaus fähigen Wissenschaftlern und Technikern des Konzerns, sondern eher an einer wankelmütigen, von widersprüchlichen Zielsetzungen geprägten Produktpolitik des Konzerns.

Da sie den Anschluß aus eigener Kraft nicht schaffen, versuchen die Manager um Vorstandschef Heinrich von Pierer, ihrem Ziel durch Lizenzabkommen, etwa mit den japanischen Konzernen Toshiba und Fujitsu sowie dem amerikanischen Computergiganten IBM, ein wenig näherzukommen. Schaffen sie es nicht, dann besteht nach übereinstimmender Meinung der Experten die Gefahr, daß weite Teile unserer Industrie in eine totale Abhängigkeit von japanischen Chiplieferanten geraten.

Daimlers Abstieg

Wie sehr das ungehemmte Machtstreben der Manager selbst die solidesten Unternehmen in Bedrängnis bringen kann, zeigt sich deutlich beim größten deutschen Industriekonzern, der Daimler-Benz AG. Solange die schwäbischen Autobauer von starken Großaktionären wie den Milliardären Friedrich Flick und Herbert Quandt sowie dem Deutsch-Bankier Hermann Josef Abs beherrscht wurden, scheffelten sie die höchsten Gewinne aller deutschen Unternehmen in ihre Kassen. Daimler war bis etwa 1985 das solideste, ertragreichste und am besten geführte Unternehmen der Bundesrepublik. Heute hingegen hat der Konzern mit enormen strukturellen Problemen zu kämpfen, verdient lange nicht mehr so gut wie früher und muß zum ersten Mal in seiner Nachkriegsgeschichte Personal abbauen.

Schuld an der verhängnisvollen Entwicklung ist in erster Linie ein schwacher Aufsichtsrat, der das Machtstreben seiner Manager nicht zu bremsen vermochte und durch unglückliche Personalentscheidungen dazu beitrug, daß der Aktienkurs des Unternehmens um fast 40 Prozent abstürzte.

Die Misere begann am 29. Oktober 1983, einem Samstag, an dem sich Daimler-General Gerhard Prinz auf seinem Heimtrainer zu Tode strampelte. Als Nachfolger empfahl sich dringend der Jurist Edzard Reuter, der in 20 Jahren eine bemerkenswerte Karriere im Daimler-Management gemacht hatte. Zwar hatte er nie eine Fabrik geleitet, und von Autos verstand er weniger als jeder Lehrling im Daimler-Reich, doch an Ehrgeiz und Eloquenz übertraf der langjährige »Leiter des Hauptsekretariats« seine Vorstandskollegen bei weitem.

Aufsichtsratschef Wilfried Guth hatte starke Bedenken gegen den smarten

Aufsteiger ohne unternehmerische Erfahrung, doch Reuter wußte die Aversionen des Deutsch-Bankiers nach außen hin geschickt auf sein SPD-Parteibuch zu lenken, das den Sohn des ehemaligen Regierenden Bürgermeisters von Berlin zum roten Paradiesvogel im Club der konservativen Industrieführer stempelte.

Auf Guths Vorschlag gab der Daimler-Rat Reuter einen Korb und kürte den Techniker Werner Breitschwert zum neuen Boß von Benz. Fortan hing in Stuttgart der Haussegen schief, denn Reuter, der sich mit dem nicht minder ehrgeizigen Produktionsleiter Werner Niefer verbündete, ließ keine Gelegenheit aus, seinen stets ein wenig bieder und harmlos wirkenden Vorsitzenden zu demontieren. Der Knockout Breitschwerts gelang dem agilen Duo Reuter/Niefer mit ihrer flugs in die Ohren der Aufsichtsräte lancierten Vision von einem »integrierten Technologiekonzern«.

Obwohl Daimler von allen deutschen Autoherstellern schon längst die Risiken des Autogeschäfts am besten verteilt hatte – jeweils die Hälfte des Geschäftsvolumens entfiel auf Nutzfahrzeuge und Personenwagen –, propagierte Reuter die Losung: weg von der problematischen Autobranche und hin zu verwandten Hochtechnologiebereichen. Den Bankern im Kontrollorgan des Automobilkonzerns erschien diese Vorstellung vernünftig, und so erhielten Reuter und Niefer den Freibrief für Zukäufe in branchenfernen Gefilden. Das Ergebnis ist bekannt: Nacheinander zogen die Stuttgarter Autobauer erst den Münchner Turbinenhersteller MTU an Land, an dem sie schon vorher einen 50-Prozent-Anteil besessen hatten, dann folgten die Mehrheit am angeschlagenen Elektrokonzern AEG sowie an den Luft- und Raumfahrtunternehmen Dornier und MBB. Vom industriepolitischen Konzept her folgte Daimler damit den amerikanischen Konzernen General Motors und Ford, die ebenfalls starke Engagements in der Luft- und Raumfahrtindustrie eingegangen waren.

Intern aber hatten die Zukäufe, die sich aus heutiger Sicht als höchst problematisch darstellen, vor allem den Effekt, daß der gelernte Autotechniker Werner Breitschwert nicht mehr so recht an die Spitze eines breitgefächerten

Industriekonzerns zu passen schien. Der energische Deutsche-Bank-Chef Alfred Herrhausen, der den entscheidungsschwachen Guth an der Spitze des Daimler-Aufsichtsrats abgelöst hatte, sah dem Stuttgarter Quertreiben nicht lange zu. Im Sommer 1987 machte er dem unglücklichen Breitschwert klar, daß seine Tage am Steuer des Konzerns gezählt waren.

Das siegreiche Duo bestimmte fortan die Geschicke des Konzerns, Reuter als Vorsitzender, Niefer als sein Stellvertreter. Später pfropften sie dem Traditionsunternehmen über die gewachsenen Strukturen hinweg ein Organisationskonzept auf, das bis heute nicht richtig funktioniert: Die Daimler-Benz AG kontrolliert als »geschäftsführende Holding-Gesellschaft« jetzt vier rechtlich selbständige Unternehmen, nämlich die Mercedes Benz AG, die das gesamte Autogeschäft (Nutzfahrzeuge und Personenwagen) betreibt, ferner das Elektrounternehmen AEG mit sämtlichen Tochtergesellschaften, sowie die Deutsche Aerospace AG, die aus der Zusammenlegung der Firmen MTU, Dornier und MBB hervorging, und schließlich das Dienstleistungsunternehmen debis, das sich auf Finanzierungen und die Entwicklung von Computersoftware spezialisiert hat.

Über den Tisch gezogen

Für die Eigentümer brachte der rabiate Umbau des über 100 Jahre alten Unternehmens bisher nur Nachteile. Schon bei den Übernahmeverhandlungen mit der Familie Dornier machten Reuter und Niefer kapitale Fehler, die das Unternehmen bisher mehrere 100 Millionen Mark kosteten. Um nur ja möglich schnell ans Ziel einer Kapitalmehrheit zu gelangen, ließen sich die beiden alten Industriehaudegen von der damals 35jährigen Rechtsanwältin Martine Dornier-Tiefenthaler, der Testamentsvollstreckerin des verstorbenen Claudius Dornier, über den Tisch ziehen. Mit immer neuen Einsprüchen und Nachbesserungsklauseln erreichte die Jungjuristin, daß »wir den Dornier-Laden mindestens zweimal kaufen mußten«, so der erboste Betriebsratsvorsitzende Herbert Lucy.

Tatsächlich bezahlte Daimler-Benz einen viel zu hohen Preis für die Machtübernahme bei Dornier, und das zu einem Zeitpunkt, als der Niedergang der Rüstungsindustrie bereits abzusehen war. Auch bei der Übernahme des bis dahin von Bund und Ländern gestützten Luft- und Raumfahrtunternehmens MBB ließen sich die Daimler-Manager allerlei Zusagen über die Erhaltung von Produktionsstandorten und Beschäftigtenzahlen abpressen, obwohl sie bei den Kaufverhandlungen viel zuwenig Einblick in die inneren Strukturen des insgesamt unrentablen Unternehmens hatten.

Ihr größter Fehler aber war die Zerstörung der Unternehmenskultur bei Daimler-Benz. Der »integrierte Technologiekonzern« ist bis heute nicht mehr als eine rhetorische Floskel, denn integriert sind die hastig zugekauften Einzelteile des Konzerns noch lange nicht, und die vielbeschworenen Synergie-Effekte zwischen den einzelnen Unternehmensbereichen mochten sich ebensowenig einstellen wie ein gemeinsamer Korpsgeist in der Belegschaft.

Im Gegenteil: Eifersüchtig belauern sich die Führungskräfte der einzelnen Konzerntöchter, Neid und Mißgunst bestimmen nicht selten geschäftliche Entscheidungen. Nach wie vor füttern zum Beispiel die AEG-Manager die Konzernzentrale in Stuttgart-Möhringen mit geschönten Daten, lassen sich die Dornier-Medizintechniker ebensowenig in ihre Karten gucken wie die frustrierten MBB-Ingenieure in Ottobrunn. Immerhin gelang es dem bodenständigen Schwaben Werner Niefer, wenigstens in seinem Bereich das alte Wirgefühl der Mercedes-Männer wachzukitzeln, mit dem Effekt allerdings, daß sich der lukrativste Konzernbereich jetzt noch konsequenter gegen alle Eingriffe der Zentrale abschottet als vorher.

Einen Streich spielten die Autobauer ihren Aufsehern von der Daimler-Dachgesellschaft, als sie sich vom konzernübergreifenden Informationssystem teilweise abkoppelten und nur noch die Daten an den Rechner in der Möhringer Zentrale weitergaben, die sie für opportun hielten. Da helfen auch die regelmäßigen »Teamgespräche« nicht, die der besorgte Konzernchef den etwa 180 Topleuten seines verzweigten Imperiums zur Verbesserung der Unternehmenskultur verordnete, denn bis heute haben die Mercedes-Männer den nicht ganz unbegründeten Eindruck, mit ihrer Arbeit subventionierten sie die übrigen Teile ihres Unternehmens, das einmal die älteste Autofabrik der Welt gewesen war.

Das Konzept der »Diversifizierung« in andere Branchen, das lange Zeit die Köpfe der Konzernmanager beherrscht hatte, gilt mittlerweile als überholt. Zu groß waren die Fehler, die beim Einstieg in fremde Branchen gemacht wurden, zu zahlreich die Flops, die den machtgierigen Managern bei der Ausdehnung ihrer Konglomerate unterliefen. Ob sich der VW-Konzern den Büromaschinenhersteller Triumph-Adler anlachte, ob Daimler die marode AEG zu vermeintlich günstigen Konditionen schluckte – das Ergebnis waren jedesmal enorme Verluste.

Rund vier Milliarden Mark mußte der Stuttgarter Autokonzern bis heute in sein desolates Elektrogeschäft pumpen, und noch immer ist ein Ende nicht abzusehen. Auch die Luftfahrt-Tochter DASA (Deutsche Aerospace AG) zehrt weiter an den Daimler-Gewinnen, und wenn der überflüssige »Jäger 90« nicht gebaut wird, muß DASA-Chef Jürgen Schrempp weitere 5000 Leute entlassen.

Von der Konkurrenz überholt

Kein Wunder, daß die einst üppigen Gewinne des Nobelwagenherstellers schneller dahinschmolzen als die Bremsbeläge beim 600 SEL. Waren es 1988 noch 3,5 Milliarden Mark gewesen, so blieben zwei Jahre später nur noch 940 Millionen übrig. Nur kräftige Preiserhöhungen bei den Personenwagen und eine durch die deutsche Wiedervereinigung provozierte Sonderkonjunktur für Nutzfahrzeuge schwemmten anschließend wieder höhere Erträge in die Daimler-Kassen. Mittlerweile aber ist die Position des Luxuswagenherstellers auf den Weltmärkten wieder äußerst gefährdet, denn seine exorbitanten Preise kann Daimler nur in Ländern mit Hochkonjunktur erlösen. Bricht der Boom ab, greifen die Kunden schnell nach preiswerteren Autos aus japanischer Produktion, wie die jüngste Rezession in den USA bewies.

Aus heutiger Sicht sieht der Höhenflug des Daimler-Chefs Edzard Reuter eher aus wie ein Absturz. Die zugekauften Problemfälle schwächten den Konzern nämlich so, daß er es versäumte, seinen einstigen Vorsprung in der Entwicklung und Produktion hochwertiger Automobile gegenüber allen Konkurrenten zu verteidigen. Auf ihrem angestammten Terrain nämlich wurden die Mercedes-Männer mittlerweile von der Konkurrenz glatt überrundet.

Waren es erst die gutgestylten und feinmotorisierten 7er BMW, die ihnen die Hälfte des Luxuswagenmarktes wegschnappten, so müssen sie sich inzwischen auf den Weltmärkten mit konkurrenzlos preiswerten und technisch mindestens ebenbürtigen Produkten aus japanischen Fabriken herumschlagen. Hätten die Manager aus Untertürkheim ab 1985 alle Ressourcen dazu verwendet, ihre Fabriken auf den jeweils neuesten Stand zu bringen, anstatt verlustreiche Firmen hinzuzukaufen, brauchten sie heute keine Angst vor der überlegenen Produktionstechnik der Japaner zu haben.

Aufgeschreckt hatte die europäischen Autobosse die mittlerweile weltbekannte Studie aus dem Massachusetts Institute of Technology (MIT), die unter dem Titel *The Machine that Changed the World* bei den Industriemanagern der Welt zum Bestseller wurde. 54 Experten der Bostoner Elite-Universität untersuchten fünf Jahre lang die Produktionstechniken der Autohersteller in 15 Ländern.

Ihr Fazit: Die Japaner haben mit der sogenannten Lean-Production (deutsch: schlanke Produktion) ein überlegenes System entwickelt, das ihnen bei der Entwicklung neuer Modelle einen erheblichen Zeitvorsprung und in der Produktion enorme Kostenvorteile bietet.

Vergleichszahlen belegen dies: Bereits in den 80er Jahren verwendeten die japanischen Autohersteller im Schnitt nur 1,7 Millionen Stunden für die Entwicklung eines neuen Modells, die Europäer hingegen brauchten 2,9 Millionen, die Amerikaner gar 3,1 Millionen Ingenieurstunden. Demzufolge war ein neuer Toyota in nur 46 Monaten produktionsreif, ein VW dagegen erst in 57 Monaten.

Mit Hilfe ihrer kürzeren Produktionszyklen konnten sich die Japaner schneller auf veränderte Marktbedürfnisse einstellen und insgesamt preiswertere Wagen in erstklassiger Verarbeitungsqualität herstellen. Zu spüren bekamen die deutschen Autobauer dies bisher vor allem auf dem wichtigsten Exportmarkt Nordamerika. Nachdem dort die japanischen Hersteller Toyota und Nissan ihre Luxusmodelle Lexus und Infiniti zu Preisen auf den Markt brachten, die um 30 bis 40 Prozent unter denen der vergleichbaren S-Klasse von Daimler-Benz und der 7er BMW lagen, mußten die Deutschen einen wahren Einbruch ihrer Absatzkurven hinnehmen.

Der Vorsprung der Japaner

Kein Wunder: Die japanischen Autos waren nicht nur erheblich billiger, sondern auch zuverlässiger. Beim Lexus beispielsweise beträgt die Gewährleistungsquote (Fehler pro Fahrzeug, die auf Garantie behoben werden) im ersten Modelljahr 4 bis 5, bei den beiden Deutschen jedoch 7 bis 15. Erstaunt registrierten die MIT-Forscher, daß die japanischen Hersteller alle Fabriken in Europa bei weitem übertreffen – mit einer Ausnahme: das Werk Sindelfingen von Mercedes-Benz. Aber die Stuttgarter benötigen den vierfachen Aufwand, um ein ähnlich gutes Produkt herzustellen wie die Japaner.

Zu einem ähnlichen Ergebnis kam die weltweit tätige Unternehmensberatung McKinsey in einer Analyse der Ursachen des japanischen Technologievorsprungs.

Demnach ist die Produktivität der westeuropäischen Automobilhersteller bis zu 50 Prozent geringer als die ihrer japanischen Wettbewerber. Und die Ursachen hierfür sind nur zu einem Drittel in den niedrigeren Lohnkosten und längeren Arbeitszeiten zu suchen. Der Löwenanteil geht klar auf das Konto eines intelligenteren Managements.

Daß dieser Schuldspruch zu Recht erging, bewiesen die japanischen Manager nämlich mit ihren Fabriken in Übersee. Egal, ob ihre Arbeitskräfte ungelernte Farbige in Ohio sind oder hartleibige und trinkfreudige Worker im britischen

Sunderland, heraus kommen stets akkurat gefertigte und konkurrenzlos preiswerte Autos.

Mercedes-Vorstand Jürgen Hubbert diagnostizierte den Kostenvorsprung der Japaner auch gegenüber seinem Unternehmen auf mindestens 30 Prozent, und das amerikanische Wirtschaftsmagazin *Fortune* enthüllte, warum das so ist: Während die Mercedes-Leute im Werk Sindelfingen etwa 19 Arbeitsstunden benötigen, um einen fertig montierten Wagen so herzurichten, daß er verkauft werden kann, dauert bei Toyota die gesamte Produktion eines fehlerfreien Modells nicht länger. Im Schnitt benötigen die Japaner für die Herstellung eines Personenwagens nur knapp 17 Arbeitsstunden, die Westeuropäer hingegen mindestens 36 Stunden.

Erst in letzter Zeit beginnen die aufgeschreckten deutschen Manager den japanischen Beispielen nachzueifern. Klöckner Humboldt Deutz zum Beispiel organisierte sein neues Dieselmotorenwerk in Porz nach fernöstlichen Prinzipien, und auch Mercedes-Benz verordnete seinem Rastatter Werk eine »Schlankheitskur« nach japanischem Muster. Das alles wird freilich Stückwerk bleiben, wenn die Manager nicht lernen, daß zuerst sie sich selbst ändern müssen, ehe sie ihre Fabriken umbauen.

Dreh- und Angelpunkt der Lean-Production ist nämlich ein auf gegenseitiger Achtung basierendes Verhältnis zwischen Management und Belegschaft. Die schlanke Produktion funktioniert nur, wenn jeder Mitarbeiter hochmotiviert ist und mitdenkt, und dies wiederum setzt voraus, daß er seine Bosse für kompetent und integer hält.

Ein Besuch im Nissan-Werk bei Sunderland, wo pro Jahr 120 000 Autos vom Typ Primera hergestellt werden, offenbart einen wesentlichen Unterschied zu anderen europäischen Autofabriken: weil die Arbeiter selbst entscheiden dürfen, welche von neun verschiedenen Tätigkeiten sie im Produktionsprozeß ausführen wollen, leiden sie nicht an der Berufskrankheit aller Fließbandarbeiter, der tödlichen Monotonie. Und weil sie von ihren Vorgesetzten stets korrekt und höflich behandelt werden, haben die als streiklustig bekannten Engländer bisher noch an keinem einzigen Tag die Arbeit niedergelegt.

Das Defizit der Schwaben

Wie aber soll sich ein Mercedes-Arbeiter vorkommen, wenn er in der Zeitung liest, daß sein oberster Chef sich vor Gericht wegen des Verdachts der Untreue verantworten muß? Immerhin ermittelte die Stuttgarter Staatsanwaltschaft monatelang gegen Werner Niefer, weil er angeblich auf Firmenkosten seine Villa renovieren ließ und Ehefrau Veronika im Firmenjet zum Einkaufsbummel schickte. Auch wenn nur ein Körnchen Wahrheit daran sein sollte: An der Integrität eines Vorgesetzten von 100 000 Mitarbeitern darf nicht der geringste Zweifel aufkommen, sonst sickert das Gift der Selbstbedienungsmentalität unausweichlich durch alle Schichten der Betriebshierarchie.

Eine Quittung bekamen die feinen Daimler-Herren am 14. März 1991 ausgestellt, als etwa 120 Staatsanwälte und Zollfahnder erschienen, um die Büros und Privaträume von zehn Managern zu durchsuchen. Die staatlichen Ermittler forschten nach Belegen für illegale Nahostgeschäfte. Sie hatten Grund zur Annahme, daß die noble schwäbische Firma noch kurz vor dem Überfall des Irak auf Kuwait schwere Lastwagen und Fahrgestelle nach Bagdad geliefert hatten, die als Träger für mobile Scud-Raketen dienten. An den gesetzlich verbotenen Exporten sollen sich einige Daimler-Manager auch privat bereichert haben, indem sie sich Provisionen auf Auslandskonten überweisen ließen.

Schon vorher war ein Ring von Angestellten der Exportabteilung aufgeflogen, die Personenwagen mit horrenden Zwischengewinnen überall dahin verschoben, wo ein Mercedes wesentlich mehr kostete als in Deutschland. Wo die Bosse beim großen Spiel um Macht und Moneten sich nicht scheuen, sich ihre eigenen Spielregeln zu machen, brauchen sie sich nicht zu wundern, wenn die unteren Chargen ihrem schlechten Beispiel folgen und auf ihre Weise versuchen, einen guten Schnitt zu machen. Seit die Konzernvorstände merken, daß die fetten 80er Jahre ihre Unternehmen unbeweglicher, unwirtschaftlicher und bürokratischer machten, grassiert die Angst auf den Teppichetagen. Die Pfründen für Tausende gut bezahlter Manager sind in Gefahr. Daimler-Benz zum Beispiel könnte nach einer McKinsey-Analyse ohne weiteres ein Drittel seines gesamten Verwaltungspersonals einsparen, ohne daß das Unternehmen im geringsten an Leistungsfähigkeit einbüßte. Wie bei Siemens, VW, Hoechst und vielen anderen Großkonzernen gibt es auch bei Daimler viel zu viele »Häuptlinge« und zu wenige »Indianer«.

Nach den Untersuchungen des Statistischen Bundesamtes nahm die Zahl der Führungskräfte in der deutschen Wirtschaft ungefähr zehnmal so schnell zu wie die Zahl aller Erwerbstätigen. Daß viele dieser gutbezahlten und im Grunde recht bequemen Jobs nur dem einen Zweck dienen, die Hausmacht irgendeines Oberbosses zu stärken, kommt immer erst dann ans Licht, wenn aushäusige Unternehmensberater die Stellenkegel durchkämmen.

Die Bosse bunkern sich ein

Die Angst der Bosse vor dem Verlust ihrer Macht und Herrlichkeit erfaßte inzwischen sogar schon die Konzernspitzen. Die Herren Vorsitzenden freilich fürchten nicht die Gutachten von McKinsey & Co. – die haben sie ja schließlich selbst angefordert –, sondern die Umarmung von noch mächtigeren Kollegen. Die Welle der unfreundlichen Firmenübernahmen (unfriendly take overs), die in den 80er Jahren über die amerikanische Wirtschaft hinwegbrandete, versetzte die Herren der deutschen Wirtschaft in höchste Alarmstimmung. Denn auch sie mußten damit rechnen, daß aggressive Raider, wie die Amerikaner Carl Icahn, T. Boone Pickens oder Henry Kraves eines Tages bei ihnen anklopfen würden, nur um ihnen den Stuhl vor die Tür zu setzen.

Das weckte unliebsame Erinnerungen an längst vergangene Zeiten, als auch in Deutschland die Macht noch beim Kapital lag. Noch in den 30er Jahren pflegte ein Großaktionär wie Friedrich Flick verschlafene Manager mit Telegrammen folgenden Inhalts auf Trab zu bringen: »Habe Mehrheit erworben – stop – hoffe auf gute Zusammenarbeit.« Die Gefahr schien mit dem Rückzug der Erbengeneration aus der Großwirtschaft endlich gebannt zu sein, doch nun ergaben sich plötzlich neue Bedrohungen durch ausländische Firmenjäger.

Denn die deutsche Wirtschaft mit ihren freizügigen Bestimmungen über den Kapital- und Gewinntransfer, dem liberalen Bilanzrecht, das die Ansammlung stiller Reserven in fast unbegrenzter Höhe erlaubt, schien zu Aufkäufen größerer Aktienpakete geradezu einzuladen. Flugs scharten sich die aufgescheuchten Bosse um ihren Nestor Hermann Josef Abs, der 1987 die Losung ausgab, fremde Firmenjäger seien grundsätzlich als »Räuber« zu betrachten, denen man unbesehen eine »verbrecherische Neigung« unterstellen könne.

Nun ist unbestritten, daß einige der spektakulären Firmenübernahmen in den USA wenig sinnvoll waren. Ebenso richtig ist es aber auch, daß die Attacken der Raider, die sich das Geld für ihre Aktienkäufe bei Banken, Investmentfonds oder Pensionskassen beschafften, für frischen Wind im amerikanischen Management sorgten. Einige der von Übernahme bedrohten Konzerne entwickelten plötzlich eine ungewohnte Dynamik, verkauften nicht betriebsnotwendige Vermögensteile und engagierten sich in wachstumsträchtigen Märkten.

Beraten von den Bankiers in ihren Aufsichtsräten, beschlossen die deutschen Bosse, ihre geheiligten Reviere mit unsichtbaren Stolperdrähten gegen fremde Eindringlinge zu sichern. Schon in den 70er Jahren, als die Ölscheichs mit ihren Petrodollars die Welt überschütteten, hatten Konzerne wie Hoechst eine Beschränkung der Stimmrechte eingeführt. Ein einzelner Aktionär konnte danach nie mehr als 5 bis 10 Prozent des Kapitals in die Waagschale werfen.

Nun folgten rund 20 weitere Publikumsgesellschaften diesem Weg, obwohl die Vorstände wissen mußten, daß diese Abwehrmaßnahme bei wirklich ernsten Übernahmeschlachten eine stumpfe Waffe ist. Denn ein Aufkäufer kann ja beliebig viele Strohmänner oder Tarngesellschaften einschalten und dann im entscheidenden Moment seine Stimmen bündeln und mit der einfachen Mehrheit auf der Hauptversammlung die Stimmbeschränkung wieder aufheben lassen.

Konzernchefs, die auf Nummer Sicher gehen wollten, sorgten deshalb dafür, daß kein größeres Aktienpaket ihres Unternehmens in unerwünschte Hände geraten konnte. Allianz-Chef Wolfgang Schieren ließ beispielsweise rund 70 Prozent seines Aktienkapitals in den sicheren Tresoren befreundeter Konzerne »parken«, die er sich längst durch entsprechende Gegenkäufe gefügig gemacht hatte.

Wenn sich im inneren Zirkel der Mächtigen kein kaufkräftiger Interessent fand, der ein größeres Aktienpaket übernehmen konnte, dann gründete man eben unter der Führung einer Bank eine sogenannte Vorschaltgesellschaft. Als die Familie Quandt Mitte der 80er Jahre einen größeren Posten BMW-Aktien abgeben wollte, hätte für einen Fremden durchaus die Möglichkeit bestanden, sich so in das deutsche Industrie-Establishment zu drängen. Damit das nicht passieren konnte, gründete die Dresdner Bank die »Gesellschaft für Automobilwerte mbH«, die 10 Prozent der BMW-Aktien übernahm.

An diesem Unternehmen, das keinen anderen Zweck als die Verwaltung eben jener Dividendenpapiere hatte, beteiligten sich dann diverse deutsche Großanleger, darunter auch die Dresdner Bank selber. Das hatte zwei Vorteile: Erstens mußten die einzelnen Partner nicht allzuviel Geld aufwenden, zweitens sparte die Vorschaltgesellschaft eine Menge Steuern, weil bereits ab 10 Prozent das sogenannte Schachtelprivileg gilt.

Nach demselben Muster wurden 10 Prozent des Kapitals vom Chemiekonzern Hoechst bei der Frankfurter Gesellschaft für Chemiewerte untergebracht. Freute sich der Hoechster Finanzvorstand: die freundschaftlich verbundenen Unternehmen seien als Aktionäre sehr willkommen, denn sie würden den Konzern wirksamer vor feindlichen Übernahmen schützen als Stimmrechtsbeschränkungen.

»Festung Deutschland«

Liberalen Politikern und Volkswirtschaftlern geht diese Bunkermentalität der Bosse schon lange gegen den Strich. So wetterte der Göttinger Wirtschaftsprofessor und ehemalige Vorsitzende der Monopolkommission, Ulrich Immenga: »Der Vorstand ist nicht legitimiert, sich seine Aktionäre und damit seine Kontrolleure auszusuchen.« Und der Frankfurter Rechtsanwalt Nicolaus-J. Weickart, einer der gewieftesten Gesellschaftsrechtler der Bundesrepublik, sekundiert: »§ 53 a des Aktiengesetzes schreibt vor, daß alle Aktionäre gleich zu behandeln sind. Daraus ergibt sich ein Verbot für den Vorstand, bestimmte Aktionäre zu bevorzugen.... Das gegenseitige Parken von Aktien mit dem Ziel, im Falle eines Übernahmeangebots die Aktie niemals abzugeben, ist nicht gestattet, ohne daß zwingende unternehmerische Interessen eine solche Verflechtung gebieten.«

Recht hin, Recht her, wer die Macht hat, bestimmt in der deutschen Wirtschaft die Regeln. Ein Investor, der nicht zu dem Club der von den deutschen Managern beherrschten Großunternehmen zählt, wird von vornherein als Feind behandelt. Dies mußte der italienische Reifenbauer Leopoldo Pirelli ebenso erkennen wie die Chefs des englischen Stahlkonzerns British Steel. Der Italiener scheiterte bei seinem Übernahmeversuch am Management des Hannoveraner Konkurrenten Continental, obwohl eine Fusion der beiden Reifenkonzerne betriebswirtschaftlich durchaus Sinn machte. Und die Briten, die gehofft hatten, sich am Dortmunder Stahlkonzern Hoesch zu beteiligen, mußten schließlich Krupp den Vortritt lassen.

Nur bei der Berliner Treuhand klappte die Kumpanei der Bosse nicht so recht, als es um den Verkauf der ostdeutschen Stahlwerke in Brandenburg und Hennigsdorf ging. Nach langem Hin und Her kam schließlich die italienische Riva-Gruppe zum Zug, da die deutschen Interessenten (Thyssen und Badische Stahlwerke) einfach zuwenig geboten hatten.

Ansonsten erwies sich die »Festung Deutschland« als uneinnehmbar. Zuletzt mußten dies die Chefs der großen französischen Versicherungsgesellschaft AGF erfahren, als sie versuchten, Einfluß beim deutschen Branchenzweiten, der Aachener und Münchener Beteiligungs-AG (AMB) zu gewinnen. Obwohl die Franzosen für über eine Milliarde Mark etwa ein Viertel der AMB-Aktien kauften und damit zum größten Aktionär des Konzerns aufstiegen, versperrte ihnen der selbstherrliche AMB-Chef Wolf-Dieter Baumgartel die Tür zum Aufsichtsrat.

Ein Teil der von den Franzosen gekauften AMB-Papiere bestand nämlich aus sogenannten vinkulierten Namensaktien, die erst dann stimmberechtigt sind, wenn sie im Aktienbuch der Firma eingetragen sind. Und für diese Eintragung ist der Vorstand zuständig. Mit immer neuen Tricks wehrte sich Baumgartel gegen die Franzosen, obwohl er deren Kapital dringend benötigte, um die klamme Konzerntochter BfG (Bank für Gemeinwirtschaft) über die Runden zu bringen. Kommentierte der ehemalige Thyssen-Chef und heutige Rechtsanwalt Dieter Spethmann im *Manager Magazin:* »Hinweise auf Überfremdung durch Ausländer erscheinen besonders antiquiert, wenn es sich um EG-Ausländer handelt.«

Heimatverbunden geben sich die deutschen Manager freilich nur, wenn es ihren eigenen Interessen dient. Ansonsten nehmen sie wenig Rücksichten auf nationale Empfindlichkeiten. Als beispielsweise der Münchner Siemens-Konzern mit einem Milliardengebot das britische Elektrounternehmen Plessey an sich riß, ging ein Aufschrei der Empörung durch das Inselreich, denn Plessey liefert die geheimsten Nachrichten- und Ortungssysteme für die Royal Air Force. Zimperlich sind sie keineswegs, unsere Wirtschaftsführer, wenn sie mit überlegener Kapitalkraft in fremden Revieren wildern. Ungeniert riß sich die Allianz Versicherung den italienischen Assekuranzkonzern RAS unter den Nagel und verfehlte nur um Haaresbreite das Ziel, Englands großen Versicherer Eagle Star an die Leine zu nehmen. Der gescheiterte Übernahmeversuch brachte immerhin noch einen dreistelligen Millionengewinn in Wolfgang Schierens Konzernkasse.

Auch dann, wenn sie nicht offen den Eroberer spielen, haben die Deutschen häufig ihre Hand im Spiel. Als die Bergbaugesellschaft Minorco, eine Tochter des südafrikanischen Anglo-American Konglomerats, sich den Rivalen Gold Fields schnappte, war einer der Geldgeber die Dresdner Bank. Doch wenn in der Heimat mal wieder ein größeres Objekt der Begierde zum Verkauf steht, werden die Tore der Festung schnell wieder geschlossen.

So fiel die marode AEG nicht an den britischen General-Electric-Eigner Lord Weinstock, sondern geriet ins Schlepptau des Stuttgarter Daimler-Konzerns. Den glücklosen Computerbauer Nixdorf griff sich der Münchner Siemens-Konzern, ehe noch ein Ausländer auch nur die geringste Chance hatte. Die Regie des germanischen Managerkartells sorgte auch dafür, daß der Kfz-Zulieferer VDO nicht an einen ausländischen Interessenten, sondern an den Düsseldorfer Mannesmann-Konzern verkauft wurde.

Kungelei der leitenden Angestellten

Die Kungelei der leitenden Angestellten, die sich wie Eigentümer aufführen, geht allemal zu Lasten der wirklichen Gesellschafter und Aktionäre. Superreiche, wie Flick oder der Fürst von Thurn und Taxis, mußten dabei ebenso Federn lassen wie Hunderttausende düpierter Kleinaktionäre. Längst ist erwiesen, daß die meisten Aktien der von den Großbanken in den letzten Jahren neu an die Börse gebrachten Unternehmen dem falsch informierten Publikum zu teuer verkauft wurden. Während die arglosen Bankkunden durch starke Kursverluste bei Unternehmen wie Hako, Sartorius, Walter oder AMB Riesenverluste erlitten, können sich die beteiligten Banker ins Fäustchen lachen.

Bei jeder Neuemission streichen sie 4 bis 5 Prozent des an die Börse gebrachten Kapitals als Provisionen ein. Leichter verschmerzen kann seine Verluste der Münchner Milliardär Friedrich Karl Flick, dem die Künste seiner Manager um den geschaßten Mitgesellschafter Eberhard von Brauchitsch nicht nur den größten Bestechungsskandal der Nachkriegszeit bescherten, sondern auch noch Vermögenseinbußen in der Größenordnung von etwa 10 Milliarden Mark. Hätten von Brauchitsch und seine Helfershelfer Flicks gesammelte Daimler-Aktien nach der Ölkrise von 1973 nicht überstürzt verkauft, sondern seelenruhig den nächsten Autoboom abgewartet, wäre ein Vermögenszuwachs in genannter Höhe entstanden.

Nun mag man Eigentümer, die der Verwaltung ihres Industrievermögens offensichtlich nicht gewachsen sind, bedauern oder nicht, die Machtergreifung von Angestellten, die nicht eine einzige Mark zur Entstehung der großen Familienvermögen beigetragen haben, läßt sich damit nicht legitimieren. Das wird mittlerweile auch Gloria von Thurn und Taxis so empfinden, die mit der Hinterlassenschaft ihres verstorbenen Mannes offensichtlich überfordert ist. Ob die noch vom Fürsten gefeuerten Manager um den ehemaligen McKinsey-Berater Helge Petersen mit Hilfe eines computergestützten Management-Informations-Systems das milliardenschwere Vermögen des Fürstenhauses in die Finger bekommen wollten oder nicht, wird noch von den Gerichten zu klären sein. Sicher ist, daß die hochbezahlten Führungskräfte es nicht verstanden, aus welchen Gründen auch immer, das fürstliche Vermögen effizient und wirtschaftlich einzusetzen. Ein beträchtlicher Schuldenberg und allerlei unrentable Investments war alles, was die Fürstin nach dem Tode ihres Mannes vorfand. Dafür mußte sie dann auch noch einigen unter Mißachtung der üblichen Spielregeln entlassenen Managern fürstliche Abfindungen zahlen.

Wie leicht selbstherrliche Manager Eigentümer und Geldgeber an der Nase herumführen können, bewies auch der langjährige Chef des Kaufhauskonzerns Asko (20 Milliarden Mark Jahresumsatz, 35 000 Mitarbeiter), Helmut Wagner. Erst linkte er die Banken, die ihm über fünf Milliarden Mark Kredite gaben, mit kunstvoll gestalteten Bilanzen, dann hebelte er die Eigentümerrechte seiner Aktionäre aus, indem er die wichtigsten Tochtergesellschaften des Konzerns in der Rechtsform einer GmbH & CoKG führen ließ.

Zu Komplementären dieser Unternehmen aber machte er anonyme Briefkastenfirmen in Luxemburg, die wiederum von einem eingetragenen Verein kontrolliert wurden, der Asko-Vereinigung e.V. Und in diesem Verein hatten ausschließlich alte Wagner-Spezies das Sagen. Selbst so mächtige Großaktionäre wie die Metro-Handelsgruppe und der Schweizer Milliardär Klaus Jacobs vermochten lange Zeit nicht, das Wagnersche Vereinsbollwerk zu schleifen. Der Asko-Manager schaltete und waltete nach Belieben, obwohl ihm selbst nur Bruchteile des Saarbrückener Handelsimperiums gehörten.

Eigentümer, die dem wirtschaftlichen Wettbewerb nicht mehr gewachsen sind, haben den unschätzbaren Vorteil, daß sie ärmer werden.
Angestellte Manager hingegen, die ihre Aktionäre und Mitgesellschafter ausplündern, haben in der Regel nichts dergleichen zu befürchten und lassen sich vom nächstbesten Headhunter auf einen ebenso gutbezahlten Posten vermitteln.
Wie Hohn klingt da die ewige Klage der Bankmanager über das geringe Interesse der Deutschen am Erwerb von Aktien. Wenn etwa Deutsch-Bankier Rolf E. Breuer darüber jammert, daß der Anteil privater Aktionäre am gesamten deutschen Aktienkapital in den letzten 30 Jahren von 27 auf 17 Prozent schrumpfte, dann vergießt er nicht mehr als Krokodilstränen. Denn sein Haus hat dazu beigetragen, den Kleinaktionären die Freude an ihren Papieren zu nehmen.

Entmachtete Aktionäre

Wer die kleinen Anteilseigner als lästiges Stimmvieh betrachtet, das sich widerspruchslos den weisen Ratschlägen der angestellten Geldverweser zu fügen hat, der braucht sich nicht zu wundern, wenn das Publikum sich lieber Sparbriefe als Aktien kauft. Da die Manager der Aktiengesellschaften mit dem Segen der Banker praktisch nach Gutdünken schalten und walten dürfen, verloren im Laufe der Jahre selbst naive Kleinaktionäre die Lust an ihren Papieren, die stets nur eine dürftige Dividende abwarfen und mehr Verluste als Gewinne einbrachten.
»Der Aktienmarkt ist krank«, diagnostizierte der Herausgeber der WirtschaftsWoche, Wolfram Engels, im Mai 1992 knapp und bündig. Der angesehene Ökonomieprofessor weiter: »Das Aktiengesetz steht statt unter dem Prinzip des Anlegerschutzes unter dem des Managerschutzes. In Deutschland wird dem Eigentümer die Verfügungsmacht über sein Eigentum weitgehend entzogen; in Deutschland steigen die Managergehälter auch dann, wenn die Eigentümer Vermögen einbüßen...«

Berater Roland Berger bestätigt: »Bei uns ist es eigentlich Tradition, hohe Renditen zu verstecken... unser Management denkt auch durchaus an die eigene Macht, will den eigenen Einflußbereich im Griff behalten und sich von seinen Kapitalgebern nicht zu sehr abhängig machen...«

Der Filz in den Aufsichtsräten und das Sicherheitsdenken in den Vorstandsetagen verhinderte bis heute eine marktgerechte Bewertung der deutschen Aktien. In Japan werden die Anteilsscheine etwa mit dem 40fachen Jahresgewinn an der Börse gehandelt, in Amerika noch mit dem 20fachen Jahresgewinn, bei uns hingegen nur mit dem 14fachen. Kein Wunder, daß in Deutschland nur etwa 2 Prozent des neu gebildeten Geldvermögens an die Aktienbörse fließen, in den USA hingegen etwa 20 bis 25 Prozent.

Dafür gibt es bei uns Unternehmen, die ein Vielfaches dessen wert sind, was ihre sämtlichen Aktien an der Börse kosten würden. Bei der Deutschen Bank zum Beispiel dürfte allein der Wert sämtlicher Industriebeteiligungen so groß sein wie der Börsenwert. Das Kerngeschäft der größten deutschen Geschäftsbank bekäme der Aktionär eigentlich gratis. Oder anders herum: Der Kurs der Bankaktie müßte mindestens doppelt so hoch sein, wie er es heute ist.

Der an der Börse ermittelte Preis spiegelt denn auch nicht den wahren Wert des Bankhauses wider, sondern dokumentiert schlicht die Aussichtslosigkeit jeden Versuchs, diesen inneren Wert der Deutschen Bank zu realisieren. Die Struktur des Bankvermögens dient nämlich in erster Linie den Herrschafts- und Absicherungsinteressen seiner Manager und nicht den Interessen seiner Aktionäre.

Alle bisherigen Versuche der Kleinaktionäre, die Herrschaft der Manager zu brechen, endeten wie das Hornberger Schießen. Weder die deutsche Schutzvereinigung für Wertpapierbesitz noch Hauptversammlungsopponenten wie Kurt Fiebich oder Emil Nold vermochten die eherne Balance der Aufsichtsräte und Vorstände zu erschüttern. Im Gegenteil, die harmlosen Hauptversammlungsgegner lieferten den Abgesandten des Wirtschaftsestablishments das Alibi, mit dem sie der Öffentlichkeit die Existenz einer Aktionärsdemokratie vorgaukeln konnten. Hartnäckig hält sich darum bei den Wirtschaftsjournalisten der Verdacht, manche der geltungssüchtigen Versammlungsredner seien für ihre Auftritte von der Firmenleitung sogar noch honoriert worden.

Die neuen Opponenten

Seit Beginn der 90er Jahre allerdings gewinnt die Opposition der Aktionäre deutlich an Qualität. Sachkundige Kritiker, wie der Würzburger Ordinarius für Bank- und Kreditwirtschaft Ekkehard Wenger, bringen selbst die Bosse der größten Konzerne in Verlegenheit. Als Wenger, unterstützt von einer Riege hochmotivierter Studenten, das Management der Allianz Versicherung auf der Hauptversammlung des Jahres 1991 mit präzisen Fragen zur Eigentümerstruktur des Unternehmens nervte, platzte dem Konzernboß der Kragen: »Ich bin froh, daß meine Kinder nicht mehr studieren müssen«, schrie Wolfgang Schieren ins Auditorium, »ich hätte das Gefühl, sie würden an Deutschlands Hochschulen auf eine Weise erzogen, die mir nicht passen würde.«

Noch mehr Respekt haben die Bosse vor dem Frankfurter Wirtschaftsanwalt Nicolaus-Jürgen Weickart. Dieser führt nämlich nie selbst das Wort auf Hauptversammlungen, sondern zieht im Auftrag mächtiger Aktionäre aus dem Hintergrund die Fäden. Respekt verschaffte sich der ausgezeichnete Kenner des deutschen und internationalen Gesellschaftsrechts, als er im Auftrag der Flick-Neffen Gert-Rudolf und Friedrich Christian die erste »unfreundliche Übernahme« eines deutschen Großunternehmens organisierte. Es ging um den Konzern Feldmühle Nobel AG, einst das Herzstück der Flick-Gruppe. Als Friedrich-Karl Flick, des Regierens müde und vom Parteispendenskandal entnervt, die von seinem Vater zusammengetragene Firmensammlung en bloc für 5,3 Milliarden Mark an die Deutsche Bank verkaufte, argwöhnten die Neffen sofort, daß der Preis zu niedrig angesetzt war.

Die Deutsche Bank, die bei dem Deal einen Schnitt von annähernd einer Milliarde Mark machte, brachte die einstigen Flick-Werke als »Feldmühle

Nobel AG« an die Börse, und zwar zum Ausgabekurs von 280 DM pro Aktie. Die Flick-Neffen verbündeten sich mit dem US-Investment-Bankhaus Merrill Lynch und kauften so viele Feno-Aktien, wie sie nur bekommen konnten. Weickart sollte dann den freien Aktionären ein Übernahmeangebot zum Preis von 350 Mark machen. Der Schachzug blieb den Banken nicht verborgen, und durch gezielte Indiskretionen trieben sie den Kurs bis auf die vorbereitete Übernahmeofferte hoch.

Weickart blies das Manöver ab und verfolgte nun eine andere Strategie. Durch weitere Aufkäufe brachte er den Bestand seiner Mandantengruppe auf über 50 Prozent des Feno-Kapitals und verkaufte dann das komplette Paket an den damaligen Chef des VEBA-Konzerns, Rudolf von Bennigsen-Foerder. Der zahlte rund 1,5 Milliarden Mark dafür und verhalf so den Flick-Neffen zu einem netten Zwischengewinn von gut 300 Millionen Mark.

Überraschend verstarb wenig später der VEBA-Chef, und sein Nachfolger Klaus Piltz wußte mit dem zugekauften Konzern offensichtlich nichts Rechtes anzufangen. Also verscherbelte er das Paket – es ging immerhin um rund 70 000 Arbeitsplätze und ein Umsatzvolumen von neun Milliarden Mark – an die schwedische Stora-Gruppe. Und auch an diesem Deal gab es wieder was zu verdienen: In den Kassen der VEBA blieben rund 300 Millionen Mark hängen. Daß die Stora nur an einem Teil des Konzerns, nämlich dem Papierhersteller Feldmühle, interessiert war und den Rest, das Chemie- und Sprengmittelunternehmen Dynamit Nobel sowie den Stahl- und Gießereibetrieb Buderus an die Metallgesellschaft weiterreichte, vervollständigt nur das Bild eines konfusen und ziemlich skrupellosen Handels mit dem Schicksal von Mitarbeitern und industriellen Werten. Nicolaus-Jürgen Weickart jedenfalls hatte bewiesen, daß er das Spiel der Banker zu stören vermochte. Unter dem von ihm gelenkten Sperrfeuer verschiedener Aktionäre brach die Stimmrechtsbeschränkung beim Reifenbauer Conti in Hannover ebenso zusammen wie beim Rasenmäherhersteller Sabo im rheinischen Gummersbach.

Seinen kühnsten Coup aber will der rastlose Gegner selbstherrlicher Konzernfürsten bei der VEBA landen.

Angriff auf die VEBA

Unterm Dach des einst aus privatisiertem Bundesbesitz entstandenen Konglomerats versammeln sich rund 840 Firmen, die 1991 einen Umsatz von rund 55 Milliarden Mark erwirtschafteten und 107 000 Mitarbeiter beschäftigten. Dieser viertgrößte Konzern Deutschlands ist tatsächlich ein Musterbeispiel für die Zustände, die eintreten, wenn Manager ohne wirksame Kontrolle durch starke Aktionäre nach Belieben schalten und walten können. Und nicht von ungefähr sehen die Bosse manch anderer Großunternehmen ein wenig neidisch auf die VEBA-Zentrale am Düsseldorfer Karl-Arnold-Platz, wo Klaus Piltz sein Milliardenreich dirigiert, ohne sich nach der Decke strecken zu müssen.

Eine Studie der für ihre genauen Analysen bekannten britischen Investmentbank S. G. Warburg vom Frühjahr 1991 weist nämlich nach, daß der VEBA-Konzern über Vermögenswerte verfügt, die weitaus größer sind, als es seinem Börsenwert entspricht. Schon wenn der Gigant seine wichtigsten Konzerngesellschaften an die Börse brächte, könnte er seinen Börsenwert glatt verdoppeln. Trotz ihrer enormen Reserven verstanden es die VEBA-Manager nicht, in der Vergangenheit auch nur halbwegs mit der Konkurrenz Schritt zu halten. Sowohl der Strom- und Ölversorger RWE als auch der gleichfalls aus Bundesbesitz entstandene Mischkonzern VIAG entwickelten sich in den vergangenen Jahren weitaus dynamischer als der Riese VEBA. Weickart will nun den Konzernmanagern Dampf machen.

Warum, so fragen sich die Kritiker des in Deckung gehenden Konzernchefs Klaus Piltz, muß ein Unternehmen, das seinen Schwerpunkt in der Energieversorgung hat, gleichzeitig 140 000 Wohnungen besitzen? Warum braucht er zu seiner Existenz Luxushotels wie den Nassauer Hof in Wiesbaden? Wieso schleppt der Konzern Geschäftsbereiche mit, die längst nicht mehr wettbewerbsfähig sind? Der Wert einer VEBA-Aktie könnte sich mindestens verdoppeln, wenn es gelänge, den Wildwuchs der Konzerngeschäfte zu beschneiden und die Kernbereiche zu Marktführern zu machen.

Jeder einzelne der insgesamt 540 000 VEBA-Aktionäre freilich hat keine Chance, die Allmacht des Managements zu beschneiden. Nur wenn es gelingt, eine genügend große Stimmenzahl zu bündeln, kann das Management zur Reform gezwungen werden. Die Chancen hierfür stehen nicht schlecht, denn insbesondere die größten institutionellen Anleger aus Übersee beginnen immer energischer, an den Stühlen der Konzernlenker zu rütteln.

Es sind vor allem die milliardenschweren Pensionsfonds aus den USA und Großbritannien, die dafür sorgen wollen, daß die Aktionäre bei den großen Publikumsgesellschaften wieder zu ihrem Recht kommen. Immerhin besitzen Ausländer rund 43 Prozent des VEBA-Grundkapitals, und wenn es Weickart gelingen sollte, auch nur einen Teil davon zu bündeln, dann ist er ein ernst zu nehmender Gegner für den selbstherrlichen VEBA-Boß.

Für Klaus Piltz und seine Vorstandskollegen wäre eine Realteilung des Konzerns, wie sie zum Beispiel der Münchner Unternehmensberater Roland Berger vorschlägt, höchst fatal. Denn die »konzernleitende Holdinggesellschaft«, die ihnen bisher praktisch unbegrenzte Macht über das gesamte Firmenimperium nebst üppigen Gehältern garantiert, wäre dann schlicht überflüssig. Ohne Schaden zu nehmen, könnte jede der wichtigen Konzerngesellschaften verselbständigt, die Holding liquidiert werden. Vermutlich würden die Töchter, vom Ballast der Konzernbürokratie befreit, sich schneller und besser entwickeln als bisher. Leidtragende wären allein die paar hundert gut dotierten Manager in der überflüssigen Konzernzentrale.

Wie der Teufel das Weihwasser scheuen denn auch die angestellten Firmenverweser jeden Machtzuwachs der Aktionäre. Aus Deutschland brauchen sie bisher wenig Unheil zu befürchten, denn die heimischen Aktionärsvertreter sind viel zu harmlos und desorganisiert, um das Bollwerk der Banker und Bosse zu erschüttern.

Selbst die bedeutendste deutsche Aktionärsvereinigung, nämlich die Deutsche Schutzvereinigung für Wertpapierbesitz (DSW), erwies sich bisher als zahnloser Tiger. Grämt sich Bankprofessor Ekkehard Wenger: »Was soll dabei herauskommen, wenn Banken und Großindustrie den Verein über

Anzeigenaufträge, Anwaltsmandate und Aufsichtsratspöstchen subventionieren?«

Konzerne als Kapitalvernichter

Tatsächlich waren Banker wie Friedrich Wilhelm Christians und Walter Seipp, Bosse wie der ehemalige Siemens-Finanzvorstand Heribald Närger jahrelang für die DSW tätig, und auch der heutige Präsident, Otto Graf Lambsdorff, steht keinesfalls im Ruf, ein Gegner des Managements zu sein. Nein, die »Revolution der Aktionäre« (»Shareholder Revolt«) muß aus dem Ausland importiert werden. In den USA hat sie schon einigen der Big Bosse den Posten gekostet. Dampf machen dort seit ein paar Jahren die Verwalter der größten Aktienvermögen der Welt. Es sind – natürlich – ebenfalls Manager, die es zu ihrer Aufgabe gemacht haben, das Industrie-Establishment auf Vordermann zu bringen. Amerikanische Pensionskassen gebieten über Vermögenswerte von mindestens 2,5 Billionen Dollar, davon steckt rund eine Billion in Aktien.

Etwa ein Viertel sämtlicher amerikanischer Börsenpapiere gehört diesen Investitionsfonds, die der Alterssicherung verschiedenster Bevölkerungsgruppen dienen. Fonds, wie Calpers (für die Bediensteten des Staates Kalifornien) oder Cref (alle amerikanischen Lehrer und Professoren), halten ebenso wie britische Pensionskassen auch dicke Aktienpakete deutscher Unternehmen. Bei manchen Publikumsgesellschaften hätten sie wahrscheinlich sogar schon die Mehrheit, wenn sie alle ihre Stimmrechte auf die Waagschale brächten.

Galten diese Fonds früher als ausgesprochen passive Anleger, die keinerlei Einfluß auf die Politik der Unternehmen, deren Aktien sie besaßen, nehmen wollten, so mischen sie sich neuerdings recht energisch ein. Dale Hanson zum Beispiel, Chef des Calpers Fonds, sorgte beim Luft- und Raumfahrtkonzern Lockheed für eine deutliche Gewinnsteigerung und machte seinen Einfluß auch bei General Motors und bei Texaco geltend.

Um ihre ausländischen Aktionärsinteressen zu vertreten, gründeten die amerikanischen Großanleger die Global Proceed Services Corporation, und diese Organisation, die ein Aktienvolumen von rund 20 Milliarden Dollar vertritt, will nun verstärkt in Europa aktiv werden. Ihr Ziel ist stets die Steigerung des sogenannten »shareholder value«, also des Aktienwerts der Firma. Nicht mehr die Interessen des Managements sollen die unternehmerischen Entscheidungen bestimmen, sondern ausschließlich die Interessen der Aktionäre.

Für viele deutsche Konzerne würde dies bedeuten, daß sie die aufgeblähten Wasserköpfe ihrer Verwaltungen aufs notwendige Minimalmaß stutzen, unrentable Geschäftszweige kappen, nicht betriebsnotwendige Vermögensteile versilbern und die Erträge größtenteils ausschütten müßten. »Anders als in Amerika«, bedauert beispielsweise das *Manager Magazin,* »leben deutsche Vorstände noch auf einer Insel der Seligen. Sie beginnen erst allmählich zu fragen, ist jede meiner Aktivitäten wettbewerbsfähig? Sind alle meine Aktiva profitabel?« Sie sind es, wie zahlreiche Untersuchungen ergeben haben, natürlich nicht. Die Unternehmensberatungsgesellschaft Boston Consulting Group zum Beispiel ermittelte, daß bei den 180 umsatzstärksten Aktiengesellschaften der »shareholders value« eindeutig zu kurz kommt. Bei vielen der deutschen Publikumsgesellschaften sind bis zu 50 Prozent des Anlage- und Umlaufvermögens in Geschäften gebunden, die keinen oder einen zu geringen Profit abwerfen, und fast ein Viertel aller Neuinvestitionen fließen in Geschäfte, die zu geringe Rendite erwirtschaften.

Nach der Boston-Analyse liegen bei 60 Prozent der untersuchten Aktiengesellschaften der »cash flow return on investment« (der Zinssatz, zu dem Kapital im Unternehmen angelegt werden kann) niedriger als die vom Unternehmen aufzubringenden Kapitalkosten. Das heißt: Diese Firmen arbeiten unrentabel. Das Geld der Aktionäre ist hier schlechter angelegt als auf der Bank.

Der Regensburger Betriebswirtschaftsprofessor Rolf Bühner, der im Auftrag des *Manager Magazins* die Rentabilität deutscher Konzerne untersuchte, kam zu dem Ergebnis: Viele Unternehmen schaffen keinen Mehrwert für den Anleger, sondern vernichten ihr Kapital. Zu den Wertevernichtern gehören nach Bühners Analyse einige der ersten Adressen der deutschen Industrie, nämlich so namhafte Unternehmen wie Daimler-Benz, Siemens, VEBA, Hochtief, Conti oder Thyssen.

Im Klartext heißt das: Die Geschäftspolitik des Managements der deutschen Topkonzerne mißachtet die elementaren Interessen der Aktionäre. In erster Linie dient sie dem Management selber, das immer mehr Macht zu immer komfortableren Bedingungen anstrebt. Auch die Interessen der Belegschaften werden noch stärker berücksichtigt als jene der Eigentümer. Bereitwillig zahlen die Konzernmanager stets höhere Löhne und Gehälter, wenn sie sich dafür die Zustimmung der Arbeitnehmervertreter im Aufsichtsrat zu ihren Expansionsplänen erkaufen können.

Marktbeherrschende Konzerne geben die Kostensteigerungen einfach über die Preise an die Verbraucher weiter, während Klein- und Mittelbetriebe durch äußerste Rationalisierung einen Teil der Kostensteigerungen auffangen müssen.

Die »deutschen Krankheiten«

Unglaubwürdig wirkt deshalb die in letzter Zeit so vehement angefachte Diskussion um den Industriestandort Deutschland. Denn erst das verhängnisvolle Interessenbündnis zwischen Banken und Bossen auf der einen und den um ihre Wiederwahl bangenden Gewerkschaftsmanagern auf der anderen Seite setzte jene verhängnisvolle Preis-Lohn-Spirale in Gang, die die deutsche Wettbewerbsfähigkeit jetzt so akut gefährdet.

Nicht zufällig pflegen die Bosse pünktlich vor Beginn einer neuen Lohnrunde den »Industriestandort Deutschland« in Frage zu stellen. Mit Krokodilstränen in den Augen beklagen sie das hohe Lohnniveau, das sie selbst mit zu verantworten haben, die ausufernden Lohnnebenkosten, mit denen sie sich das Wohlwollen der Arbeitnehmervertreter in den Aufsichtsräten erkauften, und natürlich die immer kürzeren Arbeitszeiten, die sie mit den Gewerkschaften selbst ausgeheckt haben.

Nach dem Motto »Haltet den Dieb!« deuten sie mit den Fingern auf ihre Tarifpartner, auf den Staat, auf die Umweltschützer. Nur sich selber sparen sie aus bei den Schuldzuweisungen. Dabei wissen scharfsichtige Experten wie die Unternehmensberater von McKinsey oder von Roland Berger seit langem, daß ein Großteil der Versäumnisse auf das Konto der hochbezahlten Unternehmenslenker geht.

Selbst das den Bossen gewiß nicht abgeneigte Wirtschaftsmagazin *Capital* diagnostizierte schwerwiegende »deutsche Krankheiten« wie übertriebenen Traditionalismus, mangelnde Innovationsfähigkeit, eine Wagenburgmentalität, Sozialgedusel, Schwerfälligkeit und schlichten Provinzialismus bei den Vorständen und Geschäftsführern zwischen Füssen und Flensburg.

Wenn etwa Heinrich Weiss, der Präsident des Bundesverbandes der Deutschen Industrie, lamentiert: »Unsere Wettbewerbsfähigkeit ist in Gefahr, und als Investitionsstandort sind wir heute schon weitgehend konkurrenzunfähig«, dann sollte er sich mal fragen, warum es so weit gekommen ist. Wer, wenn nicht er und seinesgleichen, ist denn für die heutigen Zustände in der Wirtschaft verantwortlich?

Was soll das Wehklagen der Manager, die während der 80er Jahre in die vollen gingen und kauften und investierten, was das Zeug hielt, während sie gleichzeitig versäumten, ihre Hausaufgaben zu machen?

Zu den wichtigsten Pflichten eines jeden Unternehmenslenkers gehört, daß er seinen Betrieb so effizient wie möglich einrichtet. Wie soll man das Gerede über mangelnde Rentabilität neuer Investitionen werten, wenn zum Beispiel Mercedes-Lenker Werner Niefer plötzlich entdeckt, daß er 20 000 Mitarbeiter zuviel beschäftigt? Warum mußte erst eine amerikanische Studie über japanische Produktionsmethoden unsere Herren Konzernvorstände aus ihrem Dornröschenschlaf rütteln?

Infame Argumente

Gerne konzedieren wir, daß es viel einfacher ist, mit einer vollen Konzernkasse auf Einkaufsbummel zu gehen und in den USA ein paar Lastwagenfabriken zu kaufen, als zu Hause in mühsamer Kleinarbeit den Betrieb zu optimieren. Nur darf man sich dann hinterher nicht wundern, wenn ein mit allen Raffinessen ausgestatteter Luxuswagen wie der Toyota Lexus auf dem amerikanischen Markt für 68 000 Mark angeboten wird, während man selber für dieses Geld gerade noch einen Kleinwagen wie den 190er an den Mann bringen möchte.

Scheinheilig beklagen die Konzernlenker den Umstand, daß sie leider gezwungen seien, Jahr für Jahr »Hunderttausende von Arbeitsplätzen zu exportieren« (BDI-Weiss), weil in Deutschland die Besetzung dieser Plätze zu teuer wäre. Das Argument ist infam, denn der gigantische Kapitalexport der deutschen Großindustrie hat ganz andere Ursachen. In Wirklichkeit möchten die Herren von Bosch, Siemens, Daimler, VW, Thyssen, Bayer, BASF oder Hoechst gerne »global players« sein.

Der schöne Begriff, von amerikanischen Unternehmensberatern geprägt, wurde in den 80er Jahren zum Lieblingswort der deutschen Bosse. Ein »global player« ist in ihren Augen ein Unternehmen, das auf allen wichtigen Märkten der Welt zu Hause ist. Immun gegen Konjunkturlöcher, Wechselkursschwankungen und politische Krisenherde vermag der »Globusspieler« auch mit den Steuergesetzen oder Umweltschutzvorschriften der Nationalstaaten fertig zu werden. Und um in diese beneidenswerte Position eines über alle Grenzen hinweg operierenden Multis zu gelangen, investierten die Lenker der deutschen Konzerne in den vergangenen 20 Jahren gigantische Summen im Ausland.

Allein 1990 waren es knapp 30 Milliarden Mark, 1991 etwa 20 Prozent mehr. Der größte Teil davon floß freilich nicht in den Aufbau neuer Fabriken, sondern wurde für Zukäufe längst bestehender Unternehmen ausgegeben. Es wurden also in Wirklichkeit gar nicht so viele neue Arbeitsplätze expor-

tiert, es ging vielmehr um die Ausdehnung der Marktmacht einzelner Unternehmen.
Sicher gibt es in der Weltwirtschaft ein natürliches Lohn- und Leistungsgefälle. Wer in den teuersten Gegenden, und dazu zählt selbstverständlich Deutschland, produziert, muß eben sehen, daß er solche Waren oder Dienstleistungen anbieten kann, für die ein auskömmlicher Preis bezahlt wird. Massengüter geringer Komplexität, die weitgehend automatisch oder mit angelernten Arbeitern ohne besonderes Know-how hergestellt werden können, sollte man besser in Korea, Malaysia oder Indien erzeugen.
Wenn nun die Deutschen tatsächlich immer mehr Produkte in typischen Niedriglohnländern herstellen lassen, dann bedeutet dies ja auch, daß ihre Erzeugnisse möglicherweise nicht mehr dem neuesten Stand der Technik entsprechen. Schon vor rund zehn Jahren kam der amerikanische Industrieexperte Bruce Nussbaum in seinem Bestseller *The World after Oil* (deutscher Titel: *Das Ende unserer Zukunft*) zu dem Schluß, daß die Deutschen zwar »die besten 19.-Jahrhundert-Produkte der Welt bauen würden«, aber bei modernen High-Tech-Erzeugnissen wie Computern, Mikrochips und intelligenter Software längst den Anschluß an die Weltspitze verloren hätten. Die Entwicklung der letzten Jahre gab Nussbaum recht, denn noch immer machen konventionelle Güter wie Autos, Motoren, Kraftwerke, Maschinen und Anlagen den Löwenanteil bei den Ausfuhren des »Exportweltmeisters« aus, während der deutsche Anteil an der Produktion von Spitzentechnologie deutlich abnahm.
Überdies mußten viele Firmen erkennen, daß sich die Produktion in anderen Ländern trotz niedriger Löhne oft nicht lohnt. Die Rollei-Werke mußten ihre Kamerafertigung in Singapur aufgeben, der Computerbauer Nixdorf seine Werke in Malaysia schließen, und der große VW-Konzern gab nach verlustreichen Jahren die Golf-Produktion im US-Werk Westmoreland auf, nachdem sich die Verluste auf über eine Milliarde Mark summiert hatten.
Die Produktion im Hochlohnland Deutschland zahlte sich in den vergangenen Jahren selbst für die Erzeuger von ausgesprochenen Massenartikeln wie

Walzstahl, Kunststoffen oder Düngemitteln aus, sofern die Unternehmensleiter fähig waren und sich der modernsten Herstellungstechniken bedienten.
Das Know-how der deutschen Ingenieure und Techniker, die Fähigkeiten unserer Facharbeiter ebenso wie die hochentwickelte Infrastruktur des Landes bieten noch immer die Gewähr für hervorragende Produkte, die unter dem Gütesiegel des Made in Germany weltweit gefragt sind.
Wohlweislich haben zum Beispiel die Luxuswagenhersteller Mercedes-Benz und BMW bis heute darauf verzichtet, in anderen Ländern Montagewerke einzurichten, denn ein »Mercedes made in Mexico« würde wohl kaum einen amerikanischen Käufer dazu bewegen, das Doppelte des Preises zu bezahlen, den er für einen Ford oder Chevrolet hinblättern muß.
Um so lobenswerter ist der Entschluß des BMW-Chefs Eberhard von Kuenheim, nun doch ein Montagewerk in den USA zu errichten. Wenn er die Fehler seiner Wolfsburger Kollegen vermeidet, kann er auf dem amerikanischen Kontinent und in Südostasien den Japanern künftig viel besser Paroli bieten als heute.

Tolpatschig in Übersee

Bleiben wir bei den Autos. Niemand bezweifelt, daß die von Mercedes, BMW oder VW solide konstruiert und ordentlich zusammengebaut sind. Daß es den deutschen Herstellern dennoch nicht gelang, nennenswerte Marktanteile auf den wichtigsten Weltmärkten zu erkämpfen, geht eindeutig auf das Konto des Managements. VW beispielsweise beglückte die Amerikaner jahrelang mit dem für ihren Geschmack kantigen und wenig gefälligen Golf-Ableger Rabbit, während die japanischen Konkurrenten erst mal vor Ort den Geschmack der US-Kundschaft studierten. Weil sie zu Recht annahmen, daß ihre Techniker in Japan kaum den richtigen Sinn für die Ästhetik der amerikanischen Autokäufer entwickeln würden, gründeten Firmen wie Toyota oder Honda Stylingcenters in Kalifornien, um sofort auf jede Veränderung des Käuferverhaltens reagieren zu können. Das Ergebnis ist bekannt: Heute stammt jedes dritte in den USA verkaufte Auto von einem japanischen Hersteller, während der VW-Marktanteil kaum noch wahrnehmbar ist.

Auch in Japan, dem zweitgrößten Automobilmarkt der Welt, ließen sich die deutschen Hersteller an Tolpatschigkeit von niemandem übertreffen. Erst trauten sie sich gar nicht hin, dann begaben sich VW und Daimler-Benz freiwillig in die Fänge des schlitzohrigen Importeurs Yanase, der sofort dafür sorgte, daß stets nur geringe Stückzahlen der deutschen Autos ins Land gelangten, die er dann zu prohibitiven Preisen unters Volk brachte.

Die BMW-Herren indes hatten das Glück, daß ihr Importeur bald nach Abschluß der Verträge in Zahlungsschwierigkeiten geriet, so daß sie notgedrungen eine werkseigene Niederlassung gründen mußten. Das war dann der große Durchbruch, auf den die Münchner heute noch stolz sind. Neiderfüllt mußten die Stuttgarter und Wolfsburger Konkurrenten mitansehen, wie mühelos sich mit eigenen Leuten die Stückzahlen steigern ließen. Die Knebelverträge mit Yanase freilich verhinderten, daß sie den gleichen Weg wie BMW einschlugen. Zusammen verkaufen die Deutschen in Japan immer noch erheblich weniger Autos als Nissan in Deutschland.

Angesichts solcher Glanzleistungen der für die Auslandsaktivitäten des erfolgreichsten deutschen Industriezweigs verantwortlichen Manager, braucht den Gewerkschaften vor einer angedrohten Produktionsverlagerung ins Ausland nicht allzu bange zu sein. Während die Japaner sich gezielt mit eigenen Produktionsstätten in den wichtigsten Automobilmärkten des Westens festsetzten, sind die Deutschen bis heute auf gnädige Wechselkurse und liberale Einfuhrbestimmungen ihrer wichtigsten Abnehmerländer angewiesen.

Als Ursache für die mangelnden Erfolge in Übersee nannte mir das Vorstandsmitglied eines großen süddeutschen Autobauers die Trägheit seiner Führungskräfte: »Was glauben Sie, wie schwer es ist, gute Leute zu bewegen, nach Mexiko oder Brasilien zu gehen!« Die Japaner haben solche Probleme offenbar nicht, obwohl für sie der Kulturschock, wenn sie auf dem Düsseldorfer Flughafen landen, mindestens ebenso groß ist wie für einen Bayern, der sich in Tokio zurechtzufinden hat.

2
DIE MORAL DER MANAGER

Knastbrüder

Besonders unsympathisch macht unsere Führungskräfte ihre wachsende Kriminalisierung. Natürlich war die Versuchung, die vom Gesetz gezogenen Grenzlinien zu überschreiten, für Unternehmer und Manager schon immer recht groß. Und es ist auch klar, daß eine Wettbewerbsgesellschaft wie die unsere ein guter Nährboden für Wirtschaftskriminalität sein muß. Doch die Zunahme der in den Führungsetagen begangenen Delikte wird allmählich besorgniserregend.

1991 wurden allein 21 412 Ermittlungsverfahren wegen Verstößen gegen die Umweltschutzbestimmungen aufgenommen – viermal soviel wie 1980. Es scheint, als ob die deutschen Manager in ihrem Drang, möglichst schnell nach oben zu kommen, immer weniger Hemmungen zeigen, die Grenzlinie zwischen erlaubt und unerlaubt zu überschreiten. »Der Moralverfall, der in der Managerkaste zu verzeichnen ist«, schreibt *Der Spiegel*, »findet seine Entsprechung in den Niederungen der Gesellschaft.« Die Soziologenerkenntnis, daß die Korruption mit wachsendem Wohlstand abnimmt, wird in diesen Zeiten durch die entwickelten Industriestaaten widerlegt. Mit anschwellendem Reichtum, so müssen wir lernen, nimmt die Begehrlichkeit zu.

Und gerade die Männer, denen die wirtschaftliche Existenz von Millionen Mitarbeitern anvertraut ist, zeigen immer deutlicher, daß sie die Moralvorstellungen, die sie von ihren Angestellten erwarten, auf sich selber beileibe nicht anzuwenden gedenken. Da dies den Mitarbeitern keineswegs verborgen bleibt, verlieren die Bosse immer mehr an Glaubwürdigkeit. Dies ist sicher einer der Gründe dafür, warum es in manchen Betrieben so unendlich mühsam ist, notwendige Rationalisierungsmaßnahmen durchzudrücken, oder auch nur richtige Zahlen über den tatsächlichen Geschäftsverlauf zu bekommen. Wenn bekannt ist, daß die obersten Chefs mehr abkassieren, als ihnen zusteht, warum soll dann ein Abteilungsleiter nicht versuchen, mit getürkten Erfolgsmeldungen seinen Jahresbonus aufzubessern?

Die Dynamik der Aufsteigergesellschaft, die unsere Wirtschaft in den ersten drei Jahrzehnten nach dem Neubeginn auszeichnete, ist längst im Sumpf der neudeutschen Absahnermentalität versackt. Waren die Gründertypen aus der Kriegsheimkehrergeneration noch von dem brennenden Ehrgeiz beseelt, durch harte Arbeit wieder zu Wohlstand und Ansehen zu gelangen, so haben es die betriebs- und volkswirtschaftlich perfekt geschulten Enkel nur noch darauf abgesehen, mühelos die schnelle Mark abzuzocken. Der Virus der Immoralität frißt sich durch die gesamte Hierarchie. Der Vorteil einer offenen Gesellschaft, die dem Tüchtigen, gleich welcher sozialen Schicht er entstammt, jede Chance gibt, verkehrt sich während der wilden 80er Jahre ins Gegenteil. Viele der Aufsteiger, die nun in die Chefetagen einzogen, ließen sich blenden von Pumpgenies wie dem Amerikaner Donald Trump oder dem Briten Robert Maxwell. Schlichtere Gemüter verfolgten mit Begeisterung die Infamien eines J. R. Ewing in der TV-Seifenoper *Dallas*.

Der Erfolg heiligt die Mittel

Zutiefst überzeugt, daß der Erfolg jedes Mittel rechtfertigt, hielten diese Vertreter der »neuen Realisten« ethische Normen oder auch gesetzliche Vorschriften nur noch für lästige Hindernisse, die sie in ihrer unternehmerischen Freiheit einschränkten. Und nicht wenige von ihnen überschritten bedenkenlos die Grenze zwischen Recht und Unrecht.

Die Wachstumsdynamik der 80er Jahre ließ in vielen Firmen ein Klima entstehen, das die skrupellosen Macher ebenso begünstigte wie die trickreichen Absahner. Die Gier nach Geld, Macht, Anerkennung erzeugte in den Gremien der Leistungsträger eine Gruppendynamik, die bedenkliche Naturen rigoros aussortierte. Hinter dem klangvollen Namen des großen Unternehmens glaubte sich die Gruppe der Machthaber geschützt vor jeder strafrechtlichen Verfolgung. Und es waren häufig die Fähigsten und Ehrgeizigsten, die dann die Überzeugung verinnerlichten, alles und jedes sei erlaubt, wenn es nur dem Unternehmen und der eigenen Karriere nützt. Die Heuchelei gedieh zum Geschäftsprinzip: Was Erfolg hat, ist erlaubt, und kriminell ist nur, wer erwischt wird.

Und so häuften sich denn die Strafverfahren gegen Geschäftsführer, Vorstandsmitglieder und kleinere Lichter aus den Teppichetagen von Industrie- und Handelsunternehmen, Banken und Versicherungen. Lang ist die Liste der spektakulären Wirtschaftsprozesse aus den letzten Jahren, obwohl diese, wie der auf Wirtschaftsstrafsachen spezialisierte Koblenzer Staatsanwalt Hans Seeliger vermutet, nur »die Spitze des Eisbergs« darstellen. Auf einen ertappten, so die Schätzung der Strafverfolger, kommen zehn unentdeckte Täter.

Die kriminellen Karrieristen handelten oft zum Nutzen ihrer Firma, aber noch häufiger dachten sie an sich selbst. Indem sie für ihre Unternehmen Bilanzen manipulierten, Steuern hinterzogen, die Umwelt schädigten oder illegale Waffengeschäfte einfädelten, hofften sie auf schnelleren Aufstieg in der betrieblichen Hierarchie. Oder sie vermochten sich dem Druck ihrer Vorgesetzten und Kollegen nicht zu entziehen, die einfach bestimmte »Ergebnisse« erwarteten, auch wenn diese häufig nur mit illegalen Methoden zu erzielen waren.

Der Bogen der Wirtschaftsstraftäter spannt sich so vom kleinen Angestellten, der für seine ranghöheren Kollegen die Kastanien aus dem Feuer holt, bis zum Vorstandsvorsitzenden, der sich mit Hilfe einer ganzen Kette trickreicher Manipulationen einen Milliardenkonzern unter den Nagel reißt.

Gemeinsames Kennzeichen all dieser skrupellosen Weiße-Kragen-Täter ist, daß sie sich einen Teufel um die Folgen ihres Tuns scheren. Ausgestattet mit weitgehender Dispositionsfreiheit, nahmen die angestellten Manipulateure ganz selbstverständlich an, daß sie den kriminellen Charakter ihrer Handlungen hinter scheinbar legalen Geschäften verstecken konnten.

Wenn die dreisten Coups dann doch aufflogen, so meist deshalb, weil deren Nutznießer den Neid irgendeines zu kurz gekommenen Kollegen erregten. Anzeigen, meist anonym, aus dem Umfeld des Täters bringen noch immer die meisten Verfahren in Gang, bestätigt Hans Seeliger.

Wenn die Medien einen solchen Fall aufgreifen, dann erscheint er immer als Verfehlung eines einzelnen oder einer einzelnen Gruppe von Tätern. Die Vermutung, daß es sich bei der Wirtschaftskriminalität in Wahrheit nicht um individuelle Fehlleistungen handelt, sondern um ein gruppenspezifisches Phänomen, wird vorsichtshalber erst gar nicht angestellt. Zu abenteuerlich wäre nach Meinung der meisten Redakteure der Verdacht, daß die spezielle Ethik der Führungskräfte in Wirtschaft und Verwaltung Gesetzesübertretungen geradezu erzwingt.

Wer so konditioniert ist, daß er den Aufstieg in einer betrieblichen Hierarchie zu seinem Lebensziel macht, muß nach Ansicht des Münchner Organisationspsychologen Lutz von Rosenstiel geradezu zwangsläufig bis an die Grenzen des gesetzlich Möglichen gehen. Und manchmal auch darüber hinaus. Wie sehr das Managermilieu Straftaten im Bereich etwa der Bilanzierungsvorschriften, der Steuergesetze, der Offenlegungspflichten begünstigt, das wissen die Ermittler in Sachen Wirtschaftsdelikte nur allzu gut.

Wie die Elektromafia schmiert

Fast jeder größere Fall, der in den letzten Jahren aktenkundig wurde, zog eine Fülle von Anschlußverfahren nach, und nicht selten hatten die Ermittler

Mühe, im ausufernden Geflecht illegaler Geschäfte Grenzlinien für ihre Tätigkeiten zu stecken. Als in München gegen neun Siemens-Manager wegen Bestechung beim Bau des städtischen Klärwerks verhandelt wurde, fühlte sich der Vorsitzende Richter stark an die Zustände einer Bananenrepublik erinnert, denn die Beweisaufnahme ließ den Schluß zu, daß derlei Schmiergeldzahlungen im Konzern keineswegs unüblich waren.

Wenn das Motivationsgerüst und die Handlungsmaximen vieler Führungskräfte in der deutschen Wirtschaft illegale Geschäfte nicht nur tolerieren, sondern diese sogar herbeizwingen, dann ist die in den Festreden der Bosse so häufig beschworene Idee des Unternehmens als »gesellschaftliche Veranstaltung« nichts als pure Blasphemie. Dann leben wir tatsächlich in einer brutalen Ellenbogengesellschaft, in der es keinen Gleichklang der Interessen zwischen dem einzelnen und dem Unternehmen und auch nicht zwischen dem Unternehmen und der Gesellschaft geben kann. Jeder ist dann seines Nächsten Feind, und Betrug und Täuschung sind lebensnotwendige Verhaltensweisen.

Der Bestechungsfall um die Münchner Klärwerke I und II enthüllte, wie routiniert das nach Daimler-Benz bedeutendste deutsche Industrieunternehmen öffentliche Auftraggeber schmierte und deshalb Millionenaufträge zu überhöhten Preisen abrechnen konnte – zu Lasten der Steuerzahler. Die Ermittlungen der Münchner Kripobeamten und Staatsanwälte brachten an den Tag, daß eine »Elektro-Mafia«, der nicht nur Siemens, sondern auch andere Großkonzerne wie AEG und ABB angehörten, seit Jahr und Tag öffentliche Großaufträge unter Ausschaltung des Wettbewerbs an sich zog.

Was in München so vortrefflich funktionierte und dem Konzern so fette Gewinne verschaffte, daß er Bestechungsgelder in Millionenhöhe zahlen konnte, dürfte auch in anderen Teilen der Republik gängige Praxis sein. Erschreckend an dem Münchner Verfahren aber waren jene Details aus der Beweisaufnahme, die der staunenden Öffentlichkeit zeigten, wie souverän die Manager des Weltkonzerns, der für seine penible Rechnungslegung bekannt ist, die Bestechungsgelder handhabten.

Da wurden, einerseits, Geldboten mit Millionen Mark Bargeld im Aktenköfferchen in Bewegung gesetzt, die sich in Züricher Luxushotels mit den Abgesandten der Empfänger trafen. Da gab es, andererseits, Buchungsvorgänge von einer Siemens-Niederlassung zur anderen, bis am Ende niemand mehr wußte, für welches Auslandsprojekt das Bakschisch bezahlt wurde, das am Ende auf den Konten eines biederen Angestellten der Stadt München landete.

Bemerkenswert auch die Reihe der involvierten Konzernmitglieder, die ganz unten mit dem pensionierten Geldboten begann und ganz oben unterhalb der Vorstandsebene sich im Nebel der Konzernbürokratie verlor. Auch der oberste aller Siemensianer, Vorstandsvorsitzender Karlheinz Kaske, als Zeuge geladen und um ein Haar selbst auf die Liste der Verdächtigen geraten, vermochte das Dickicht der Kompetenzverflechtungen bei seinen engsten Mitarbeitern nicht zu durchdringen.

Gnädig verzichtete das Gericht auf eine allzu genaue Erforschung der Zuständigkeiten. Die Erzeugung von Komplexität ist denn auch eine der wirksamsten Waffen aller Wirtschaftsstraftäter.

»Nützliche Ausgaben«

Allein die Ermittlungen im Münchner Siemens-Fall füllen rund 500 Aktenordner, und auch bei den anderen großen Wirtschaftsprozessen hatten die Strafverfolger alle Mühe, sich in den feingesponnenen Netzen der sachkundigen Täter zurechtzufinden. Das Münchner Verfahren bewies, daß selbst bei einem so soliden und konservativen Unternehmen wie Siemens die Grenzlinien zwischen Recht und Unrecht nicht mehr klar erkennbar sind. Denn keiner der ertappten Manager zeigte Reue oder Schuldbewußtsein. Schließlich hatten sie zum Wohl ihrer Firma gehandelt und dafür beträchtliche Risiken in Kauf genommen. Klar, daß man versuchte, die belastenden Papiere noch schnell durch den Reißwolf zu jagen, ehe sie in die Hände der Ermittler fielen, auch klar, daß mit allen Mitteln versucht wurde, den Schaden zu begrenzen und vor allem die oberen Chargen zu decken. Dafür durften die verurteilten Siemensianer sicher sein, daß die Firma sie nicht im Regen stehen ließ. Prompt zahlte der Konzern auch die hohen Kautionen und bewahrte so seine Angestellten vor der Untersuchungshaft.

Für die organisierte Firmenkriminalität haben offenbar alle Verständnis. Wenn geschmiert und bestochen wird, um Aufträge zu ergattern, so dient dies ja zur Erhaltung von Arbeitsplätzen. Und solange das Ganze im Ausland stattfindet, sind die »nützlichen Ausgaben« (n. A.) sogar steuerlich abzugsfähig, denn dann dient die Korruption einem ganz besonders guten Zweck, nämlich der Ausschaltung von ausländischen Konkurrenten.

Es ist müßig, darüber zu streiten, wo der Verfall der Sitten zuerst einsetzte: beim Staat oder in der Wirtschaft. Tatsache ist, daß die Zahl der Wirtschaftsstrafprozesse rapide zunimmt, seit die Flick- und Parteispendenaffäre publik wurden. Die Erkenntnis, daß Parteiführer, Abgeordnete und andere politische Willensträger jederzeit käuflich sind, beseitigte offenbar bei vielen Westentaschen-Machiavellis in den Führungsetagen der Unternehmen die letzten Skrupel.

Auch möglich, daß das zunehmende Gedränge von immer mehr karrierewütigen Hochschulabsolventen um die wenigen begehrten Spitzenjobs ein Klima schafft, in dem sich Mut und Bedenkenlosigkeit besonders auszahlen. Wo ein Boß stets mehrere Nachwuchsmanager gegeneinander ausspielen kann, braucht er Gesetzesverstöße erst gar nicht zu befehlen. Die ehrgeizigen, auf seine Aufstiegshilfe angewiesenen Mitarbeiter werden auch so jedem Wink gehorchen und schwierige Aufgaben auch ein wenig außerhalb der Legalität zu lösen versuchen.

Am Ende zählt das Ergebnis; wie es erreicht wurde, das interessiert nur in zweiter Linie. Die Kriminalität übereifriger Manager, die ausschließlich zum Wohl ihrer Firma handeln und sich dafür allenfalls eine Beschleunigung ihrer Karrieren erhoffen dürfen, äußert sich in Delikten wie Umweltzerstörung, Bilanzfälschung, Steuerhinterziehung, illegalen Waffengeschäften, Geldwäscherei, Korruption, Rufschädigung – bis hin zum schlichten Betrug.

Mit einer Instinktlosigkeit ohnegleichen tappten die deutschen Manager in ihrem Drang, nur ja kein Geschäft auszulassen, in so ziemlich jeden Fettnapf, den sie finden konnten. Niemandem fielen offenbar die wahnwitzigen Waffen- und Aufrüstungskäufe des irakischen Diktators Saddam Hussein vor dessen Besetzung Kuwaits auf. Selbstverständlich ahnte keiner der gewieften Nutzfahrzeugexperten im Hause Daimler-Benz, daß man mit den umgebauten Tiefladern des Hauses auch Raketen transportieren konnte. Und in den Chefetagen von Konzernen wie Thyssen, Salzgitter oder Siemens war man natürlich so naiv anzunehmen, daß all die Lieferungen nach Bagdad ausschließlich friedlichen Zwecken dienen sollten. Daß sich mit den Drehbänken von Gildemeister nicht nur Geschosse, sondern auch gewöhnliche Rohre für Gas- und Wasserleitungen herstellen lassen, weiß in Bielefeld freilich jedes Kind.

Wie absolutistische Fürsten

Nur den Jürgen Hippenstiel aus Lahr, hat's, Allah ist groß, am Ende doch erwischt. Der Hauptlieferant für die Giftgasfabrik des libyschen Diktators Muamar al Gaddafi war wohl das Bauernopfer, das die deutsche Wirtschaft ihren Gegenspielern von der amerikanischen CIA liefern mußte. An den Konzernmanagern jedenfalls ist das »Auschwitz in the sand« (so die *New York Times*) bisher spurlos abgeglitten. Wieder hat sich hier, wohl nicht zum letztenmal, die augenzwinkernde Kumpanei zwischen Staat und Wirtschaft bewährt.

Die Langzeitschäden, die durch die Firmenkriminalität angerichtet werden, sind noch gar nicht abzuschätzen. Denn ein Manager, der für sein Unternehmen die Umwelt zerstören, Waffen in Spannungsgebiete liefern, Gewinne legal an der Steuer vorbeischleusen oder Milliarden von Schwarzgeldern kolumbianischer Drogenbarone weißwaschen darf, der wird eines Tages beinahe zwangsläufig anfangen, auch seinen eigenen Laden nach Strich und Faden auszunehmen.

Was mit der Flick-Affäre begann, ist deshalb mit dem Co-op-Prozeß noch lange nicht zu Ende: Die Zahl der gerichtsbekannten Fälle, in denen Manager ihre Unternehmen sowie deren Eigentümer, Kunden und Lieferanten schädigten, schwillt unvermindert an, obwohl die sogenannte Vereinigungskriminalität seit dem Untergang der DDR dabei noch gar nicht erfaßt ist.

Die Delikte, um die es dabei geht, hatten fast immer die mehr oder weniger ungenierte Selbstbedienung der Manager zum Ziele. Mal ließen sie, wie der frühere Chef des Stuttgarter Elektrokonzerns SEL, Helmut Lohr, mit Firmengeldern feudale Privatvillen hochziehen, mal zockten sie ihre Firmen über außenstehende Lieferanten ab, wie Alfons Gödde, der ehemalige Chef der Krupp Stahl AG, oder sie versuchten, ihre Unternehmen gleich ganz zu kapern, wie der ehemalige Co-op Chef Bernd Otto und seine mitangeklagten Kumpane.

Der Fall des zu drei Jahren verurteilten SEL-Chefs ist scheinbar der harmloseste, und doch zeigt er wie kein anderer die Gefahren, die den Unternehmen von ihren obersten Chefs drohen. Helmut Lohr, gelernter Ingenieur und ehemaliger Postbediensteter, war der Musterknabe, der sich so wie viele der deutschen Generaldirektoren auf der Ochsentour von ganz unten bis zur Spitze des Konzerns hochgedient hat. 24 Jahre lang war seine Welt die SEL, bis er am 18. Januar 1989 wegen des Verdachts der Untreue und Steuerhinterziehung verhaftet wurde.

Sein Prozeß brachte an den Tag, wie leicht ein solcher beruflicher Höhenflug einen eigentlich ganz normalen Menschen vom Boden der Realität abheben läßt. Was muß im Gehirn eines solchen Mannes vorgehen, der annimmt, es sei völlig Rechtens, sich auf Kosten der Firma eine millionenteure Villa auf Mallorca herrichten zu lassen oder den Firmenjet ungezählte Male zu Ferienflügen für sich und seine Frau zu mißbrauchen? Antwort: Wahrscheinlich gar nichts, da derlei Usancen in den Kreisen der Konzernkarrieristen offenbar gang und gäbe sind.

Nicht von ungefähr spielte sich das gesellschaftliche Leben der Lohrs – Ehefrau Franziska, offenbar die treibende Kraft hinter der Laufbahn ihres

Mannes, wurde wegen Beihilfe zu 100 000 Mark verurteilt – in jenem Milieu der Schwabenmetropole Stuttgart ab, in dem der Landesvater Lothar Späth über seine »Traumschiffaffäre« stolperte und »Mister Mercedes« Werner Niefer zeitweilig ebenfalls in den Verdacht der Untreue und Steuerhinterziehung geriet.

Die Herren im schwäbischen Musterländle – und beileibe nicht nur dort – führten sich auf wie absolutistische Fürsten, die auf die Annehmlichkeiten, die sie sich gewährten, ein Grundrecht zu haben glaubten. So jettete »Cleverle« Lothar Späth in den Flugzeugen der verschiedensten Unternehmen rund um den Globus, wenn er mal nicht gerade auf einer Hochseejacht oder in der Karibikvilla eines befreundeten Millionärs Urlaub machte.

Auch für Helmut Lohr war es bis zum Schluß unbegreiflich, wie er wegen einer Lappalie von ein paar Millionen aus dem Chefsessel in die Justizvollzugsanstalt Hohenasperg katapultiert werden konnte. Daß finstere Mächte da ihre Hand im Spiel hatten, davon ist der geschaßte SEL-Chef offenbar noch heute überzeugt – und vielleicht hat er nicht mal so unrecht.

Wenn nicht anonyme Anzeigen bei der Staatsanwaltschaft wie der Steuerfahndung eingegangen wären, in denen detailliert die Verfehlungen beschrieben wurden, gäbe es bis heute wahrscheinlich keinen Fall Lohr und keinen Fall Niefer. Auch dies erhellt die Zustände in den Führungsetagen der Großunternehmen, wo nach außen hin stets Geschlossenheit demonstriert, hinter den Kulissen aber mit allen Mitteln gegeneinander gekämpft wird.

Für einen Normalverdiener mag es schwer sein, zu begreifen, was einen Spitzenmanager wie Werner Niefer oder Helmut Lohr, die jeweils mehr als eine Million Mark Gehalt kassierten, dazu bewog, ihre Karrieren für vergleichsweise geringe Beträge aufs Spiel zu setzen. Eine Antwort lieferte Richter Dr. Udo Heissler in seiner Urteilsbegründung: Helmut Lohr habe sich mit der Firma identifiziert – so weit, »daß er mein und dein nicht mehr unterscheiden konnte«.

»Bären«-Geschäfte mit Krupp

Ein Firmenchef handelt also immer zum Wohl seiner Firma, auch wenn er die Firma schamlos ausnützt. »Da wird es irgendwann selbstverständlich, das Bedienungspersonal aus der Firmenkantine für private Veranstaltungen in Anspruch zu nehmen, oder den Betriebshandwerker nach Mallorca zu fliegen, um ein paar Fliesen zu verlegen – und ihn unverrichteter Dinge wieder zurückzuschicken, wenn der Gattin das Muster nicht gefällt«, notierte die *Stuttgarter Zeitung* ungläubig aus dem Gerichtssaal.

Ging es den schwäbischen Paten in erster Linie um ihre privaten Villen, um Statussymbole also, so bewiesen die Ex-Kruppianer Alfons Gödde und Werner Resch ganz anderes Format. Systematisch und ziemlich raffiniert erleichterte das ungleiche Duo den Essener Krupp-Konzern im Laufe der Jahre um rund 15 Millionen Mark. Das Geschäft lief so: Gödde, damals Vorstandsvorsitzender der Krupp-Stahl AG mit rund einer Million Mark Jahreseinkommen, lieferte über 10 000 Tonnen Edelstahlrückstände an die Firma Reinform GmbH in Wetter, die von seinem Spezi Werner Resch beherrscht wurde. Dieser, ein ehemaliger DDR-Zehnkämpfer, hatte mit seinen sportlichen Fähigkeiten den Krupp-Konzernchef Berthold Beitz auf der Ferieninsel Sylt beeindruckt. Beitz förderte den talentierten Stahlexperten, damals Betriebsleiter beim Krupp-Konkurrenten Hoesch, nach Kräften, und bald hatte Resch ein Dutzend eigener Firmen gegründet, die alle Aufträge von Krupp bekamen.

Gödde, der es auf den Konzernvorsitz abgesehen hatte, suchte die Nähe des Beitz-Freundes, und zusammen heckten die beiden einen schönen Plan aus, der ihnen zu Millionengewinnen verhalf. Reschs Reinform GmbH bezog von Krupp Edelstahlrückstände aus Gießpfannen, sogenannte »Bären«, sowie große Mengen giftigen Stahlstaubs, und zwar zu Preisen, die weit unter den marktüblichen Konditionen lagen. Die Rückstände wurden entgiftet, umgeschmolzen oder zerkleinert und anschließend wieder mit saftigen Aufschlägen an die Krupp Stahl AG zurückverkauft.

Gödde als Vorstandsvorsitzender war heimlich an der Reinform beteiligt, und Resch kontrollierte im Aufsichtsrat die Krupp-Stahl-Geschäfte. Auch dieses einträgliche Doppelpaßspiel der beiden ungleichen Manager platzte durch eine anonyme Anzeige. Ebenso wie Helmut Lohr und Werner Niefer zeigten auch die beiden Ex-Kruppianer keinerlei Einsicht in ihr Fehlverhalten, sondern beharrten bis zuletzt auf dem Standpunkt, sie hätten zum Wohl ihrer Firma gehandelt.

Das alles aber sind jedoch nur Peanuts, verglichen mit dem Schaden, den die Manager des Co-op-Konzerns angerichtet haben. Beispielhaft zeigt dieser »größte Wirtschafts-Krimi der Nachkriegszeit« *(Der Spiegel),* der seit Februar 1992 vor dem Landgericht Frankfurt verhandelt wird, welche Möglichkeiten zur Bereicherung skrupellosen Konzernmanagern offenstehen. Die des Betrugs und der Untreue verdächtigten sieben Exbosse des Handelskonzerns sollen rund 110 in- und ausländische Banken um rund zwei Milliarden Mark geschädigt und sich persönlich um mindestens 25,6 Millionen Mark bereichert haben.

Das Mammutverfahren, das bei Erscheinen dieses Buchs längst noch nicht abgeschlossen ist, enthüllt in seltener Klarheit die tausenderlei Tricks, mit denen heutzutage Bilanzen geschönt, Verluste in Gewinne verwandelt und Besitzverhältnisse verschleiert werden können. Und es zeigt die »unvorstellbare kriminelle Energie« (so die Zeugenaussage eines Bankiers), mit der die Aufsteiger aus dem Arbeitermilieu versuchten, den viertgrößten Handelskonzern mit über zehn Milliarden Mark Umsatz und gut 50 000 Beschäftigten zu ihrer persönlichen Goldgrube zu machen.

Ottos Selbstbedienungsladen

In allen seinen Facetten spiegelt der Co-op-Krimi den Aufstieg eines Mannes, der entschlossen war, dem real existierenden Kapitalismus seine besten Seiten abzugewinnen. Dr. Bernd Otto, ehemaliger Färbergeselle aus Wuppertal-Barmen, schaffte den Aufstieg auf der linken Spur. Nach der Lehre büffelte er in Abendkursen fürs Abitur, das er 1962 bestand, um sich anschließend an der Kölner Uni als Student der Betriebswirtschaft einzuschreiben. Versehen mit einem Stipendium der gewerkschaftseigenen Hans-Böckler-Stiftung, schaffte er in nur acht Semestern das Volkswirtschaftsdiplom mit einer Arbeit über »Mitbestimmung und Führungsentscheidung«.

Der 1,90 m große, intelligente Arbeitersohn fing 1966 als Sachbearbeiter für Mitbestimmungsfragen beim Deutschen Gewerkschaftsbund in Düsseldorf an. Vier Jahre später finden wir ihn bereits an der Seite des Heinz Oskar Vetter, damals oberster Gewerkschaftsführer in Deutschland. In der Arbeitnehmerorganisation waren Leute mit profunden Wirtschaftskenntnissen Mangelware, obwohl der DGB über eines der größten Vermögen des Nachkriegsdeutschland verfügte, zu dem unter anderem die Wohnungsbaugesellschaft Neue Heimat, die Bank für Gemeinwirtschaft und eben auch die Co-op Zentrale AG in Frankfurt gehörten. Das Handelsunternehmen war aus den einstigen Konsumgenossenschaften hervorgegangen, die im beinharten Wettbewerb mit modernen Handelsketten wie Spar, Rewe und Aldi nicht mehr bestehen konnten.

Die Idee, die Konsumläden unterm Dach einer Aktiengesellschaft zusammenzufassen und daraus eine schlagkräftige Verkaufsorganisation modernen Zuschnitts zu machen, war im Grunde goldrichtig. Das Wichtigste fehlte den Gewerkschaftsbossen, die über ihre BfG genau 48,7 Prozent der Co-op-Aktien besaßen, freilich noch: talentierte Manager, die es mit der kapitalistischen Konkurrenz aufnehmen konnten. Bernd Otto sah seine Chance.

Auf Empfehlung des DGB-Finanzexperten Alfons Lappas trat er im November 1974 als Arbeitsdirektor an. Sein Vorgänger war Heinz Ruhnau, der spätere Lufthansa-Chef. Nun begann die seltsame Verwandlung des sozial engagierten Gewerkschaftlers in einen rastlosen Karrieristen. Der ehemalige Färbergeselle zwängte seine hünenhafte Figur in Nadelstreifenanzüge, ließ sich im Dienst-Daimler chauffieren und stets die Aktentasche nachtragen. Nach fünf Jahren hatte er seine Vorstandskollegen in der Gunst der Aufsichtsräte überrundet.

1979 ernannte ihn Ratspräsident Lappas zum Vorstandssprecher, ein Jahr später zum Vorstandsvorsitzenden. Nun hatte er es geschafft, und der erst 40jährige Konzernchef labte sich nach Kräften an den Insignien der Macht. Zu seinem Fuhrpark gehörten bald ein Mercedes 560 SEL, ein lindgrüner Jaguar, ein Geländewagen und noch zwei weitere Fahrzeuge. Auf Kosten seines Unternehmens ließ er eine 19 Meter lange Hochseejacht anschaffen, die er auf den Namen seiner ersten Tochter »Isabella Alexandra« taufte. Er lernte Golf und ging auf Safari.

Im Millionärsrefugium Königstein im Taunus, wo Abs und die Quandts residieren, bezog er eine 600 qm große Dienstvilla für dreieinhalb Millionen Mark. Bald legte er sich im Ausland weitere Domizile zu, so die 380 Hektar große Farm Isabella in Südafrika, eine feudale Villa im spanischen Sherry-Ort Jerez, außerdem noch ein paar Eigentumswohnungen in der Schweiz wie in Kanada.

Mit seinen regulären Jahresbezügen von immerhin 1,5 Millionen Mark allein – die Co-op-Herren zählten zu den bestbezahlten Vorständen der deutschen Wirtschaft – war der feudale Lebensstil nicht zu finanzieren. Kein Problem für Otto, den Trickreichen. Nachdem er den Vorstand von sieben auf drei Mitglieder reduziert und so seine Macht gefestigt hatte, begann er zielstrebig aus der Not seines Unternehmens Kapital zu schlagen.

Die Co-op war nämlich trotz ihrer schieren Größe ein höchst wackliges Gebilde. Denn nicht die wenigen finanzkräftigen Konsumgenossenschaften hatten sich unterm Dach der Aktiengesellschaft versammelt, sondern die Masse der zahlungsschwachen, mit einer Vielzahl von unrentablen, weil viel zu kleinen Läden. Und schon bei seiner Geburt war der neue Handelsriese hoffnungslos unterkapitalisiert.

Anstatt nun aber den Konzern konsequent auf Gewinnkurs zu trimmen, mit Ladenschließungen, Entlassungen, einer Straffung des Sortiments und ähnlichen Maßnahmen, wie es die Konkurrenten vorexerziert hatten, wählten Otto und seine Kumpane aus dem Vorstand und Aufsichtsrat einen anderen Weg. Da keiner von den Co-op-Bossen etwas vom Handel verstand, dafür um so mehr von den Techniken der Macht, begannen sie, den »Koloß auf tönernen Füßen« *(Der Spiegel)* nach außen hin zu einem stattlichen Unternehmen aufzuputzen. Das Handwerkszeug dazu lieferte ihnen der neue Chefbuchhalter Klaus-Peter Schröder-Reinke, ein wahrer Meister der Bilanzkosmetik, den Ottos Vorstandskollege Werner Casper bei der Ruhrgas AG abgeworben hatte. Es ging darum, die chronisch klamme Co-op, die allein bei der BfG mit 800 Millionen Mark in der Kreide stand, so gesund aussehen zu lassen, daß sie bei anderen Banken immer neue Kredite bekam.

Als schließlich die Gewerkschaftsholding BGAG, die die Co-op-Aktien von der BfG übernommen hatte, Mitte der 80er Jahre selbst in Schwierigkeiten geriet, schlug die große Stunde der Vorstandsriege. Zusammen mit seinem Kollegen Dieter Hoffmann, einem EDV-Experten, Werner Casper, dem Finanzfachmann, und dem Bilanzkünstler Schröder-Reinke heckte Otto den abenteuerlichen Plan aus.

Da sich kein Käufer für das Paket aus dem Besitz der BGAG fand, übernahm die Co-op eben selbst ihre eigenen Aktien. Dies war nach dem Aktienrecht verboten, deshalb mußte der Kauf getarnt werden. Zunächst gründete Otto zusammen mit dem von ihm beherrschten Bund Deutscher Konsumgenossenschaften (BDK) eine Beteiligungsgesellschaft, die das Gewerkschaftspaket übernahm. Den Kauf finanzierte die Niederländische Amro-Bank, aber für den Kredit mußte die Co-op geradestehen.

Um die Schuldenlast, die sich das Unternehmen aufgeladen hatte, etwas zu erleichtern, entschloß sich die »Viererbande«, einen Teil der Aktien aus eigenen Beständen über die Börse ans breite Publikum zu verkaufen. Als Emissionshaus für die Co-op-Aktien im Nominalwert von 30 Millionen Mark hätte Otto gerne die Deutsche Bank gehabt, doch die gewitzten Geldhändler lehnten nach einer kurzen Prüfung der Co-op-Bilanzen dankend ab. Ihnen war das Zahlenwerk aus Schröder-Reinkes Werkstatt nicht geheuer erschienen. Auch die anderen deutschen Großbanken paßten.

Schließlich übernahm der Schweizer Bankverein, der sich damit dem deutschen Publikum empfehlen wollte, die Co-op-Papiere und brachte sie zum

Preis von 165 Mark das Stück auf den Markt. Galt das Papier des Handelsunternehmens zunächst als nicht sonderlich attraktiv, so änderte sich das bald. Der Kurs des windigen Papiers zog nämlich unaufhaltsam an und verdreifachte seinen Wert in weniger als zwei Jahren. Doch nicht unternehmerische Erfolge brachten das Wunder zustande, sondern allein die Künste von Schröder-Reinke und die permanenten Aktienkäufe ausländischer Tarnfirmen, die von Otto über den Liechtensteiner Unternehmensberater Ronald Kranz gesteuert wurden.

Ein Konzern wird ausgeplündert

Wenn der Chefankläger im Frankfurter Co-op-Prozeß recht hat, dann verfolgte der Co-op-Vorstand nicht nur die Absicht, das Image des Konzerns an der Börse und bei den Banken aufzupolieren.
Das eigentliche Ziel der Manager um Bernd Otto war es demnach, einen großen Teil der Co-op-Aktien in die eigenen Hände zu bekommen. Dies geschah mit einer Vielzahl von Scheinfirmen, die in Steueroasen wie Liechtenstein, Luxemburg, der Schweiz und den Cayman-Inseln in der Karibik gegründet wurden.
Alle diese Stiftungen, Trusts und Holdings dienten als Verschiebebahnhöfe für Geld- und Aktienpakete. Staatsanwalt Heinz-Ernst Klune will beweisen, daß alle die verwirrenden Transaktionen letztlich dem Zweck dienen sollten, »sämtliche bei Konzerntöchtern liegenden Aktien dem Vermögen der Angeklagten einzuverleiben«. Daß es dazu nicht kam, ist einem Bericht des *Spiegel* vom 17. Oktober 1988 zu verdanken, in dem erstmals die Winkelzüge der Otto-Riege aufgedeckt wurden. Die unrühmlichste Rolle in dem Schurkenstück spielen freilich nicht die Raffkes aus der Vorstandsetage, sondern die ehrenwerten Gewerkschaftsbosse im Co-op-Aufsichtsrat. Meister Alfons Lappas ließ sich, wenn er nicht selber sogar aktiv an der Gaunerei beteiligt war, von Otto mit millionenschweren Provisionszahlungen, teuren Reisen und allerlei Geschenken nach Strich und Faden einseifen, und auch die

anderen Spitzenfunktionäre zeigten ein Engagement wie die drei Affen, die zusammen nichts sehen, nichts hören und nichts sagen.

Reingefallen sind rund 130 000 Kleinaktionäre, die ihre Papiere nicht rechtzeitig verkauften und darum von der unausweichlichen Pleite des Konzerns, die einen Kapitalschnitt erforderlich machte, voll getroffen wurden. Gelitten haben rund 50 000 Co-op-Beschäftigte, die monatelang um ihren Job bangen mußten, gelitten hat auch der Schweizer Bankverein, der die Aktien an die Börse brachte und einen Großteil seiner Co-op-Kredite abschreiben mußte.

Zum Menetekel aber wurde der Fall Co-op für das deutsche Management. Denn es war eben kein typischer »Betriebsunfall« der Gewerkschaften, wie einst der Skandal um die Neue Heimat, sondern ein Lehrstück in Sachen Betriebswirtschaft. Es zeigte, was schwachen Eigentümern blüht, deren Vermögen in die Hände raffgieriger Manager fällt. Und zu welchen Höchstleistungen leitende Angestellte fähig sind, wenn sie erst einmal nach Belieben schalten und walten dürfen.

Otto und seine Kumpane ließen keinen der Tricks aus, mit denen heutzutage in den Kommandostellen der Wirtschaft gearbeitet wird. Sie ließen sich überhöhte Rechnungen ausstellen und lenkten den Differenzbetrag über ausländische Strohfirmen in die eigenen Taschen, sie ließen ihren Konzern Tochterfirmen kaufen und zweigten dabei hohe Vermittlungsprovisionen für sich selbst ab, und selbst für den Fall des Falles sorgten sie nach bewährter Methode vor:

Otto schickte seine Frau vor der Geburt ihrer beiden Töchter nach Kanada, weil er seinen Erben somit automatisch die kanadische Staatsbürgerschaft sicherte, und auch Kollege Werner Casper floh nach Toronto, weil er sich dort vor den Häschern des Bundeskriminalamts sicher glaubte.

Otto freilich schätzte die Lage falsch ein, als er nach einem Besuch der Wiesbadener Ermittler seine südafrikanische Fluchtburg freiwillig verließ, um sich in Frankfurt den Staatsanwälten zu stellen. Statt ihn, wie erhofft, wieder auf freien Fuß zu setzen, steckten ihn die Strafverfolger sofort in Untersuchungshaft.

Zwei Milliarden abgezockt

Ottos Raubzug ist keinesfalls beispiellos in der jüngeren Wirtschaftsgeschichte, wie einige Zeitungen etwas kurzsichtig vermuteten. Mindestens zwei andere Glücksritter aus dem Management vollbrachten ähnliche Leistungen. Der Schweizer Werner K. Rey zum Beispiel zimmerte in wenigen Jahren praktisch aus dem Nichts einen Milliardenkonzern zusammen, der, wie sich hinterher herausstellte, ausschließlich auf Pump finanziert worden war.

Sein erstes Geld verdiente er als Spekulant, indem er Aktien der mit Immobilien reich gesegneten Schuhfabrik Bally aufkaufte, in der Absicht, den wertvollen Grundbesitz zu veräußern und mit dem Erlös die Kredite seiner Aktienkäufe zu tilgen. Dabei kam ihm jedoch das Schweizer Finanzestablishment in die Quere, und Rey mußte seine Bally-Aktien an den Züricher Industriemogul Bührle verkaufen. Immerhin blieb ein schöner Zwischengewinn hängen, den er zum Aufbau einer neuen Firmengruppe einsetzte.

In Deutschland machte er von sich reden, als er 1987 von dem in Schwierigkeiten geratenen Karsten Bodo von Wersebbe die Mehrheit der Harpen AG in Dortmund kaufte. Diese ehemalige Bergbaugesellschaft besaß wertvolle Beteiligungen an diversen Unternehmen, darunter Reedereien, Speditionen und Chemiefirmen. Außerdem verfügte Harpen über einen riesigen Immobilienbesitz mit Tausenden von Wohnungen.

Nachdem sich zunächst Aufsichtsräte und Vorstände in Dortmund gegen die Ausplünderungspläne des Eroberers zur Wehr gesetzt hatten, besetzte Rey die Gremien mit Leuten seines Vertrauens. Die neuen Vorstände Fritz Hauff, Markus D. Herzig und Jürgen Schippkühler befolgten willfährig die Instruktionen aus dem Hauptquartier Reys, der seine Firmen in der Omni-Holding gebündelt hatte. In nicht mehr als einem halben Jahr flossen so 455 Millionen Mark aus den Kassen des Dortmunder Unternehmens, und mindestens 250 Millionen davon verschwanden auf Nimmerwiedersehen.

Reys Pumpimperium, zu dem unter anderem die Zeitarbeitsfirma Adia, die Verlagsgruppe Jean Frey sowie die Dienstleistungsfirma Inspectorate gehörten, brach im Sommer 1991 zusammen, und die beiden erstgenannten der drei Harpen-Vorstände setzten sich in die Schweiz ab. Der Gesamtschaden, den der Kreditjongleur, der gerne ein Industriekapitän geworden wäre, angerichtet hatte, belief sich auf annähernd zwei Milliarden Mark. Und wieder mußten die Banken bluten, die das Geld ihrer Kunden leichtfertig in ein undurchsichtiges Firmengeflecht gesteckt hatten.

Eine deutsche Karriere

Von außen in eine Firma einzudringen, die Schalthebel der Macht in die Finger zu bekommen und dann ein immer größeres Rad zu drehen – das war auch das Erfolgsrezept des Horst Dieter Esch aus Mainz. Der ehemalige angestellte Baumaschinenverkäufer schwang sich in wenigen Jahren zum Herrn über eine Firmengruppe mit rund zwei Milliarden Mark Jahresumsatz und annähernd 10 000 Beschäftigten auf. Natürlich besaß der begabte Backgammonspieler keine müde Mark, als er Anfang der 80er Jahre mit dem Geld seines ehemaligen Arbeitgebers aus Kanada begann, einige kleinere Baumaschinenfirmen aufzukaufen.

Eines Tages geriet er dann an den Grafen Galen, persönlich haftender Gesellschafter der wohlsituierten SMH-Bank, die zur anderen Hälfte der Hamburger Familie Münchmeyer gehörte (Treuhand-Chefin Birgit Breuel ist eine Münchmeyer-Tochter). Die SMH besaß ein großes Aktienpaket der Baumaschinenfirma Wibau, die tief in den roten Zahlen steckte und eine Belastung für die Bank geworden wäre. Galen witterte die Chance, mit Hilfe des dynamischen Newcomers Esch, der so viel von sich reden machte, die notleidende Wibau zu sanieren.

Für Esch wiederum war der noble Bankier eine gesellschaftliche Aufstiegshilfe und eine Geldquelle erster Güte. Ohne zu zögern, übernahm er die Wibau und forderte von Galen immer neue Kredite an. Großzügige Subventionen erst der pfälzischen, dann der niedersächsischen Landesregierung halfen ihm, sein Imperium immer weiter auszudehnen. Schließlich zog er die

– ebenfalls notleidenden – Hanomag-Werke in Hannover an Land, derweil sein Schuldenberg immer höher wuchs.

Obwohl es ihm gelang, einen superreichen Araber und dann auch noch General Motors, den größten Konzern der Welt, als Geschäftspartner zu gewinnen, brach die Konzernholding IBH Mitte der 80er Jahre zusammen, und mit ihr mußte auch die SMH-Bank, die Esch Hunderte von Millionen Mark geliehen hatte, ihre Pforten schließen. Wibau-Vorstandsvorsitzender Roland Spicka wanderte für sechs Jahre und neun Monate, Ferdinand Graf von Galen für fünf, Drahtzieher Horst Dieter Esch für nur dreieinhalb Jahre in den Knast. Heute betreibt der Pleitier unter dem Namen seiner Frau eine Modelagentur in New York.

Hatten Rey und Esch wenigstens so etwas wie eine unternehmerische Vision, so geht es den meisten der kleineren Gauner aus dem Management doch nur ums schlichte Absahnen. Kraft ihrer Befugnisse haben sie dazu jede Menge Möglichkeiten, und wenn man ihnen nicht gründlich genug auf die Finger sieht, dann nutzen das viele von ihnen schamlos aus.

Sie nehmen, was sie bekommen

Erwischt werden sie oft nur durch dumme Zufälle, wie Hans-Peter von Heldreich aus Köln. Der leitende Ingenieur im Stabsbereich Fertigungsplanung bei den Ford-Werken hat nach Überzeugung des Staatsanwalts Johannes Wilhelm zusammen mit mehreren früheren Kollegen von zahlreichen Zulieferfirmen über Jahre hinweg hohe Summen abkassiert.

Der Fertigungsplaner von Heldreich war für die Auswahl der Lieferanten zuständig, von denen Ford Fertigungsstraßen und Steuerungssoftware bezog. Dabei bevorzugte der Automanager stets die Firmen des Fuldaer Unternehmers Horst Eckard, der sich dafür mit Schmiergeldern in Höhe von mindestens einer halben Million Mark erkenntlich zeigte. Von Heldreich, der zuletzt bei Ford ein Jahresgehalt von 150 000 Mark bezog, war so unvorsichtig, seine Frau in die geheimen Schwarzgeschäfte einzuweihen.

Er brachte sie dazu, eine Boutique zu eröffnen und mehrere Schreib- und Übersetzungsbüros aufzumachen. Die mehr schlecht als recht florierenden Nebenerwerbsbetriebe dienten ihm nämlich dazu, die reichlich empfangenen Schwarzgelder weißzuwaschen. Das ging so lange gut wie die Ehe des smarten Ford-Managers. Als von Heldreich freilich den Fehler beging, sich nach anderen Frauen umzusehen, da begann, ohne daß er es wußte, zu Hause eine Zeitbombe zu ticken.

Sie ging hoch, als die betrogene Ehefrau bei der Steuerfahndung anrief. Monatelang ermittelten Kripobeamte und Steuerfahnder verdeckt gegen die Absahnercrew in den Ford-Werken. Im September 1991 schlugen sie zu. Hans-Peter von Heldreich und sein Wohltäter Horst Eckard, der mit seinen zahlreichen Firmen rund 130 Millionen Mark Umsatz machte, wanderten in den Kölner »Klingelpütz«.

Warum gut bezahlte Manager ihre Karriere aufs Spiel setzen, um nebenbei noch kräftig abzukassieren, versteht nur, wer sich mit der Psyche der Leistungsträger auskennt. »Profitsucht ist hier kein Makel, sondern ökonomische Notwendigkeit, Gier heißt Wachstum, brennender Ehrgeiz gilt als karriereförderlicher Siegeswille. Und wenn es einer geschafft hat, werden die Nullen auf seinem Konto gezählt, nicht die Leichen auf seinem Weg«, vermutete das *Manager Magazin*. Und der Münchner Organisationspsychologe Lutz von Rosenstiel meint: »Sie nehmen, was sie bekommen können, weil sie finden, daß ihnen alles zusteht.«

So dachten wohl auch Eckard Kentsch und Gerhard Schmidt. Die beiden ehemaligen Geschäftsführer der Mainzer Verlagsanstalt (MVA) nahmen ihr Unternehmen aus wie die sprichwörtliche Weihnachtsgans. Gewinne schöpften sie über Nebenfirmen ab, die ihnen selbst gehörten, und immer, wenn sie eines der kleineren Blätter ihres Verlags verkauften, kassierten sie kräftig mit ab.

Zu Fall brachte sie ihr größter Coup: 1986 verkauften Kentsch und Schmidt das *Darmstädter Tagblatt* zu einem symbolischen Preis von 1 DM an einen Strohmann, der die Zeitung nur einen Tag später für zehn Millionen an das

Konkurrenzunternehmen *Darmstädter Echo* weiterreichte. Das fiel schließlich selbst den Inhabern der MVA auf, und die Geschichte kam ins Rollen. 1991 wurden die beiden Verlagsmanager vom Landgericht Wiesbaden wegen Untreue in fünf Fällen und wegen Betrugs zu fünf beziehungsweise vier Jahren Gefängnis verurteilt.

Keine Branche und kein Unternehmen ist offenbar vor der kriminellen Energie ihrer Führungskräfte sicher. Besonders bunt trieben sie es während der letzten Jahre dort, wo das Geld pur über den Schreibtisch rollt: bei den Banken. Zwar stand die Finanzszene schon häufiger im Mittelpunkt von Skandalen – erinnert sei nur an die Millionenschäden, die Abschreibungskünstler wie Jochem Erlemann oder Heinz Steinhart, Finanzier von Erlebnis-Bädern wie dem »Aquadrom« in Bochum, anrichteten – doch nunmehr operierten die Abzocker nicht mehr auf dem dubiosen »grauen« Kapitalmarkt, sondern mitten im Allerheiligsten des Geldgewerbes, den sogenannten Ersten Adressen.

Leitende Angestellte renommierter Institute wie der Deutschen Bank, der DG-Bank oder der Bank für Gemeinwirtschaft betrogen ihre Arbeitgeber wie deren Kunden um Millionensummen. Zu verlockend waren für die Bankmanager offenbar die Gelegenheiten zur persönlichen Bereicherung, die sich ihnen täglich offen darboten, und viel zu lasch die Kontrollen der Institute, die ihren Angestellten blindlings vertrauten.

Verwahrloste Sitten in der Finanzbranche

Bei der DG-Bank zum Beispiel, dem Spitzeninstitut der deutschen Volksbanken und Raiffeisenkassen, zockten ungetreue Rentenhändler im Laufe der letzten Jahre mindestens 21 Millionen Mark ab, indem sie festverzinsliche Wertpapiere in riesigen Mengen zwischen verschiedenen Briefkastenfirmen in der Schweiz und auf den britischen Kanalinseln hin und her schoben.

Da wurden zum Beispiel an einem Tag 100 Millionen Mark zu einem verbilligten Kurs von 96.75 Prozent an die Schweizer Finanzgesellschaft Profina

Invest abgestoßen und wenige Stunden später erheblich teurer, nämlich für 98.10 Prozent, zurückgekauft. Allein an diesem Geschäft blieben 1,3 Millionen Mark Kursgewinn bei der Briefkastenfirma hängen.

Ans Licht kamen die dunklen Geschäfte der DG-Banker erst, als ihr Institut die Verluste auf französische Partnerbanken abwälzen wollte und dabei in einen regelrechten »Finanzkrieg« verwickelt wurde. Chefrentenhändler Friedrich Steil verlor seinen Job, ebenso der fürs Wertpapiergeschäft zuständige Vorstand Karl-Herbert Schneider-Gädicke.

Bei der Deutschen Bank, dem Kronjuwel des Geldgewerbes, räumte »Schampus-Manni« Mertens, Abteilungsdirektor des Optionsscheinhandels, kräftig ab, indem er seinen Informationsvorsprung gegenüber den Bankkunden ausspielte. Flimmerte zum Beispiel ein großer Kaufauftrag für eine bestimmte Aktie über seinen Bildschirm, von dem er wußte, daß er den Kurs des betreffenden Papiers in die Höhe treiben würde, dann deckte er sich vorher selbst mit den gefragten Titeln ein, ehe er den Auftrag ausführen ließ. Und manchmal verkaufte er dann die Papiere aus dem eigenen Bestand mit beträchtlichem Aufpreis an den Kunden weiter. Nach den Vermutungen der Frankfurter Staatsanwaltschaft verdienten Dutzende von Aktien- und Rentenhändlern aus den Teppichetagen der großen Finanzinstitute Millionensummen an derlei Geschäften. Und noch ist fraglich, ob die Schiebereien überhaupt geahndet werden können, denn es gibt, etwa im Gegensatz zu den USA, bei uns kein Gesetz, das sogenannte Insidergeschäfte verbietet.

Nach Meinung der Frankfurter Strafverfolger trifft die Institute eine gehörige Portion Schuld an den verwahrlosten Sitten in der Finanzbranche von »Mainhattan«. »Bei den relativ knappen Gehältern und der laxen Kontrolle der angestellten Wertpapierhändler kam das einer Aufforderung zu privaten Nebengeschäften gleich«, vermutet ein Beamter der Sonderkommission, die die Verstöße der Banker aufklären soll. Mit der vorzeitigen Pensionierung von Klaus Nagel, dem langjährigen Chef des Aktienhandels, opferte die Deutsche Bank bereits einen ihrer Spitzenmanager, um die verunsicherte Kundschaft zu beruhigen.

Geprellte Anleger machen auch der Bank für Gemeinwirtschaft (BfG) zu schaffen. Das Institut hat Mühe, Kunden seiner Luxemburger Tochtergesellschaft zu erklären, warum ihnen 1987 größere Mengen Vorzugsaktien der dubiosen Holdinggesellschaft Pegasus zu überhöhten Kursen ins Depot gedrückt wurden. An dem seltsamen Aktiendeal verdiente der BfG-Manager Lothar Poschmann nach Ansicht des Luxemburger Staatsanwalts Millionen. Selbst Topmanager, die ganz legal eine Million und mehr im Jahr kassieren, sind offenbar nicht dagegen gefeit, bei passender Gelegenheit eine schnelle Mark mitzunehmen. Klaus Kuhn etwa, Aufsichtsratsvorsitzender des Elektrokonzerns AEG, kaufte schnell noch ein paar AEG-Aktien, nachdem er die Übernahmeverhandlungen mit dem Daimler-Benz-Konzern geführt hatte, und zwar noch ehe die Nachricht offiziell bekanntgegeben wurde. Das Insidergeschäft, das ihm kaum mehr als eine Million Mark einbrachte, ruinierte seinen Ruf und kostete ihn den Job.

Nicht besser erging es dem gebürtigen Schweden Christian Norgren, der als einer der talentiertesten Bankiers Europas galt. Schon mit 40 war er Chef der angesehenen »Bank in Liechtenstein« und verdiente mehr als eine Million Franken im Jahr. Dann flatterte ihm der Auftrag eines Bankkunden zum Kauf eines größeren Aktienpakets auf den Tisch. Und prompt erlag der Schnellstarter der Versuchung, sein Wissen auszunutzen. Auf eigene Rechnung kaufte er erst einen größeren Posten dieser Aktien, ehe er die begehrten Papierchen mit einem Zwischengewinn von zwei Millionen Dollar weiterreichte.

Als der Fürst von Liechtenstein, dem die Bank zum größten Teil gehört, davon erfuhr, feuerte er seinen besten Finanzexperten fristlos. Norgren mußte neuneinhalb Millionen Mark Strafe bezahlen, doch seine Karriere war damit keineswegs beendet. Bei Friedel Neuber, dem Chef der West LB, bekam er bald darauf wieder einen gutdotierten Beraterposten.

Nicht selten lassen es Firmen zu, daß ihre leitenden Angestellten dubiose Privatgeschäfte abwickeln, nämlich dann, wenn sie selbst davon profitieren. Im VW-Konzern zum Beispiel duldete der Vorstand jahrelang die überdimensionierten Geschäfte seiner Devisenhändler. Obwohl die interne Revision ebenso wie aushäusige Wirtschaftsprüfer frühzeitig auf die Gefahren aufmerksam machten, die dem Unternehmen im Fall einer Schieflage der Währungsspekulanten drohte, ließ die Konzernleitung ihre »Goldjungs« gewähren, weil sie lange Zeit gutes Geld verdiente.

Zeitweilig scheffelten die smarten Geldjongleure mehr Gewinn in die Konzernkasse, als das zähe Autogeschäft einbrachte. Niemand mochte genau hinsehen, was die Devisenhändler um ihren Chef Burkhard Junger so alles trieben. Solange die Zahlen stimmten, durften sich die Händler ruhig auch selbst ein wenig bereichern. Erst als sie sich beim Dollar verspekulierten und ein Riesenloch von 480 Millionen Mark in die Konzernkasse gerissen hatten, erwachten die Kontrolleure im VW-Management aus ihrem Tiefschlaf. »Oft genug kontrolliert sich das Management selbst und läßt auch den Mitarbeitern freie Hand, solange die Zahlen stimmen«, rügte das *Manager Magazin*.

So ähnlich muß es auch beim Handelshaus Klöckner zugegangen sein, wo das eigentlich artfremde Geschäft mit Rohölterminkontrakten schließlich zu einem Verlust von 750 Millionen Mark führte. Die Nonchalance, mit der die Topmanager des von der Familie Henle beherrschten Ruhrunternehmens über die windigen Operationen ihrer Ölhändler hinwegsahen, brachte das Traditionsunternehmen an den Rand des Ruins und die Inhaberfamilie um den Großteil ihres Vermögens. Deutlich zeigte sich hier wieder der Unterschied zwischen Unternehmern und Managern: Während die Henles die Kontrolle über ihr Unternehmen aufgeben mußten, das von der Deutschen Bank übernommen wurde, blieben die leitenden Angestellten, bis auf ein paar Bauernopfer, ungeschoren.

Arme Würstchen

Schon Adam Smith, 1723 bis 1790, der Begründer der modernen Nationalökonomie, sah bereits die Gefahren, die den Besitzenden vom Aufstieg der Managerkaste drohten. Seine Befürchtung: Man könne von diesen Leuten, die fremdes Eigentum verwalteten und mit fremdem Geld wirtschafteten, »nicht erwarten, daß sie es mit der gleichen Wachsamkeit verwenden wie die Partner in einem Privatunternehmen.«

Er hatte recht, wie wir inzwischen wissen, doch da es eine Alternative zum Regime der Manager nicht gibt, dürfte es sich lohnen, darüber nachzudenken, wie die »kriminellen Energien« der Führungskräfte besser kanalisiert werden könnten. Eine bessere Kontrolle wäre sicher ein Mittel, doch an dieser Aufgabe scheiterten schon bisher die meisten Unternehmen. Nur ganz wenige Firmen verpflichten ihre Mitarbeiter beispielsweise auf bestimmte ethische Grundsätze wie etwa der amerikanische Computerkonzern IBM.

Deutschland-Chef Hans-Olaf Henkel: »Bei uns ist jeder Mitarbeiter für die Einhaltung der Grundsätze selbst verantwortlich. Wenn er von einer Unkorrektheit erfährt, ist er verpflichtet, das Management zu informieren. Jede Kundenbeschwerde an die Geschäftsführung geht über meinen Schreibtisch, da kann also nichts unter den Tisch gekehrt werden.« Darüber hinaus leistet sich der Computerbauer ein engmaschiges Kontrollnetz aller Geschäftsvorgänge, das in der deutschen Wirtschaft ohne Beispiel ist.

Um die Managerkriminalität zu unterbinden, wäre es freilich nötig, daß sich die Eigentümer und Kontrolleure der Unternehmen erst mal klarwerden, welchen Anfechtungen ihre leitenden Mitarbeiter ausgesetzt sind. Controller, Finanzexperten und Chefbuchhalter zum Beispiel müssen die große Diskrepanz verkraften zwischen ihrem persönlichen Einkommen und den Summen, über die sie im Auftrag ihrer Firma disponieren dürfen.

Ein 150 000-Mark-Mann zum Beispiel, der täglich Rechnungen, Budgets und Investitionspläne in Millionenhöhe abzuzeichnen hat, kann schon mal in Versuchung geraten, ein wenig in den Geldkreislauf des Unternehmens einzugreifen und ein paar Brosamen für sich abzuzweigen. In dieser Situation unterscheidet er sich zunächst kaum vom höheren Beamten, bei dem das Mißverhältnis zwischen Dispositionsfähigkeit und Einkommen noch größer ist. Doch beim angestellten Manager kommt eine entscheidende Komponente hinzu. Während der Beamte seine materielle Existenz bis zum Tod gesichert weiß, muß der angestellte Manager damit rechnen, daß er jederzeit gekündigt werden kann. Die Angst, einen komfortablen und gutdotierten Posten zu verlieren, läßt in vielen Managerköpfen offensichtlich manche Sicherung durchbrennen. In dem Bemühen, sich materiell für die Wechselfälle der Zukunft abzusichern, gefährden sie dann gerade ihre berufliche Existenz und schaffen jene Situation, vor der sie sich so gefürchtet hatten.

Die meisten Führungskräfte sind nämlich, wie Personalberater bestätigen, keineswegs jene robusten, bedenkenlosen Machertypen, als die sie sich gerne in ihren Unternehmen präsentieren. Die Aufstiegsmechanismen in den deutschen Unternehmen begünstigen eher die angepaßten, ängstlichen Naturen, die sich alle erdenkliche Mühe geben, keine Fehler zu begehen. Und wenn ein solcher Mann, der nach nichts anderem verlangt als nach ein bißchen Anerkennung und gelegentlichen Erfolgserlebnissen, in eine Umgebung gelangt, die nur Druck und Frust für ihn bereithält, dann kann er entweder kündigen oder versuchen, die süßen Früchte des Erfolgs auf verbotene Weise zu genießen.

Manager in der Hierarchie großer Unternehmen und Organisationen sind häufig arme Würstchen. Druck bekommen sie von allen Seiten: von den Vorgesetzten, den Kollegen, den Untergebenen, den Kunden, den Lieferanten, der Konkurrenz und, last, but not least, auch von den immer strenger werdenden gesetzlichen Vorschriften.

Ihre Möglichkeiten, die ihnen übertragenen Arbeiten zu erledigen, sind oft sehr begrenzt, und so geraten nicht selten gerade besonders pflichteifrige und korrekte Manager in eine Situation, wo sie nur noch mit unerlaubten Mitteln wie Bestechung, Preisabsprachen, Kreditbetrug oder auch Steuerhinterziehung die von ihnen geforderten Ziele erreichen können.

Gewaltige Dunkelziffer

Typisch für solche Zwangshandlungen sind auch manche Umweltdelikte, etwa wenn Produkte, die sich als schädlich herausstellten, noch verkauft werden müssen, oder wenn die vorschriftsmäßige Entsorgung umweltschädlicher Betriebsmittel die Kalkulation über den Haufen werfen würde. Die Geschäftsführer der Firma Werner und Mertz GmbH in Mainz wurden zum Beispiel zu hohen Geldbußen und Freiheitsstrafen (mit Bewährung) verurteilt, weil sie sich geweigert hatten, ihre Ledersprays der Marken Erdal und Solitär vom Markt zu nehmen, nachdem bekannt geworden war, daß die Produkte beim Gebrauch zu Brechreiz und Lungenödemen führen konnten. Ähnlich handelten die Chefs der Düsseldorfer Firma Desowag Materialschutz GmbH, die sich im bislang größten deutschen Umweltschutzprozeß seit Mai '91 vor dem Frankfurter Landgericht verantworten müssen. Ihnen wird vorgeworfen, sie hätten die Holzschutzmittel Xylamon und Xyladecor auch dann noch verkauft, als längst feststand, daß die darin enthaltenen Substanzen PCP und Lindan zu schweren Gesundheitsschäden führen können. Ihnen drohen Freiheitsstrafen bis zu zehn Jahren.

Kein Haar besser sind die – bisher nicht angeklagten – Lieferanten und Verwender der berüchtigten Fluorchlorkohlenwasserstoffe (FCKW), von denen man seit mindestens 15 Jahren weiß, daß sie die lebenswichtige Ozonschicht der Erde zerstören. Denn obwohl Ersatzstoffe wie die Substanz R 134 a zur Verfügung stehen, wird der Ozonkiller noch immer in riesigen Mengen eingesetzt. Bedeutendster Produzent ist übrigens DuPont, der Welt größter Chemiekonzern. Für die Autoindustrie, die FCKW in die Klimaanlagen ihrer Fahrzeuge einfüllen läßt, schämte sich das Fachblatt *auto, motor & sport*: »Jahrelang haben die Autohersteller die Suche nach Alternativen verschlafen, obwohl die verheerende Wirkung des Ozonkillers längst bekannt war.«

Auch manche der scheinbar skrupellosen Waffenschieber, Atommüllspediteure und Giftgaslieferanten entpuppten sich bei näherem Hinsehen als ziemlich unbedarfte Geschäftemacher, die einfach der Verlockung von ein paar lukrativen Aufträgen erlegen waren. Sie machten sich keine Gedanken um die Folgen ihrer Lieferungen, sondern nahmen mit, was sie kriegen konnten.

In der Tat: Vergebens sucht man nach Managern, die aus eigener Verantwortung auf umweltschädigende Produkte und Verfahren verzichten. Die Autoindustrie zum Beispiel verhinderte so lange die seit Jahrzehnten überfällige Einführung des Abgaskatalysators, bis sie daraus ein einträgliches Geschäft machen konnte.

Hunderte gutbezahlter Lobbyisten in den Bonner »Verbindungsbüros« umschwärmen die Abgeordneten, Parteimanager und Regierungsvertreter so lange, bis sie mißliebige Gesetzesvorhaben »entschärft« sowie Steuervergünstigungen und Subventionen lockergemacht haben.

Die Pharmaindustrie zum Beispiel unterläuft seit Jahren alle Maßnahmen der Regierung zur Kostensenkung im Gesundheitswesen. Das geht so weit, daß die Pillenhersteller solche Händler und Apotheker nicht mehr beliefern, die es wagen, preiswertere Arzneimittel aus dem Ausland zu importieren. Häufig handelt es sich um dieselben Präparate, die von den deutschen Herstellern jenseits der Landesgrenzen billiger verkauft werden als im Hochpreisland Bundesrepublik. Nicht wenige Pharmaprodukte kosten in Deutschland nämlich doppelt und dreimal soviel wie in Italien, Frankreich oder Großbritannien, obwohl sie hier hergestellt werden und deshalb eigentlich billiger sein müßten. Soviel zum Thema »gesellschaftspolitische Verantwortung« des Managements.

Deutsche Manager sind aufs Produzieren, Verkaufen und Finanzieren programmiert; und alles andere pflegt sie wenig zu interessieren. Die Konzentration ihrer Energien und Interessen auf die banalen Ziele der Betriebswirtschaft erwies sich als vorteilhaft, solange die Märkte noch nicht gesättigt waren und das gesellschaftliche Umfeld noch einigermaßen überschaubar zu sein schien. Inzwischen haben sich die Umstände, unter denen die Betriebe agieren müssen, grundlegend geändert.

»Manager sind ihr Geld nicht wert, wenn ihre Entscheidungen zu hohen Reibungsverlusten mit dem Staat oder der eigenen Belegschaft führen«, postuliert zum Beispiel der Jesuitenpater Rupert Lay, der als Buchautor und Seminarveranstalter den deutschen Führungskräften Moral beibringen will.

Lay: »Manager können ihre Unternehmen mit moralischen Fehlentscheidungen Unsummen kosten, und wenn es eine Kostenstelle für die Folgen moralisch falscher Entscheidungen gäbe, wäre die Summe der Fehlleistungen in vielen Unternehmen fast ebenso hoch wie die der Personalkosten.«

Die bedenkenlosen Kleinbürger, die unsere Unternehmen leiten, die Raffzähne und Möchtegernerfolgreichen sind also längst zu einer Gefahr für die Gesellschaft geworden. Denn sie schaden ihren Unternehmen mehr, als sie ihnen nützen, und häufig tun sie dies nur aus Kurzsichtigkeit, seltener aus angeborenen kriminellen Neigungen. Die Eigentümer, Belegschaften und Kontrolleure sind aufgefordert, solche Figuren aus ihrem Management zu entfernen.

Die bekannt gewordenen und gerichtlich verfolgten Fälle von Managerkriminalität sind beileibe nicht repräsentativ für die Zustände in der deutschen Wirtschaft. Sie stellen nämlich nur einen winzigen Bruchteil der tatsächlichen Delikte dar. Da fast alle Fälle nur zufällig, meist nur durch anonyme Anzeigen, aufgedeckt wurden, muß die Dunkelziffer der ungeahndeten Straftaten geradezu gewaltig sein. Offenbar hat der Staat kein nachhaltiges Interesse an einer konsequenten Verfolgung der Täter im weißen Kragen, da er immer erst hinterher, wenn das Geschäft längst gelaufen ist, aktiv wird.

Die laxe Behandlung der Verstöße gegen das Außenwirtschaftsgesetz, die offensichtlich gezielte Verschleppung der Verfahren gegen Rüstungsexporteure läßt den Schluß zu, daß der Staat in erster Linie an hohen Steuereinnahmen interessiert ist, egal wie diese zustande kommen. Die Steuerfahndung stellt denn auch die einzige Ausnahme der im großen und ganzen dürftig ausgestatteten und viel zu wenigen Ermittlungsbehörden in Sachen Wirtschaftskriminalität dar.

Nur da, wo der Staat sich um seinen eigenen Obolus Sorgen macht, langt er kräftig und zielsicher zu. Neuerdings freilich werden auch Umweltdelikte etwas schärfer und systematischer verfolgt, seit Bürgerinitiativen und Umweltschutzverbände politischen Druck machen. Verfahren gegen Manager wegen Untreue gegenüber ihren Unternehmen, Betrug an den Kunden und ungerechtes Verhalten gegenüber den Belegschaften haben aber nach wie vor Seltenheitswert vor den deutschen Gerichten.

Ohne Stil und Moral

Viele deutsche Führungskräfte entwickeln eine ausgeprägte Neigung, die Unternehmen, die ihnen anvertraut sind, regelrecht auszuplündern. Natürlich ist nichts dagegen einzuwenden, wenn gute Leute gut bezahlt werden. Ein Manager, der es schafft, aus einem Sanierungsfall ein blühendes Unternehmen zu schaffen, ist sein Geld allemal wert, egal wieviel er verdient. Gerechterweise sollte er sogar an seinem Unternehmen beteiligt werden, Gratisaktien oder Gesellschaftsanteile erhalten, damit er nicht eines Tages zur Konkurrenz abwandert.

Moralisch absolut unvertretbar, volkswirtschaftlich schädlich und für das Unternehmen unter Umständen tödlich aber ist die Selbstbedienungsmentalität, die alle Ebenen der betrieblichen Hierarchie erfaßt. Und völlig unverständlich ist die in Deutschland übliche Praxis, daß sich die Führungskräfte auch dann noch höhere Gehälter genehmigen, wenn ihr Unternehmen rückläufige Gewinne oder sogar Verluste verkraften muß. Beispiel: Obwohl der Elektrokonzern AEG 1990 im operativen Geschäft kein Geld verdiente und insgesamt eine negative Eigenkapitalrendite von minus 8,8 Prozent erwirtschaftete, ließen sich die Vorstände pro Kopf mit satten 1,2 Millionen Mark honorieren.

Galt in der deutschen Industrie jahrelang das ungeschriebene Gesetz, daß kein Vorstandsvorsitzender mehr als die Chefs der Deutschen Bank kassieren sollte, nämlich rund eine Million Mark pro Jahr, so sind mittlerweile überall die Dämme gebrochen. Aber kann die Arbeit eines Mannes überhaupt so viel wert sein? Von der reinen Arbeitsleistung her betrachtet, sicherlich nicht. Auch ein Topmanager pflegt nämlich kaum mehr als acht Stunden am Tag wirklich zu arbeiten, auch wenn seine Pressestelle noch so oft die Mär von den 16-Stunden-Tagen verbreitet. Und selbst wenn es stimmen sollte, ist die

Routinearbeit eines Vorstandsmitglieds kaum weniger anspruchsvoll als die eines, sagen wir, Entwicklungsleiters oder Marketingchefs. Und wenn dieser etwa 150 000 Mark im Jahr nach Hause trägt, wieso soll dann sein Chef im Vorstand zehnmal soviel verdienen, obwohl er an der eigentlichen Wertschöpfung im Unternehmen kaum mehr beteiligt ist?

Die Frage nach der gerechten Vergütung von Führungskräften ist so alt wie der gesamte Berufsstand. Schon zu Beginn der Industrialisierung stritten sich Firmeninhaber wie Werner von Siemens mit ihren leitenden Angestellten um deren Anteil am Erfolg des Unternehmens und um die Höhe ihrer Vergütung. Da heute in der Großindustrie die Eigentümer kaum noch eine Rolle spielen, handeln Manager unter sich die Anstellungsverträge aus, und das Ergebnis ist erschreckend.

Seit Beginn der 80er Jahre stiegen die Managerbezüge viel schneller als die der übrigen Arbeitnehmer. Allein die Vorstandsmitglieder der 100 größten Industriekonzerne steigerten ihr Salär bis Ende 1990 um rund 75 Prozent, während die Löhne und Gehälter der Belegschaften in derselben Zeit nur um matte 45 Prozent zunahmen. Und in vielen Unternehmen fressen die »Verwaltungskosten«, hinter denen sich in erster Linie die Aufwendungen fürs Management verbergen, den größten Teil der von der Produktion erwirtschafteten Erträge weg. Nicht die Spitzensalärs einzelner Manager sind deshalb das Problem, sondern die Masse der viel zu hoch bezahlten Routinearbeiter in den Verwaltungen der Unternehmen.

Die Pyramide steht auf der Spitze

Erst in jüngster Zeit beginnen einzelne weitsichtige Unternehmenslenker, den Wildwuchs in ihren eigenen Häusern zu bekämpfen. BMW-Chef Eberhard von Kuenheim zum Beispiel gab Anfang 1992 den Befehl, mindestens 1000 Verwaltungsposten einzusparen. Bei Mercedes-Benz sollen sogar 3000 der bequemen Büroposten wegrationalisiert werden. Ob das gelingen wird, erscheint zur Zeit noch fraglich, denn schon zeigen sich in allen Unternehmen, wo eingespart werden soll, die gleichen Phänomene: gekappt werden Planstellen vor allem dort, wo die eigentliche Arbeit geleistet wird, nämlich ganz unten in der betrieblichen Hierarchie. Je weiter die Herren Manager aufgestiegen sind, desto geschickter verstehen sie es, dem Rasenmäher der Rationalisierer auszuweichen. So gleicht der Stellenplan vor allem in den großen Konzernen häufig einer auf der Spitze stehenden Pyramide: oben die Masse der gutverdienenden und wenig leistenden Manager, unten eine schmale Schicht gehetzter Sachbearbeiter.

Wenn ein erfolgreicher Unternehmer wie der verstorbene Zeitungsverleger Axel Cäsar Springer seinem Vorstandsvorsitzenden Peter Tamm Gesamtbezüge von rund fünf Millionen Mark im Jahr zusichert und ihn damit zum bestverdienenden deutschen Manager macht, dann ist das zweifellos sein Privatvergnügen. Denn er bezahlt das viele Geld ja aus eigener Tasche. Wenn aber derselbe Peter Tamm einer AG vorsteht, deren Kapital zur Hälfte familienfremden Aktionären gehört, dann sollte er sich den Regeln der Publikumsgesellschaften unterwerfen.

Peter Tamm aber kassierte bis zu seinem Ausscheiden das Spitzensalär, das in keinem Verhältnis zu den schrumpfenden Gewinnen seines Unternehmens wie zu seinen eigenen Managementleistungen stand. Denn unter seiner Ägide verfiel die Ertragskraft, verkümmerte die Marktgeltung und verschlechterte sich die strategische Situation des Unternehmens.

So spiegelt denn das Einkommen der deutschen Topmanager keineswegs ihre unternehmerische Leistung wider, sondern eher die Schwäche der Eigentümer und Aufsichtsräte. Und je erfolgreicher die obersten Bosse beim Gehaltspoker abschneiden, desto mehr Luft haben die ihnen unterstellten Chargen bis hinunter zum jüngsten Trainee, ihre Bezüge aufzurunden. Denn im Management zählt, anders als bei den nach Tarif entlohnten Belegschaften, nicht so sehr die absolute Höhe des Gehalts, als vielmehr der Abstand zwischen den einzelnen Ebenen der Hierarchie.

Verdient der Vorstand schon eine Million, dann kann der Bereichsleiter mindestens eine halbe verlangen, und der Hauptabteilungsleiter wenigstens

250 000 Mark. Da heute in den Großunternehmen etwa fünf bis sieben Hierarchiestufen üblich sind, zieht der Griff des Vorstands in die Kasse einen ganzen Rattenschwanz von Gehaltserhöhungen nach, mit dem Ergebnis, daß heute schon Berufseinsteiger Jahresgehälter von 70 000 Mark und mehr verlangen können.

Gerne verweisen die deutschen Manager, wenn es um ihre Bezüge geht, auf die noch höheren Einkünfte ihrer amerikanischen Kollegen. Tatsächlich gibt es in den USA ein paar angestellte Firmenchefs, die Wahnsinnssummen abkassieren. Paul B. Fireman zum Beispiel, Chef des Sportschuhherstellers Reebok, ließ sich 1990 fast 15 Millionen Dollar aufs Konto überweisen, und Michael D. Eisner, der Spitzenmann der Walt Disney Corporation, kassierte über elf Millionen Dollar. Dagegen nehmen sich die dreieinhalb Millionen Mark, die Mark Wössner, der Herr im Medienkonzern Bertelsmann, letztes Jahr bezog, beinahe bescheiden aus.

Doch das Bild täuscht, denn die Amerikaner beziehen den weitaus größten Teil ihrer Einkünfte aus erfolgsabhängigen Tantiemen und Gratisaktien, während die deutschen Spitzenmanager auf Nummer Sicher gehen und ihr Gehalt auf Jahre hinaus festschreiben lassen. Bertelsmanns Wössner zum Beispiel hat einen Vertrag auf Lebenszeit und braucht sich um sein Einkommen auch dann keine Sorgen zu machen, wenn das Unternehmen mal Verluste ausweisen sollte.

Nach einer Untersuchung der Kienbaum-Unternehmensberatung besteht das durchschnittliche Managereinkommen in Deutschland zu 75 Prozent aus festen Bezügen und nur zu einem Viertel aus erfolgsabhängigen Leistungen. Im internationalen Vergleich rangieren die deutschen Bosse mit Durchschnittsbezügen von 308 000 Dollar gleich nach den Amerikanern (405 000 Dollar) auf dem zweiten Platz, ermittelte die US-Personalberaterfirma Towers Perrin.

Allein bei den deutschen Aktiengesellschaften gibt es mindestens 200 Manager, die über eine Million Mark im Jahr verdienen, und wohl noch mal soviel sahnen die Geschäftsführer größerer GmbHs ab. Für sich betrachtet, sind solche Gehälter nicht mal besonders aufregend. Der Inhaber eines gutgehenden mittelständischen Betriebes wird, unterm Strich, allemal mehr herausholen, und auch mancher Zahnarzt oder Klinikchef dürfte sein Einkommen kaum mit dem eines angestellten Vorstandsmitglieds tauschen wollen. Doch darum geht es auch gar nicht: Der wirtschaftlich Selbständige erzielt nur, wenn alles gutgeht, einen Gewinn; der angestellte Manager bezieht ein vertraglich fixiertes Gehalt.

Wären die deutschen Manager bereit, so wie die amerikanischen, den Löwenanteil ihres Einkommens als gewinnabhängige Tantieme zu beziehen, könnten sie sicher viel mehr verdienen als heute, ohne daß dies den Unternehmen oder unserer gesamten Volkswirtschaft zum Nachteil gereichte. Nur würde eine solche Regelung die Einkommensunterschiede im Management erheblich vergrößern und das sorgfältig ausbalancierte Machtgefüge in der deutschen Wirtschaft womöglich aus dem Gleichgewicht bringen.

Vor allem aber würde es die Herren, die der festen Überzeugung sind, es ein für allemal geschafft zu haben, aus ihrem bequemen Dornröschenschlaf aufrütteln. Sie wären gezwungen, sich Jahr für Jahr neu anzustrengen, ein Gedanke, der manchen der in Ehren ergrauten Wirtschaftslenker mit leisem Schaudern erfüllen mag.

Vollkommene Risikoabsicherung

Von welchen Gedanken die Bosse erfüllt sind, zeigt sich an den Details der Verträge, die sie mit ihren Unternehmen beziehungsweise den Kollegen aus dem Aufsichtsrat aushandeln. Dabei geht die Tendenz, wie Personalberater wissen, immer mehr in Richtung einer vollkommenen Risikoabsicherung.

Ein Normalverdiener mag ins Grübeln geraten, wenn er erfährt, was sich sein Chef zum eigentlichen Gehalt noch so alles nebenbei in seinen Anstellungsvertrag hineinschreiben läßt. Daß der standesgemäße Dienst-Daimler mit Chauffeur, ebenso wie der Firmenjet mit Piloten nicht nur dem Herrn Vorstand, sondern auch dessen Gemahlin für Einkaufsfahrten zur Verfügung steht, verwundert ja heutzutage schon niemanden mehr. Und was eine anständige Dienstvilla wert sein kann, das demonstrierte der langjährige Thyssen-Chef Dieter Spethmann aufs eindrucksvollste.

Der als »Sonnenkönig von der Ruhr« bekannt gewordene Stahlmanager bewohnt ein am Oberkasseler Rheinufer gelegenes Stadtpalais auf Lebenszeit, obwohl er längst aus den Diensten seiner Firma ausgeschieden ist. Auf Firmenkosten wurde das Refugium zu den aktiven Zeiten des Konzernherrn prächtig renoviert, damit es als Alterssitz auch richtig tauglich war. Die Umbaukosten betrugen mehrere Millionen Mark. In »dieser Bude, die mir ein freundliches Schicksal zu bewohnen gestattet hat« (Spethmann), pflegt der pensionierte Thyssen-Chef und heutige Rechtsanwalt glanzvolle Abendsoireen für wohlhabende Klienten und Geschäftspartner auszurichten. Und wenn ihn seine (jüngere) Frau überlebt, darf auch sie bis ans Ende ihrer Tage auf Thyssen-Kosten die luxuriöse »Bude« bewohnen.

Die Phantasie der Firmenlenker kennt keine Grenzen, wenn es gilt, in den meist auf fünf Jahre abgeschlossenen Dienstverträgen die Details zu regeln. Klar, daß die privaten Telefonkosten ebenso auf Rechnung der Firma gehen wie die Beiträge für den Golf- und Rotary-Club, die Prämien sämtlicher Versicherungen für die Familie, die Honorare für Rechtsanwälte und Steuerberater sowie der jährliche Gesundheitscheck in der amerikanischen Mayo-Klinik. Vom ehemaligen Geschäftsführer eines Münchner Verlagskonzerns ist sogar bekannt, daß er die Kosten des Gärtners, der alle zwei Wochen die Hecke zu schneiden hatte, die seine Grünwalder Dienstvilla von der Außenwelt abschirmte, seinem Arbeitgeber aufbürdete.

Was den Bossen billig ist, kann den rangniederen Führungskräften nur recht sein. Dank des allgemein akzeptierten Nachahmungsverhaltens kommen auch sie beim Aushandeln ihrer Anstellungsverträge in den Genuß von allerlei »Nebengeräuschen«. Rund 87 Prozent aller angestellten Geschäftsführer zum Beispiel verfügen über einen Dienstwagen, den sie auch privat nutzen dürfen; 61,5 Prozent lassen sich von ihrer Firma die Altersversorgung bezahlen, 46,6 Prozent haben auf Kosten der Firma eine Unfallversicherung abgeschlossen, 43 Prozent lassen sich die privaten Telefonkosten ersetzen, 42,3 Prozent die Weiterbildung und 35 Prozent im Krankheitsfall das Gehalt länger als sechs Wochen weiter bezahlen, und bei 29,8 Prozent, also fast bei jedem Dritten, zahlt die Firma das Gehalt über den Tod hinaus an die Familie weiter.

Deutschlands Chefs sind also extrem risikoscheu, sie wollen keinerlei Haftung für den Verlauf der Geschäfte übernehmen, aber bis ans Lebensende für alle Wechselfälle des Lebens abgesichert sein. Daß Leute mit einer solchen Rentner- und Bürokratenmentalität eher zum Beamten als zum Unternehmer taugen, liegt auf der Hand.

Luxustourismus der Führungskräfte

Für die deutsche Wirtschaft bekömmlicher wäre zweifellos ein Besoldungssystem, das gute Leistungen extrem besser bezahlt, Routinearbeit schlechter entlohnt und Mißerfolge mit gravierenden Einbußen bestraft. Warum sollte zum Beispiel ein Manager wie Eberhard von Kuenheim, der aus BMW in 20 Jahren einen Weltkonzern machte und seine Belegschaft gut verdreifachte, nicht längst an seinem Unternehmen prozentual beteiligt werden? Und auch Klaus Götte, der den ins Schlingern geratenen Maschinenbaukonzern GHH-MAN mit Bravour sanierte und binnen kurzer Zeit 300 Millionen Mark Verlust wegzauberte, hat sicherlich mehr verdient als die eineinhalb Millionen, die ihm sein Aufsichtsrat zuletzt bewilligte. Viel zu teuer sind hingegen Vorstände wie Porsche-Pilot Arno Bohn oder Adidas-Lenker René C. Jäggi, da sie sich gravierende Fehlentscheidungen leisteten und dennoch ihr volles Gehalt bezogen.

Die Selbstbedienung der leitenden Herren (Damen kommen in den Führungsetagen nur als Spurenelemente vor) ist mit den üppigen Gehältern, den Pensionszusagen, Versicherungen, Mitgliedsbeiträgen und allerlei Dienstleistungen der Unternehmen noch lange nicht zu Ende. So leisten sich die Chefs

vieler Konzerne, deren Bilanzen keineswegs Anlaß zur Freude geben, feudale Vorstandskasinos, manche sogar mit eigenen Leibköchen, ferner erlesene Weinkeller, die jedem Spitzenrestaurant zur Ehre gereichen würden.
Geschätzt sind zum Beispiel unter Kennern die Küche beim Minusmacher AEG, der Wein beim Chemiemulti Bayer, der Service und die Aussicht (auf die Alstermetropole) beim Verlagskonzern Axel Springer. Geschäftsreisen werden, wenn nicht schon mit der eigenen Düse, dann wenigstens im gecharterten Lear-Jet absolviert, und nur die nachgeordneten Führungskräfte fliegen Linie, aber dann selbstverständlich »Erster«. Und wenn dann so ein vielbeschäftigter Boß in dringenden Geschäften an irgendeinem entlegenen Winkel der Erde auftaucht, dann nächtigt er selbstverständlich nicht in einem Jedermann-Hotel, sondern, wenn schon kein eigenes Gästehaus für ihn bereit gemacht wurde, wenigstens im »Oriental« zu Bangkok, im »Okura« zu Tokio oder im »Beverly Wilshire« zu Los Angeles.
Unter einer geräumigen Suite zu wenigstens 1000 Dollar die Nacht macht's der verwöhnte Gast aus Germany natürlich nicht, wie uns gut informierte Fachblätter (zum Beispiel *Profitravel*) immer wieder berichten. Egal, wohin sich der gestreßte Macher auch begibt, mindestens zwei persönliche Referenten und drei Sekretärinnen sind ihm rund um die Uhr stets zu Diensten. Und wenn er dann noch nicht genug Würde ausstrahlt, läßt er sich nonchalant die Aktentasche nachtragen und die Zimmertür aufreißen.
Ausnahmen wie der an preußische Selbstzucht gewöhnte BMW-Lenker Eberhard von Kuenheim oder Daimler-Chef Edzard Reuter bestätigen die Regel, daß gerade die weniger profilierten Manager ein erhöhtes Bedürfnis nach opulenter Selbstdarstellung verspüren. Manche von ihnen heuern, wie der redselige ehemalige BP-Boß Helmut Buddenberg, aushäusige PR-Agenturen an, um ja keine Gelegenheit zu einem öffentlichen Auftritt zu versäumen. Andere gieren nach akademischen Würden und lassen ihre Unternehmen Forschungsaufträge oder Spenden an Universitäten vergeben, die dann auch Nichtabiturienten, wie beispielsweise dem Mercedes-Lenker Werner Niefer, den Ehrendoktorhut aufs kantige Haupt setzen oder ihnen gar den

»Prof. E. h.« verleihen. Für die Subalternen im Betrieb ist der Chef dann künftig der »Professor«, auch wenn jener nie einen Hörsaal von innen gesehen hat.

Derlei Eitelkeiten wären den Vorständen leicht verziehen, wenn sie mit unternehmerischen Leistungen glänzen würden. Aber es wirkt lächerlich und unwürdig, wenn sie sich mit Orden, Titeln und Ehrenzeichen schmücken, die ihnen nicht kraft ihrer Persönlichkeit, sondern nur wegen ihrer Stellung an der Spitze eines namhaften Unternehmens verliehen wurden.

Sponsoring

Besonders peinlich wirkt der Selbstdarstellungsdrang vieler Manager, wenn er sich mit dem Mäntelchen der Imageförderung des Unternehmens tarnt. Das Ganze nennt sich dann »Sponsoring« und erinnert stark an das gönnerhafte Mäzenatentum von Vorbildern wie dem Renaissancefürsten Lorenzo de Medici oder dem Bayernkönig Ludwig I. Und genauso, wie die absolutistischen Herrscher ihre Untertanen für ihre Liebhabereien bezahlen ließen, so bitten heute die angestellten Mäzene der Großunternehmen ihre Aktionäre und Gesellschafter zur Kasse, um sich im Glanze prominenter Sportler, internationaler Kulturträger oder Wissenschaftler zu sonnen.

Natürlich ist nichts dagegen einzuwenden, wenn ein Unternehmen seinen Bekanntheitsgrad in relevanten Zielgruppen durch gezieltes Sponsoring steigert.

Das ist meistens billiger als rein kommerzielle Werbung. Doch es will nicht recht einleuchten, warum Unternehmen wie Daimler-Benz, BMW oder die Deutsche Bank pro Jahr zweistellige Millionenbeträge für Zwecke ausgeben, die allenfalls den Geltungsdrang repräsentationsfreudiger leitender Angestellter befriedigen können. Was hat beispielsweise das Unternehmen davon, wenn etwa die Bayerische Hypo-Bank für 20 Millionen Mark ein Gemälde von Franz Hals ankauft, das anschließend in der Alten Pinakothek zu München hängt? Oder wie viele Mercedes-Limousinen werden wohl mehr verkauft, weil der Konzern jährlich eine Million Mark in archäologische Ausgrabungen bei Troja investiert?

Gesponsert wird letztlich, was einzelne Vorstandsmitglieder oder Geschäftsführer für förderungswürdig halten – und das sind meist Veranstaltungen, Vereine oder Aktionen, an denen sie persönliches Interesse haben. Da schickt dann ein eitler Selbstdarsteller einen Konvoi mit Hilfsgütern für hungernde Russen auf die Reise, ein anderer überreicht den Siegerpokal bei den »BMW-Open«, ein dritter läßt sich als Retter des Eishockey-Vereins der »Haie« feiern, und wieder ein anderer sitzt dem honorigen Stiftungskuratorium vor, das alljährlich Preise für begabte Nachwuchswissenschaftler auslobt.

Manager, die ein echtes Interesse an bestimmten Sportarten haben, wie etwa der ehemalige Ford-Vorstand Hans-Wilhelm Gäb, finden allemal genügend Möglichkeiten, ihre Disziplin zu fördern, ohne ihrem Unternehmen in die Tasche langen zu müssen. Für alle die Möchtegerns, die weder über sportliche Talente noch über ein nennenswertes Vermögen verfügen, bietet Sport-, Kultur-, Sozio- oder Science-Sponsoring reichlich Gelegenheit, sich mit fremden Federn zu schmücken. Darin gleichen sie den ehrenamtlichen Funktionären aus den nationalen Sportbehörden und Olympiakomitees, die ihr Geltungsbedürfnis ebenfalls auf Kosten anderer Leute befriedigen dürfen.

Professor Manfred Bruhn, Lehrstuhlinhaber für Marketing an der European Business School in Oestrich-Winkel, schätzt, daß die deutschen Unternehmen schon in diesem Jahr zwischen zwei und drei Milliarden Mark für Sponsoring verpulvern. Über die Hälfte davon fließt in den Sport und etwa 500 Millionen gehen in die Kultur. Für andere Zwecke, wie den Umweltschutz oder karitative Hilfsaktionen, werden etwa 200 Millionen Mark ausgegeben.

Abfindungen

Wenn die teure Führungskraft es verstanden hat, mit Hilfe der Firma in der Öffentlichkeit Profil zu gewinnen, kann sie sich getrost nach einem neuen Job umsehen, denn der Abgang wird ihr gewiß vergoldet. Kaum einer der ranghöheren Bosse der deutschen Wirtschaft wechselte in den letzten Jahren seinen Arbeitsplatz, ohne von seinem alten Arbeitgeber ein paar nette Annehmlichkeiten mitzunehmen.

Die beim Ausscheiden fällige Abfindung wird nämlich meist schon vor Abschluß des Arbeitsvertrages ausgehandelt, und da hierbei auf beiden Stühlen meist angestellte Manager sitzen, waltet allenthalben Großzügigkeit. Wer sich loyal zeigt und den Common sense nicht verletzt, darf allemal mit wohlwollender Behandlung rechnen, auch wenn er ansonsten nicht unbedingt als Zierde des Standes aufgefallen war.

Am leichtesten kommt ein Manager ans große Geld dann, wenn er die Kunst beherrscht, sich zum richtigen Zeitpunkt feuern zu lassen. Als Meister dieses Fachs gilt zum Beispiel der frühere Chef des Bertelsmann-Konzerns, Dr. Manfred Fischer. Kaum hatte ihn Inhaber Reinhard Mohn von der Tochtergesellschaft Gruner + Jahr weg an die Spitze des Gütersloher Medienriesen geholt, da provozierte der gewiefte Verlagsmanager gleich einen netten Dauerkrach mit Liz Mohn, der Gattin des Konzernherrn.

Das Klima in der Chefetage verschlechterte sich alsbald so nachhaltig, daß der Aufsichtsrat die Trennung von seinem General beschloß. Fischer kassierte eine Abfindung von sechs Millionen und ließ sich, obwohl ohne jegliche Branchenkenntnisse, vom Luft- und Raumfahrtunternehmen Dornier anheuern.

Auch dieser Zeitpunkt war geschickt gewählt, denn wenig später übernahm der Daimler-Konzern bei Dornier das Ruder und ersetzte den unerfahrenen Hobbyflieger Fischer durch den Luftfahrtroutinier Johannes Schäffler. Dornier mußte den Fünfjahresvertrag Fischers erfüllen und etwa sieben Millionen auf dessen Konto überweisen. Dies reichte dem langgedienten Manager, sich als Unternehmer zu betätigen und ins Privatfernsehgeschäft einzusteigen.

Mancher Zeitgenosse, der die Welt der Wirtschaft für ein streng rational bestimmtes System hält, in dem der Wert eines Managers an seinen Erfolgen gemessen wird, mag sich wundern, wie reich hier auch Erfolglose beschert werden. Eberhard von Brauchitsch zum Beispiel, der glücklose Majordomus des Flick-Konzerns, kassierte bei seinem Ausscheiden die nette Summe von 17 Millionen Mark, obwohl er zuletzt mehr falsche als richtige Entscheidungen getroffen hatte und für die unselige Flick-Affäre die Verantwortung trug. Auch Günter Prinz, der als stellvertretender Vorstandsvorsitzender des Axel-Springer-Verlages den 50-Millionen-Mark-Flop mit der Billigillustrierten *Ja* zu verantworten hatte, ließ sich seinen Rausschmiß reich vergolden. Mit 16,5 Millionen Mark kassierte er die zweithöchste Abfindung, die je ein deutscher Manager in Empfang nehmen durfte, nachdem er den Machtkampf mit seinem Vorstandsvorsitzenden Peter Tamm verloren hatte. Doch Prinz wechselte nicht aufs Altenteil, sondern für ein Jahresgehalt von gut zwei Millionen Mark zum Konkurrenten Burda, um diesem die Idee eines *Bild*-Derivats für die Leser in den neuen Bundesländern schmackhaft zu machen. Das Produkt, *Super* genannt, erwies sich anfangs als so erfolgreich, daß sich die Auflage von Springers Ost-*Bild* beinahe halbierte, so daß der Hamburger Pressekonzern alles daransetzte, den gefährlichen Konkurrenten wieder ins Haus zu holen. Prompt wechselte Prinz erneut die Fronten und ließ sich, verbunden mit einer satten Gehaltserhöhung, erneut von Springer anheuern.

Daß in dem feinen Hamburger Verlag viel Geld zu holen ist, demonstrierten frühere Prinz-Kollegen, die im Geschäftsjahr 1991 vom neuen Vorstandsvorsitzenden Günter Wille gefeuert wurden. Immerhin wies der Geschäftsbericht für die ausgeschiedenen Vorstandsmitglieder Peter Tamm, Christian Herfurth, Günter Klenke, Wolfgang Müller, Hans-Peter Scherrer und Erhard van Straaten eine Abfindungssumme von insgesamt 33,47 Millionen Mark aus – zusätzlich zu den 12,36 Millionen Mark an Pensionsverpflichtungen für ehemalige Vorstände und deren Hinterbliebenen.

Das Bäumchen-wechsle-Dich-Spiel der Manager, das die Unternehmen viel Geld kostet, funktioniert zur Freude der Personalberater und Headhunter quer durch alle Branchen. Stets, wenn irgendwo im Konkurrenzkampf der Konzerne Manager ihren Job verlieren, regnet es Geldscheine. Die Fusion des Krupp-Konzerns mit dem Dortmunder Konkurrenten Hoesch wird aller Voraussicht nach einige tausend Stahlwerker arbeitslos machen, doch während die Mitglieder der Belegschaften einfach »freigesetzt« werden, dürfen sich die Bosse auch ohne ihre wegrationalisierten Sessel erst mal kommod zurücklehnen.

Damit Hoesch-Chef Karl-Josef Neukirchen der Machtübernahme seines Kollegen Gerhard Cromme von Krupp keinen allzu großen Widerstand entgegensetzte, bewilligte ihm der Hoesch-Aufsichtsrat eine Abfindung von rund sechseinhalb Millionen Mark. Und selbst der als Sündenbock ausgeguckte Hoesch-Vorstand Constantin von Dziembowski, der die Verhandlungen mit Krupp eingefädelt hatte, erhält bei seinem Ausscheiden ein Trostpflaster von 2,5 Millionen Mark mit auf den Weg.

Abfindungskünstler wie der kurzfristige Vorsteher des Kaufrings, Klaus-Peter Schneidewind, brachten es im Lauf ihrer wechselvollen Karrieren leicht auf zweistellige Millionenprämien. Gut bedient wurde auch der 1993 geschaßte VW-Vize Daniel Goeudevert, der sich nach seinem Rausschmiß an einem acht Millionen Mark »schweren« Beratervertrag erfreuen durfte. Sogar ein so tief gestürzter Boß wie der wegen Betrugs und Untreue zu drei Jahren Gefängnis verurteilte SEL-Chef Helmut Lohr nahm von seiner Firma noch gut drei Millionen Mark Abfindung und eine jährliche Pension von 667 000 Mark mit.

Wie man bei einem Rausschmiß eine möglichst hohe Abfindung herausholt, lernt heutzutage schon jeder Anfänger. Bereits Nachwuchsmanager lassen ihre Verträge von gewieften Arbeitsrechtlern durchforsten, die bei den Kündigungsklauseln alle Eventualitäten berücksichtigen. Als tückisch für die Unternehmen erweisen sich vor allem Dienstverträge mit einer Mindestlaufzeit von zwei bis fünf Jahren, die häufig sogar ohne jegliche Probezeit abgeschlossen werden. Stellt sich heraus, daß der neue Mann die in ihn gesetzten Erwartungen nicht erfüllt, muß das Unternehmen bis Vertragsende blechen, und das kann sich bei den heutigen Managerbezügen schnell zu einer Millionensumme addieren. Für den freigestellten Boß hat die Abfindung noch die Eigenschaft, daß sie nur mit dem halben Steuersatz versteuert werden muß.

Stillose Rausschmisse

Die Härten eines Rausschmisses bekommen für gewöhnlich nur die rangniederen Mitglieder des Managements zu spüren. Denn wenn ihre hohen Chefs die Trennung beschlossen haben, dann beweisen sie häufig auch hier den Takt, für den sie berühmt geworden sind. »In dieser Schweigezone haben sich Praktiken entwickelt, die mit Kultur nichts zu tun haben«, klagte etwa das *Manager Magazin*. »Da werden Manager so lange weich gekocht, bis sie von allein gehen.«

Die Stillosigkeit fängt schon damit an, daß viele Vorgesetzte schlicht zu feige sind, den Betroffenen klipp und klar zu sagen, warum sie sich von ihnen trennen wollen. Statt dessen werden teure Berater oder »Out-Placement«-Agenturen angeheuert, die den Rausschmiß organisieren sollen. Der Boß überläßt die Grausamkeit also bezahlten »Revolvermännern« und macht sich selbst die Finger nicht schmutzig.

»Der Berater dämpft den Rausschmiß, indem er mit dem Betroffenen dessen Lage diskutiert, dessen Qualifikation und Erfahrungen analysiert und neue Einsatzmöglichkeiten sucht«, umschrieb einfühlsam das Fachblatt *Management Wissen* die Tätigkeit des Rausschmeißers.

Gerissene Personalexperten freilich kennen noch eine Menge anderer Tricks, wie sie überflüssige Standeskollegen preiswert loswerden können. Letztlich geht es immer darum, den Mitarbeiter selbst zur Kündigung zu provozieren, weil dann keine oder nur eine geringe Abfindung fällig wird. Beliebt ist zum Beispiel die Methode, den zum Abschuß freigegebenen Kollegen kurzerhand zu versetzen. Hat der Gute schulpflichtige Kinder, so genügt oft schon ein in Aussicht gestellter Umzug von München nach Hamburg, um ihn zur Kündigung zu veranlassen. In hartnäckigeren Fällen droht die Abschiebung auf einen Außenposten irgendwo zwischen Kairo und Karatschi.

Wenn ein »Leitender« im Hause nicht mehr gefragt ist, so merkt er das spätestens dann, wenn ihn seine Post nicht mehr pünktlich erreicht, wenn ihm plötzlich neue, meist absolut uninteressante Aufgaben zugewiesen werden, oder wenn er eine verschärfte Kontrolle seiner Spesenabrechnungen registriert. Manchmal wird ihm auch ein »Wadlbeißer« als Assistent oder Stellvertreter zugeordnet, der alle seine Schritte überwacht und sorgfältig notiert. Bei Siemens wurde ein Fall bekannt, in dem sich eine ganze Abteilung im Bereich der Datenverarbeitung über Nacht vom hausinternen Kommunikationsnetz abgekoppelt sah. Die Mitarbeiter hatten einfach neue Telefonnummern bekommen und waren jetzt nur noch nach mühsamen Recherchen erreichbar. Das Verwirrspiel dauerte so lange, bis über die Hälfte der Mannschaft gekündigt hatte.

Sucht so eine drangsalierte Führungskraft das direkte Gespräch mit dem Vorgesetzten, stellen sich unerwartete Hindernisse in den Weg. Der Boß hat plötzlich keine Zeit, ist ständig auf Reisen oder schlicht nicht zu sprechen. Eberhard von Rundstedt, Partner der internationalen Out-Placement-Beratung Drake, Beam, Morin Inc., kennt die Feigheit seiner Kunden: »Wenn es um Kündigungen geht, haben sie zufällig ganz wichtige Termine in Mailand oder Toronto.«

So stillos und brachial wie die deutschen Wirtschaftskapitäne häufig auftreten, sind sie auch im Umgang mit ihren engsten Mitarbeitern. Dies beweisen zahllose Fälle, in denen selbst ranghohe und verdiente Manager von ihren Vorgesetzten auf rüdeste Weise abserviert wurden. Als etwa Daimler-Chef Werner Breitschwert zur Abdankung gezwungen wurde, da drang kein Wort des Dankes für den verdienten Techniker an die Öffentlichkeit. Statt dessen wurde der Mann, der sich keineswegs zum Sessel des Vorstandsvorsitzenden vorgedrängt hatte, hinter vorgehaltener Hand als »Flasche« und »Pfeife« tituliert.

Typisch für den Mangel an Kultur und Menschlichkeit in den deutschen Chefetagen ist auch der Fall des Helmut Friedrich Wöpkemeier. Das langjährige Vorstandsmitglied des Maschinenbaukonzerns Klöckner Humboldt Deutz (KHD) war von einem in Konkurs gegangenen Holzlieferanten beschuldigt worden, er habe jahrelang Bestechungsgelder angenommen und dafür überhöhte Rechnungen des Holzhändlers abgezeichnet. Obwohl sich die Vorwürfe hätten schnell klären lassen – der Geländewagen, den Wöpkemeier angeblich von dem Holzhändler angenommen hatte, war ihm in Wirklichkeit von seinen Mitarbeitern geschenkt worden –, ging der KHD-Vorstand sofort auf Distanz zu dem beschuldigten Kollegen.

Wöpkemeier mußte sein Mandat niederlegen und bekam von der Firma nicht die geringste Hilfe im anstehenden Strafverfahren, das sich über Jahre hinzog. Weder Aufsichtsratsvorsitzender Hilmar Kopper von der Deutschen Bank noch KHD-Chef »Kajo« Neukirchen hielten es für angebracht, auch nur eine Hand für den in Not geratenen Kollegen zu rühren.

Ganz anders Wöpkemeiers neuer Arbeitgeber, ein holländischer Verpakkungsmittelkonzern: Als Wöpkemeier nach über einjährigen Ermittlungen des Staatsanwalts völlig überraschend während einer Konferenz in Orvieto verhaftet wurde, besuchten ihn Abgesandte des holländischen Konzerns in seinem italienischen Gefängnis, stellten ihm die besten Leumundszeugnisse aus und halfen, die für die Haftentlassung geforderte Kaution von einer Million Mark aufzutreiben. Auch nachdem sich seine völlige Unschuld herausgestellt hatte, fanden die Kölner KHD-Kollegen kein Wort des Bedauerns. Im Gegenteil: KHD-Pressesprecher Wolf Zuber betonte gegenüber Journalisten, sein Unternehmen habe sich in dieser Angelegenheit juristisch völlig korrekt verhalten.

Welch eisige Luft in den Vorstandsetagen der deutschen Wirtschaft weht, erfuhr auch die ehemalige Referatsleiterin in der niedersächsischen Staatskanzlei, Bettina Raddatz, als sie von der Gundlach und Sülter AG in Hannover engagiert wurde. Was der diplomierten Volkswirtin als Traumkarriere erschienen war, entpuppte sich bald als düsterer Alptraum. Ihre Erfahrungen als Vorstandsmitglied eines Unternehmens, das mit dem Geld unzähliger Kleinanleger eine großzügige Verkabelung der Bundesrepublik vorantreiben wollte, schilderte Bettina Raddatz in einem Buch mit dem Titel *Treu und Glauben – Hinter den Kulissen eines Wirtschaftsskandals.*

Minuziös berichtet die Exmanagerin, wie sie von prominenten Bossen wie dem Berliner Großunternehmer Dr. Manfred Bernau angeheuert und dann sorgfältig für die Rolle des Sündenbocks in einem geplanten Millionenkonkurs vorbereitet wurde. Die Aufgabe der in der Industrie unerfahrenen Managerin bestand schlicht darin, die Schuld für eine jahrelange Mißwirtschaft, für illegale Geldentnahmen in Millionenhöhe, für Betrug an den Anlegern und letztlich für den Konkurs zu übernehmen.

Die Drahtzieher des grausamen Spiels blieben bis heute ungeschoren, für Bettina Raddatz hingegen bedeutete das Ende ihres Unternehmens auch das Ende ihrer persönlichen Karriere: »Ich habe nach den langen Monaten, die mit vielen Enttäuschungen, Absagen und falschen Anschuldigungen verbunden waren, dennoch gelernt, mich mit meiner Lage zu arrangieren. Es stört mich jetzt nicht mehr so sehr wie zu Beginn, daß Manager, die ich seit Jahren gut kenne, mich meiden, daß frühere Vorgesetzte nichts mehr mit mir zu tun haben wollen, daß frühere Kollegen grundsätzlich keine Zeit haben, wenn ich sie zufällig auf der Straße treffe.«

Enttäuscht zieht die ehemalige Spitzenbeamtin das Fazit ihres kurzen Gastspiels in der freien Wirtschaft: »So bleibt für all diejenigen, die Monat für Monat ordnungsgemäß ihr Steuersoll erfüllen und sich an die bestehenden Gesetze halten, die Erkenntnis, daß Ehrlichkeit und Seriosität in wirtschaftlichen und finanziellen Angelegenheiten ein Privileg des Normalbürgers sind. Für großkalibrige, gutbetuchte Vertreter der Wirtschaft gelten hingegen ganz andere Spielregeln. Man muß nur eben die Fähigkeit und den Willen besitzen, sich diese Spielregeln zunutze zu machen.«

Die Herrschaft der Greise

Vollendet beherrschen diese Spielregeln vor allem die Dinosaurier unter den Bossen. Es sind jene Konzernchefs im Pensionsalter, die von der Macht nicht lassen wollen und mit List und Tücke ihren längst fälligen Abgang immer weiter hinausschieben. Während sie rangniederen Kollegen gnadenlos den Stuhl vor die Tür stellen, wenn deren Zeit abgelaufen ist, setzen sie für sich selbst souverän alle Regeln außer Kraft.

Rund die Hälfte der 20 größten Industrieunternehmen Deutschlands werden von Greisen kurz vor der Pensionsgrenze regiert. Und einige der prominentesten von ihnen, wie Marcus Bierich (Bosch), Edzard Reuter (Daimler-Benz), Werner Dieter (Mannesmann) oder Eberhard von Kuenheim (BMW) wollen weit über das Ruhestandsalter von 65 Jahren hinaus auf ihren Posten bleiben. »Die Vergreisung der Deutschen Wirtschaft kann für die Firmen gefährlich werden«, warnte *Der Spiegel*.

In den Aufsichtsräten herrscht bereits die totale Gerontokratie. Über die Hälfte der 20 wichtigsten Industrieunternehmen werden von 70jährigen Aufsichtsratsvorsitzenden kontrolliert. Die ältesten sind Hans L. Merkle, 79, Ehrenvorsitzender der Bosch-Gruppe, und Günter Vogelsang, 72. »Ich glaube nicht«, sorgt sich Unternehmensberater Jochen Kienbaum, »daß mehr als 5 Prozent der Räte wissen, was die von ihnen kontrollierten Unternehmen in Sachen Zukunftssicherung vorhaben.«

Leidtragende des unstillbaren Machthungers der Konzerngreise sind vor allem deren potentielle Nachfolger. Wie Prinz Charles, der britische Thronfolger, vergeuden Topmanager wie Wolfgang Reitzle bei BMW oder Dieter Vogel bei Thyssen ihre besten Jahre im Wartestand, derweil ihre Chefs rüstig weiterregieren. Die alten Zyniker vom Schlag eines Carl Hahn oder Eberhard von Kuenheim ließen frühzeitig jeweils zwei Nachfolgekandidaten ausrufen, um dann genüßlich mal den einen, mal den anderen zu deckeln.

Wo an der Spitze der Unternehmen solche Zustände herrschen, kann sich im Unterbau des Managements kaum ein gedeihliches Betriebsklima entwickeln. Das »Management by Terror« – so Ulrich Blecke, der verstorbene ehemalige Chefredakteur des *Manager Magazins* – schafft in vielen deutschen Betrieben eine Atmosphäre, die sensible Naturen nur selten unbeschädigt überstehen. Scharenweise, beobachten besorgte Personalleiter, flüchten immer mehr frustrierte Manager auf die Couch des Psychiaters, suchen Rettung bei allerlei Beratern oder retten sich mit Aufputschmitteln oder ein paar kräftigen Schlucken aus der Pulle über den Tag.

Eine besorgniserregende Häufung von Selbstmorden beobachtete das Fachmagazin *Management Wissen* bei seiner Klientel: »Sie sind in ihrer exponierten Lage nicht nur gefährdeter als ihre Mitarbeiter bei den unteren Rängen, sondern werden an jedem Punkt ihrer Karriere von einem Schicksal bedroht, das Leute ohne Aufstiegswillen nie ereilen kann: dem Verrennen auf dem Weg nach oben und dem Scheitern als ›Karrierekrüppel‹.«

Die IG-Metall schätzt den Schaden, den die deutsche Volkswirtschaft jährlich durch Drogen und Alkoholmißbrauch am Arbeitsplatz erleidet, auf rund 30 Milliarden Mark. Jeder zehnte Arbeitnehmer, taxiert der Alkoholismusexperte Wilhelm Feuerlein vom Max-Planck-Institut für Psychiatrie, greift während seiner Arbeitszeit zur Flasche oder in die Pillenbox. Besonders gefährdet sind die »Karrierekrüppel« im Management, denn die Cognacflasche steht bei ihnen ganz offiziell für Besucher bereit, und auch während der Geschäftsessen, Einladungen und Empfänge können sie sich leicht an einen hohen Alkoholspiegel gewöhnen, ohne irgendwelche Tabus zu verletzen.

Sind sie erst mal abhängig, hilft ihnen zunächst die Sekretärin oder das Solidaritätsgefühl der Kollegen über die Runden. Erst wenn der Süchtige sich öffentlich lächerlich macht, wird man seinen Leistungsabfall entdecken und ihn in eine der immer zahlreicher werdenden Suchtkliniken stecken.

Beinahe noch gefährlicher als andauernder Alkoholmißbrauch ist, weil schwerer zu entdecken, die Tablettensucht vieler Führungskräfte. Was sie alles schlucken, hat die Münchner Psychologin und Unternehmensberaterin Ursula König untersucht: »Appetitzügler und Verdauungssteuerer, Gedächtnis- und Konzentrationshilfen, Mundsprays und Muntermacher, Bräunungspillen und Haarwuchsmittel, Schmerz- und Schlafmittel, Betablocker und Blutdruckregulierer, Vitamine für Haut und Fingernägel, Antidepressiva und Wachhaltemittel.« Alle diese Präparate sollen den schwächlichen Führungskräften helfen, ihr Selbstwertgefühl zu steigern und den Anforderungen in der kalten Atmosphäre der Leistungsträger standzuhalten. Die Folgen sind bekannt: Über kurz oder lang läßt die Leistung des Süchtigen nach, er verliert den Kontakt zu Kunden, Kollegen und selbst zu seiner Familie, und irgendwann muß er erkennen, daß er seine Zukunft verspielt hat.

Die heuchlerische Moral der Managerkaste, die beinahe jedes kriminelle Vergehen duldet, kennt kein Erbarmen mit den Schwachen. Deshalb haben Führungskräfte, die sich offen zu ihrer Sucht bekennen und eine Therapie absolvieren, danach kaum noch Aussicht, wieder einen adäquaten Posten zu finden. Solange an dem Mann zu verdienen ist, bemühen sich Personalberater, Ärzte und Therapeuten um ihn, danach läßt man ihn fallen wie eine ausgequetschte Zitrone. Er endet als unvermittelbare Karteileiche in der Ablage der Personalberater und hat dann nur noch die Möglichkeit, sich entweder selbständig zu machen oder Sozialhilfe zu beantragen.

Das Seminar-Unwesen

Karrierekrüppel, die dem Griff zum Rotspon oder Tranquilizer widerstehen, geben sich mit Begeisterung dem derzeit beliebtesten Vergnügen deutscher Manager hin: Sie lassen sich auf Firmenkosten zu Fortbildungsseminaren schicken. Es ist schon erstaunlich, womit sich die hochbezahlten Macher der deutschen Wirtschaft die Zeit vertreiben: Scharenweise pilgern sie in Benimm- und Rhetorikkurse, lassen sich mal die linke, mal die rechte Gehirnhälfte trainieren, flüchten zur Meditation in Klöster, üben fernöstliche Kampftechniken und das nackte Überleben in der Lüneburger Heide, engagieren ihren persönlichen Coach und Trendberater, lassen sich von kosmischen Strahlen den Weg nach oben weisen und sich Horoskope stellen, üben das laterale Denken und den bilateralen Geschlechtsverkehr.

Etwa 27 bis 30 Milliarden Mark geben die deutschen Firmen jährlich für die Fort- und Weiterbildung ihrer Mitarbeiter aus, und über ein Fünftel davon lassen sie sich die Schulung ihrer Führungskräfte kosten. An diesem Geschäft partizipieren etwa 4000 selbständige Trainer und rund 350 Institute – ein Riesengeschäft auch für Scharlatane und Betrüger. Zwischen 3000 und 5000 Mark am Tag kassieren die Seminarveranstalter, auch wenn sie nicht viel mehr zu bieten haben als die Weisheit der Binse.

Kategorisch befindet zum Beispiel die Vielzwecktrainerin Vera F. Birkenbihl

(Spezialgebiete: Förderung der Kreativität und Kommunikationsfähigkeit): »Die deutschen Führungskräfte sind für die Aufgaben der Zukunft nur ungenügend gerüstet.« Deshalb läßt sich die quirlige Vielschreiberin und Schnellrednerin ihre Aufrüstungsbemühungen von Firmen wie IBM, Siemens oder BMW mit Tagessätzen von 10 000 bis 20 000 Mark vergüten.

Hier eine – keineswegs repräsentative – Auswahl aus dem Bildungsangebot für Manager: Eine TAM-Trainer-Akademie München will den glanzlosen Würstchen aus den Führungsetagen im Rahmen viertägiger Seminare (Kostenpunkt 2300 Mark pro Kopf) »Charisma« beibringen. Seminarleiter Klaus Frey: »Es geht darum, sich selbst und andere immer wieder zu motivieren, erfolgreich in Wettbewerbssituationen zu bestehen, Verantwortungsbewußtsein zu stärken, Akzeptanz auf- und Vorurteile abzubauen. Feedback geben und erhalten, Lösungen erarbeiten, statt Schuld zuzuweisen.« Das hehre Programm, das eigentlich jede Führungskraft schon mit der Muttermilch eingesogen haben sollte, wird eingeübt mit Hilfe von Kugeln aus Knetgummi, an denen die Teilnehmer ihre Kreativität auslassen dürfen.

Mindestens vier verschiedene Institute unterrichten die deutschen Führungskräfte im richtigen Gebrauch von Messer und Gabel. Den Grund dafür nennt Rolf H. Ruhleder, Inhaber des gleichnamigen Management-Instituts in Bad Harzburg: »Tischmanieren und geschliffene Umgangsformen sind mittlerweile bei dem heutigen Überangebot von Produkten und Arbeitskräften zu einem gewichtigen Wettbewerbsfaktor geworden.« Bis zu 3000 Mark lassen sich die Herren Chefs aus allen Branchen der deutschen Wirtschaft den Unterricht kosten, den jeder Pennäler bereits hinter sich gebracht haben sollte. Ein Indiz für überwiegend schlechte Umgangsformen in den sozialen Kreisen der Aufsteiger? Irmgard Rühl gründete ihr Berliner Institut »Ton und Takt« 1985, nachdem sie deutsche Manager beim Essen beobachtet hatte: »Wie die sich am Tisch benommen haben, da hat sich mir der Magen umgedreht.«

Johanna Erdtmann, Inhaberin der Beratungsfirma SN Colours GmbH in Krefeld, bringt deutschen Bossen bei, wie sie sich zu kleiden haben. Mausgraue Buchhalter verwandeln sich unter ihren Händen in modisch aufgeputzte Dressmen, bierbäuchige Baulöwen in elegante Selbstdarsteller. Die modische Aufrüstung der deutschen Führungskräfte ernährt mittlerweile bereits mehrere hundert Farb-, Stil- und Imageberater. Managementtrainer, wie der Hanauer Manfred Blum, erarbeiten bei ihrer Klientel sogenannte Hirndominanzprofile, um herauszufinden, ob die linke oder rechte Gehirnhälfte eines Managers aktiver ist. Topmanager, so die schlichte Erkenntnis der Hirnforscher, haben beide Hälften gleichmäßig intensiv zu benutzen.

Der Taekwondo-Großmeister Arnold Gehlen aus Bad Münster läßt gestandene Führungskräfte nach allen Regeln der fernöstlichen Kampfkunst drei Tage lang aufeinander einprügeln, um ihnen beizubringen, daß »Druck Gegendruck, Gewalt Gegengewalt« erzeugt (Gehlen). Für 2000 Mark am Tag dürfen die Kandidaten mit der Handkante auf Bretter und Ziegelsteine einschlagen und sich gegenseitig aufs Kreuz legen. Den Nutzen seines Streß- und Gefahrentrainings für den betrieblichen Alltag erklärt der Meister so: »Kampfsport fördert den Teamgeist.«

Auf der Ferieninsel Mallorca führt der Hamburger Personalberater Harald Grosser gestreßte Manager mit »Experten aus anderen Welten« zusammen: einem Philosophen, einem Franziskanermönch, einem Filmemacher oder gar einem leibhaftigen Dichter. Fragte sich das Vorstandsmitglied eines österreichischen Reifenkonzerns am Ende der teuren Tour: »Ich bin nach Deya gekommen, um mich neu zu entdecken. Und nun stelle ich mir Fragen über Fragen, die mich zu einer neuen Frage leiten: ›Wer bin ich eigentlich?‹«

Wirtschaftsastrologen wie Karsten F. Kröncke, oder Hans Gerhard Lenz gucken für die wissenschaftlich trainierten Unternehmensleiter in die Sterne. Persönliche Horoskope gibt es ab 700 Mark, Unternehmenskosmogramme ab 1000, und spezielle Gestirnsanalysen für den richtigen Zeitpunkt von Unternehmensentscheidungen werden außertariflich ausgehandelt. Viele Chefs namhafter Unternehmen, so behaupten jedenfalls die Astrologen, nehmen regelmäßig ihre Dienste in Anspruch.

Zu den beliebtesten Veranstaltungen zählen die Rhetorikseminare, da die sprachlosen Abteilungs-, Gruppen- oder Bereichsleiter sich oft schon durch die Notwendigkeit eines Geburtstagsglückwunschs an einen verdienten Mitarbeiter überfordert fühlen. Zu Tausenden pilgern sie denn in die teuren Sprechkurse von Rhetoriktrainern wie Harry Holzheu (Zürich), Dr. Hans Morawa (München) oder Eitel J. Vida (Frankfurt), um die Kunst der freien Rede zu üben.

Die Topmanager wie Hilmar Kopper von der Deutschen Bank, Helmut Maucher von Nestlé, Edzard Reuter von Daimler-Benz, Marcus Bierich von Bosch oder Jürgen Strube von der BASF ließen sich vom Altmeister der Trainerzunft, dem in der Schweiz lebenden Exverkäufer Heinz Goldmann, das Sprechen beibringen – für Tageshonorare um 12 000 Fränkli.

Die Frucht solcher Bemühungen endet freilich meist in kläglichem Gestammel, wenn die Herren Chefs wieder zu Hause sind und ihren Mitarbeitern erklären sollen, warum dieses Jahr die Gehaltserhöhung ausfällt.

Gewitzte Manager freilich halten sich von derlei Massenveranstaltungen fern, bei denen sie Gefahr laufen, sich vor rangniederen Kollegen zu blamieren. Statt dessen engagieren sie neuerdings einen persönlichen »Coach«. Der Persönlichkeitstrainer soll leisten, was der Klient versäumt hat: »Der Coach korrigiert gefährliche Verengungen und Verzerrungen von Welt- und Selbstbild, mildert Verdrängungen und Abspaltungen, versöhnt mit der Realität und dem allfälligen Scheitern«, definiert der Frankfurter Uwe Böning, der nach eigenen Angaben über 200 Führungskräfte betreut hat, seinen Beruf.

Gurus

Als Topstar der Beraterbranche aber gilt ein quirliger Endvierziger aus dem Künstlerdorf Worpswede bei Bremen, der sich als »Weltbildkorrektor«, »Quantenforscher«, oder »Zukunftsberater« versteht. Mal predigt der rastlose Guru, der nach eigenen Angaben doppelt so schnell redet wie er denkt, den »Abschied vom Marketing«, ein andermal fordert er das »Management by love« oder er postuliert den »New Spirit«. Mindestens 5000 Mark pro Tag fordert der clevere Worthülsendreher von seinen biederen Kunden aus dem Management, die er erst mit einem Feuerwerk von Nonsenssprüchen blendet und sie dann meist ziemlich ratlos zurückläßt.

Zusammen mit der rhetorischen Vielzweckwaffe Gertrud Höhler, im Hauptberuf Literaturprofessorin in Paderborn, bildet Gerd Gerken ein karnevaleskes Zweiergespann, das die Jeckenstimmung im deutschen Management deutlicher reflektiert als alle tiefgründigen Analysen. Das substanzarme Geplapper solcher Koryphäen sagt wenig aus über die tatsächlichen Erfordernisse, aber viel über den Bildungsmangel, die Denkträgheit und Orientierungslosigkeit der deutschen Führungskräfte. Wenn der Zukunftsapostel aus Worpswede vom »Geheimnis der Lehre« schwadroniert und den Marketingexperten rät, sie sollten sich keine konkreten Ziele mehr setzen, sondern vielmehr wie ein Surfer die Kundenwünsche abreiten, dann vermittelt er seinen Zuhörern keine nutzbaren Handlungsmuster, sondern lediglich austauschbare Phrasen. Doch die Kundschaft dankt's ihm mit regem Zulauf, reißendem Absatz seiner Bücher und regem Bezug seines Infodienstes »Radar für Trends«.

Das ganze Elend der aufstiegswütigen Betriebs- und Volkswirte wird sichtbar, wenn die weder zum Führen noch zum Geschäftemachen geborenen Angestellten treuherzig jeder noch so abstrusen Managementlehre nachlaufen, in der Hoffnung, dort endlich das Geheimnis des ewigen Erfolges zu entdecken. Keine Idee ist zu simpel, keine These zu aberwitzig, als daß sie nicht den deutschen Schmalspurkarrieristen in Massenauflage verkauft werden könnte. Wenn sie nicht gerade »Managen wie die Wilden« – so ein Bestseller des britischen Anthropologen Martin Page –, dann laben sie sich an der Perfidie des »Management by Machiavelli«, verschlingen die »Spielregeln für Sieger« oder begeistern sich für die uralten Strategeme der chinesischen Heerführer. Keine Spielart der endlosen »Management by ...«-Welle ist vor ihrer unbeholfenen Adaption in deutsche Betriebe sicher, egal, ob es sich um erprobte Konzepte für Unternehmensführung handelt oder um geistlose Schlagworte aus der Mottenkiste der Bauernfänger.

Es hat schon fast etwas Rührendes, wie emsig die Deutschen jeden noch so abstrusen Gedanken aufgreifen, wenn er nur aus dem gelobten Land des Managements, den Vereinigten Staaten von Amerika, stammt. Obwohl die Amerikaner wie die sicheren Verlierer im weltweiten Wettbewerb der Industrienationen aussehen, finden ihre meist griffig formulierten, aber offensichtlich wenig wirksamen Managementrezepte noch immer Anklang bei den leitenden Angestellten in Old Germany.

Ob sie in der Abgeschiedenheit des Klosters Maria Laach sich vom Jesuitenpater Rupert Lay moralisch die Leviten lesen lassen, ob sie mit dem Zehnkämpfer Kurt Bendlin in der Holsteinischen Schweiz das Überleben in der freien Natur trainieren, oder ob sie sich vom ehemaligen Fernsehmoderator Claus Hinrich Casdorff das Lampenfieber vor Fernsehkameras nehmen lassen – stets werden die deutschen Führungskräfte von der Angst geplagt, irgendwo und immer wieder zu versagen.

Ihre Ausbildung, ihr Denken und ihre Art zu handeln, all das dient nämlich nicht in erster Linie dem Ziel, möglichst viele brillante Ideen zu entwickeln, sondern Fehlentscheidungen zu vermeiden. Und in seinem krampfhaften Bemühen, nur ja keine Fehler zu begehen, macht der deutsche Durchschnittsmanager so ziemlich alles falsch.

3
DIE FEHLER DER MANAGER

Egoismus

Der Kardinalfehler der deutschen Manager ist ihr kleinkarierter Egoismus. Sie lernen frühzeitig, sich gegenüber Mitschülern, Kommilitonen und Kollegen durchzusetzen, aber niemand bringt ihnen bei, wie sie es anstellen sollen, aus den Rivalen um die Macht loyale Teamgefährten zu machen. Und das ist die eigentliche Aufgabe aller Führungskräfte.

Sie sind darauf programmiert, zuerst und ausschließlich an die eigene Karriere zu denken; der Erfolg ihrer Mannschaft oder Firma ist für sie nur ein Mittel zum Zweck der Befriedigung ganz persönlichen Machtstrebens. So kommt es, daß deutsche Firmen hervorragende Produktideen häufig zuerst entwickeln. Wenn es aber darum geht, aus der Idee einen Marktrenner zu machen, sind die später gestarteten Konkurrenten aus Japan meist schneller und erfolgreicher.

Wenn deutsche Manager zum erstenmal ihren japanischen Konkurrenten direkt begegnen, haben sie meist schon nach kurzer Zeit das Gefühl, mehr von dem betreffenden Produkt und von seinem Markt zu verstehen als der Gegner. Die Japaner ergehen sich für gewöhnlich in langatmigen Erklärungen, sind in ihren Äußerungen wenig präzise und reden über scheinbar belangloseste Dinge mit einer Geduld, die den Europäer leicht an den Rand der Verzweiflung bringen.

Sehr erstaunt sind dann regelmäßig die Deutschen, wenn die Fabriken ihrer scheinbar so umständlichen Rivalen wenige Monate später jene Produkte, an denen sie selber immer noch tüfteln, bereits in immensen Stückzahlen und perfekter Qualität auf den Markt werfen.

Das Geheimnis des fernöstlichen Tempos liegt schlicht in der Tatsache begründet, daß alle Probleme ausdiskutiert werden, bevor der Startschuß zur Produktion fällt. So geraten die Japaner am Anfang ihrer Produktentwicklung gegenüber ihren europäischen Konkurrenten fast immer in den Rückstand. Doch der Weg bis zur Serienproduktion ist bei ihnen extrem kurz, weil keiner der daran beteiligten Manager jetzt noch Widerstände leistet, sondern alles tut, um den reibungslosen Serienanlauf zu gewährleisten.

Anders im deutschen Unternehmen: Hier versucht fast immer jedes der beteiligten Ressorts, von der Entwicklung über die Fertigung bis hin zum Verkauf und Service, auf jeder Stufe möglichst viel für sich herauszuholen. Denn deutsche Manager kennen keine wirkliche Teamarbeit, ihnen geht es stets um die eigene Profilierung und den maximalen Nutzen für ihr persönliches Fortkommen.

Jüngstes Beispiel aus der Automobilindustrie ist der mißglückte Serienanlauf der neuen 3er-Modelle bei BMW. Die Sparkommissare des Finanzvorstands Volker Doppelfeld magerten das von Entwicklungschef Wolfgang Reitzle technisch brillant und optisch gefällig entwickelte Auto so sehr ab, daß schon sechs Monate nach Produktionsanlauf eine wesentliche Überarbeitung der Serienmodelle notwendig wurde.

Die übertriebene Sparwut der BMW-Finanzexperten kostete das Unternehmen einen dreistelligen Millionenbetrag für Garantieleistungen und führte zu einem herben Imageverlust der weißblauen Autobauer. Doch Finanzchef Volker Doppelfeld hatte ein taktisches Ziel erreicht: Er schwächte die Position des Entwicklungsvorstands, seines härtesten Rivalen im Kampf um die Nachfolge des Vorstandsvorsitzenden.

Zur Teamarbeit unfähig

Nach Untersuchungen von Unternehmensberatern wie Roland Berger und Boston Consulting Group verwenden die deutschen Führungskräfte einen großen Teil ihrer Energie und Arbeitszeit darauf, am Stuhl ihres Vorgesetzten zu sägen und den Aufstieg gleichrangiger Kollegen zu behindern.

In der bisher wohl solidesten Untersuchung der deutschen »Managermentalität« kamen die beiden Bremer Sozialwissenschaftler Wilhelm Eberwein und Jochen Tholen zu ganz ähnlichen Ergebnissen: 1989 interviewten sie insgesamt 111 Manager aus 35 Unternehmen jeweils bis zu vier Stunden lang, um sie über ihre Herkunft, Ausbildung, Karrierewege, betriebliche Tätigkeit und ihr Entscheidungsverhalten auszufragen.

Bei der Analyse der Kommunikationsprozesse in den Unternehmen stellten sie als wesentlichen Störfaktor fest: »Interne Konkurrenz, die zur Monopolisierung von Informationen und Wissen führt und beispielsweise Herrschaftswissen produziert.«

Typisch war die Antwort des Personalchefs eines Stahlerzeugers: »Als größtes Hindernis sehe ich eigentlich dieses Einzelkämpfertum an, das manche aus Ehrgeiz entwickeln. Und die meinen, sie müßten mit dem Ellenbogen alle beiseite schieben. Die sind auch nicht zugänglich für vernünftige und auch notwendige Formen der Kooperation und Kommunikation.«

Ein anderer der befragten Manager gestand: »Die Teamarbeit nimmt mit zunehmender Hierarchie ab, auch wenn sie vom Topmanagement postuliert wird, ... die jungen Universitätsabsolventen haben gelernt, gemeinsam ein optimales Ziel zu erreichen, ... und sie praktizieren dies anfangs auch, ... zu einem späteren Zeitpunkt lernen sie, daß offene Kommunikation nicht das alleinige ist, was sie weiterbringt ... Sie lernen sich zu verhalten wie die Spinne im Netz, sie lernen, daß man unten die Teamarbeit postulieren muß, um die Leute in Bewegung zu halten ... aber selber gegenüber den eigenen Kollegen nutzt man offene Kommunikation nur in beschränktem Maß, nämlich nur da, wo es zur eigenen Zielerreichung weiterbringt.«

Nach oben buckeln, nach unten treten, dieses alte Radfahrerprinzip beherrscht nach wie vor das Denken der Karrieremacher in den Chefetagen. Gute Ideen von Untergebenen werden entweder als die eigenen ausgegeben oder schlicht abgewürgt. Kommt der Chef hingegen mit einem noch so blödsinnigen Vorschlag, so stimmt man dem begeistert zu, auch wenn man genau weiß, daß der sich als Flop herausstellen wird.

Den geraden Weg zum Erfolg beim Kunden suchen meist nur noch die Anfänger, die noch nicht gelernt haben, auf die Eitelkeiten und Unzulänglichkeiten ihres Chefs Rücksicht zu nehmen. Später konzentrieren sie sich darauf, nur das zu denken und zu machen, was ihnen Punkte beim direkten Vorgesetzten einbringt. Das geht so lange, bis sie sich stark genug fühlen, den Chef abzuschießen und seinen Platz einzunehmen.

Wenn das nicht funktioniert, betreiben sie eine intensive Eigenwerbung, um entweder die Versetzung im Haus zu erreichen oder das Interesse eines Personalberaters zu wecken, der ihnen in einer anderen Firma eine bessere Stellung verschafft.

Wie sehr die deutschen Industriebürokraten auf ihr persönliches Prestige bedacht sind, zeigt sich an dem Stolz, mit dem sie ihre Statussymbole herzeigen. So wie beim Militär der Rang eines Offiziers sofort an seinen Kragenspiegeln und Schulterstücken abgelesen werden kann, läßt sich in vielen deutschen Großunternehmen die Position einer Führungskraft am Typ seines Firmenwagens, der Lage seines Firmenparkplatzes, der Größe und Ausstattung seines Büros ablesen. Nicht selten kreist das ganze Denken und Trachten eines Managers darum, das jeweils nächsthöhere Rangabzeichen zu ergattern, bis hin zum Schlüssel für die eigene Toilette. Der Gipfel ist freilich erst erreicht, wenn der Aufsteiger nicht mehr mit der Belegschaft in der Betriebskantine sitzen muß, sondern sich im Chefkasino vom Vorstandsbutler bedienen lassen darf. »Sonnenkönig« Dieter Spethmann zum Beispiel konnte im Düsseldorfer Thyssen-Hochhaus direkt vom Empfang per Nonstop-Lift in sein Büro gelangen.

Opportunismus

Der Beförderungsmechanismus zwingt in den meisten Unternehmen zu totaler Anpassung. Nachwuchsleute, die ungefragt mit eigenen Vorschlägen kommen oder gar Kritik an ihren Vorgesetzten üben, werden durch Disziplinarmaßnahmen auf Kurs gebracht oder zur Kündigung gezwungen. Mittelmäßige Chefs lieben keine außergewöhnlichen Mitarbeiter, deshalb haben brillante Köpfe kaum eine Chance, in der dumpfen Luft der Konzernbürokraten zu reüssieren.

Auch wenn in letzter Zeit der sogenannte »Querdenker« von manchen Konzernchefs hoch gelobt wird, so sehen ihn die meisten doch lieber bei der Konkurrenz als im eigenen Haus. Gefragt ist vielmehr der fähige Opportunist, ein Typ, der in Konferenzen immer die Meinung der Mehrheit teilt und am Schluß zusammenfaßt, was der Chef schon eingangs gesagt hat. Er liefert dem Vorgesetzten grundsätzlich keine Widerworte, sondern stets die intelligente Bestätigung von dessen eigener Meinung.

Der Opportunist ist konfliktscheu, er will jeden Ärger vermeiden, ohne allzu große Anstrengungen aufzubringen. Er entwickelt keine eigene Meinung, sondern stellt sich stets auf die Seite der stärkeren Bataillone. Wenn er Glück hat und ganz oben ankommt, wird er das, was der St. Gallener Wirtschaftsprofessor Friedmund Malik als größtes Übel der deutschen Wirtschaft ansieht: »Die meisten Manager sind Schönwetterkapitäne. Sie kennen nichts anderes als mehr oder weniger starkes Wirtschaftswachstum. Die Manager von heute sind alle Wohlstandskinder. Schlechte Zeiten kennen sie nicht.

Die Opportunisten auf den Chefsesseln sind unfähig, grundlegende Kursänderungen herbeizuführen. Fehlentwicklungen pflegen sie nicht zu beseitigen, sondern zuzukleistern. Sie sind zur wirklichen Führung gar nicht fähig, weil sie sich im Laufe ihrer Karriere abgewöhnt haben, eine eigene Meinung zu entwickeln und Ziele festzulegen. Sie predigen und pflegen durchaus einen kooperativen Führungsstil, doch bei genauerem Hinsehen zeigt sich, daß sie ihr Konzernschiff in Wahrheit einfach nur treiben lassen.«

Rolf Berth von der Kienbaum Unternehmensberatung untersuchte die Leistungsfähigkeit deutscher Unternehmen nach 27 verschiedenen Erfolgsfaktoren, um herauszufinden, welche Managertypen besonders effizient arbeiten. Sein Ergebnis: Am besten schnitten solche Unternehmen ab, in deren Vorständen die unterschiedlichsten Typen versammelt waren, am schlechtesten jene, die von einer opportunistischen Crew gesteuert wurden. Zitat eines Mitglieds: »Wir sind eine ziemlich gleichförmige Mannschaft und denken und handeln recht ähnlich. Bei uns wird nicht gequatscht, die Chefs sagen uns, was zu tun ist, und dann holt sich jeder, was er an Information braucht, und geht an die Arbeit«.

Konformismus

Eine der wesentlichen Ursachen für die mittelmäßigen Ergebnisse deutscher Unternehmen besteht darin, daß sich ihre Führungskräfte nicht an den tatsächlichen Bedürfnissen ihrer Kunden orientieren, sondern an den Maßnahmen der Konkurrenz. Wie das Kaninchen auf die Schlange starren sie hypnotisiert auf jede Regung des Wettbewerbers. Sie messen sich an den Erfolgen der Konkurrenz und nicht an der Zufriedenheit der Kunden.

Wie die Herde dem Leithammel folgen die zeitlebens auf Anpassung getrimmten Industriebeamten den internationalen Trendsettern ihres Gewerbes. Wenn zum Beispiel die amerikanischen Autokonzerne General Motors und Ford in gewinnstarken Zeiten beschließen, sich nebenbei in die Luft- und Raumfahrtindustrie einzukaufen oder eigene Computer-Service-Firmen zuzulegen, dann finden sie wenig später in Daimler-Benz einen willfährigen Nachahmer.

Und wenn Daimler-Benz über seine Tochtergesellschaft MTU ins Geschäft mit Flugzeugturbinen einsteigt, dann darf BMW natürlich nicht zurückstehen. Prompt gründeten die Münchner mit dem britischen Triebwerkhersteller Rolls-Royce eine gemeinsame Firma, von der heute niemand weiß, ob sie je Gewinne abwerfen wird.

Nicht viel anders geht es im Mediengeschäft zu. Als der frankophile Journalist Axel Ganz den Vorstand von Gruner & Jahr dazu überredete, erfolgreiche deutsche Zeitschriftentitel wie *Eltern* oder *P.M.* auf den französischen Markt zu verpflanzen, löste er damit eine Kettenreaktion aus, die mittlerweile fast alle großen Zeitschriftenhäuser erfaßt hat. Einen Riecher für echte Markttrends hat auch in dieser Branche kaum einer der verantwortlichen Topmanager, dafür sind sie sofort zur Stelle, wenn ein finanzschwächerer Außenseiter neue Kundenbedürfnisse entdeckt. Kaum hatte zum Beispiel der Hamburger Verleger Dirk Manthey die ersten Nummern seiner Neuentwicklung *TV-Spielfilm* an die Kioske gekarrt, da versperrte ihm der Branchenprimus Heinrich Bauer Verlag mit dem ähnlich konzipierten *TV-Movie* den Weg.

Die Bilder ähneln sich quer durch alle Branchen: Nur was andere Manager unternehmen, interessiert einen Manager wirklich. Denn deren Gedanken versteht er, auch wenn er den Kontakt zu seinen Kunden und Märkten längst verloren hat. So stellen alle Banken Geldautomaten auf, wenn eine es vorgemacht hat; so reden alle Versicherer von »Allfinanz-Angeboten«, auch wenn keiner so recht weiß, was das eigentlich sein soll; so beginnen sich alle Autohersteller mit Gruppenarbeit zu beschäftigen, nachdem Opel damit angefangen hat, usw., usw. In der Herde fühlen sich Manager wohl, denn wenn alle in die falsche Richtung laufen, kann der einzelne nichts verkehrt machen. Und nichts fürchten die ängstlichen, angepaßten, wohlerzogenen Herren der deutschen Wirtschaft mehr, als einen Fehltritt zu riskieren, sich lächerlich zu machen oder gar die wirkliche Verantwortung für eine unternehmerische Fehlentscheidung übernehmen zu müssen.

Vor allem unpopuläre Maßnahmen wie Preiserhöhungen oder Entlassungen werden deshalb mit Vorliebe »abgestimmt« vorgenommen. Wenn zum Beispiel alle Benzinlieferanten die Preise hochschrauben, kann das Management eines einzelnen Unternehmens nicht geprügelt werden, und wenn alle drei Chemiekonzerne gleichzeitig anfangen, ihre Verwaltungen auszudünnen, bieten sie den Gewerkschaften kein Angriffsziel. Daß der Konformismus

Gefahren birgt, wissen natürlich die Herren Manager auch, doch erscheinen sie ihnen gering, verglichen mit den Risiken, die originäre Entscheidungen mitunter enthalten können.

Bürokratismus

Die wenigsten Manager sind geborene Unternehmer. Nach Herkunft, Ausbildung und Mentalität gleichen sie eher einem höheren Beamten als einem selbständigen Firmenchef. Wie ein Staatsdiener verbringt der karrierebewußte »corporate man« einen Großteil seines Lebens in derselben Organisation. Jobhopper wie der VW-Vorstand Daniel Goeudevert oder der Deutschbankier Ronaldo Schmitz sind im konservativen Industrie-Establishment mehr die Ausnahme als die Regel. Mit Vorliebe rekrutieren die großen Gesellschaften, von der Allianz bis zur Zahnradfabrik, ihr Führungspersonal aus den eigenen Reihen.
In seinen »Beiträgen zur Analyse der deutschen Oberschicht« beschreibt der Soziologe Wolfgang Zapf die gängigen Karrieremodelle: »Abitur, Studium der Volkswirtschaft, Eintritt in ein großes Industrieunternehmen als Assistent eines Geschäftsführers, Abteilungsleiters, Hauptabteilungsleiters, Ressortleiters, Prokurist, kaufmännische Leitung des Unternehmens als Mitglied der zweiten Leitungs- und Hierarchie-Ebene, Vorstandsmitglied.«
Dynamische Ellenbogentypen mit einem feinen Gespür für Menschen und Märkte werden auf der langen Ochsentour bis zum Vorstandssessel entweder ausgestoßen oder plattgewalzt. Wenn sie dann oben angekommen sind, haben sie nach dem Peter-Prinzip die letzte Stufe der Inkompetenz erreicht und alle Fähigkeiten verloren, die sie früher auszeichneten. Max Weber, Begründer der modernen Sozialwissenschaft, warnte bereits in den 20er Jahren vor dem heute vorherrschenden Führertyp: »Rationalisierte und bürokratisierte Büroarbeit wird am Ende die Persönlichkeit, das berechenbare Ergebnis die ›Vision‹ verdrängen. Der Führende wird zu einem Büroarbeiter mehr; zu einem, den zu ersetzen nicht schwerfallen wird.«

Die Sieger im Karriererennen der Führungskräfte haben früh gelernt, Risiken zu vermeiden, sich anzupassen, sich abzusichern, Verbündete zu suchen und Vorgesetzte auf sich aufmerksam zu machen. Aber nur selten mußten sie eigene Firmen aus dem Boden stampfen, improvisieren, neue Produkte auf den Markt drücken oder eine aus dem Ruder gelaufene Tochtergesellschaft sanieren.

Die wichtigsten Führungsinstrumente der heutigen Konzernbürokraten sind Hausmitteilungen, Memos, Aktenvermerke, Gesprächsprotokolle. Mancher ist so sehr damit beschäftigt, vergangene Aktivitäten zu dokumentieren, daß er kaum dazu kommt, neue zu entfalten. Am besten gedeihen die ängstlichen Absicherer natürlich in den aufgeblähten Bürokratien der Großunternehmen, und dort pflegen sie sich wie die Pilze im Wald auf wundersame Weise zu vermehren.

So entwickelten sich in den meisten deutschen Konzernen zu viele Hierarchie-Ebenen. Kaum einer kommt mit weniger als fünf Kasten aus, dabei würden, wie die Adam Opel AG vorexerziert, auch drei schon genügen. Die unendlich langen Wege, die ein »Vorgang« zurückzulegen hat, bis er von der Sachbearbeiterebene zum Vorstand durchdringt, ist mit eine Ursache für die phlegmatische Gangart der Konzerne.

Der gemächliche Trott mag ausreichen, wo langlebige Investitionsgüter produziert und verkauft werden, nicht aber auf den schnellebigen Märkten für Konsumgüter. Deshalb ist es kein Zufall, daß die deutsche Industrie überall da zum Rückzug gezwungen wurde, wo es auf Tempo, Marktgespür und schnelle Umsetzung technischer Novitäten ankam, also bei den Geräten der Unterhaltungselektronik, bei Kameras, Taschenrechnern und Personalcomputern. Der Niedergang einst renommierter Firmen wie Grundig, Rollei, Nixdorf, Olympia, Triumph-Adler spricht für sich.

Manager mit Marktgespür, die sich trauen, schnelle Entscheidungen zu treffen, die improvisieren können und auch unkonventionelle Ideen akzeptieren, findet man heutzutage kaum noch in der Großindustrie, dafür jedoch in zunehmendem Maße im Handel. Distributeure wie die Metro-Gruppe, Tengelmann, Aldi oder Rewe führen vor, wie modernes Management zu funktionieren hat. Alle diese erfolgreichen Handelskonzerne kommen mit ganz wenigen Hierarchie-Ebenen aus, sind extrem dezentralisiert und motivieren ihre Manager schon in jungen Jahren zur Übernahme von Verantwortung. Mancher 30jährige kann bei der Metro, bei Rewe, Spar oder Aldi zum Beispiel heute Entscheidungen von einer Tragweite treffen, die in einem bürokratisch geführten Industrieunternehmen wie Siemens wesentlich älteren vorbehalten sind.

Die zentralistische und bürokratische Verwaltungsstruktur von Konzernen wie Siemens, Daimler oder Hoechst verhindert dann auch, daß die in diesem Unternehmen entwickelten Ideen schnellstmöglich in Markterfolge umgesetzt werden. Als der amerikanische Computerriese IBM in den 80er Jahren Gefahr lief, von aggressiven Newcomern wie Apple, Commodore oder Compaq vom Wachstumsmarkt der Personalcomputer verdrängt zu werden, da führte Konzernchef John F. Akers einen Blitzschlag gegen sein eigenes Management.

Aus den verschiedensten Bereichen seines Imperiums ließ er Entwicklungsingenieure, Softwareexperten, Produktionstechniker und Vertriebsleute rekrutieren.

Diese »task force« wurde aus der Konzernbürokratie einfach ausgegliedert und reichlich mit Geld versorgt. Ohne Rücksicht auf formelle Zuständigkeiten durfte die Spezialabteilung jede Ressource des Konzerns anzapfen, wenn es sie nur dem Ziel näher brachte, möglichst schnell das verlorengegangene Terrain auf dem PC-Markt zurückzuerobern.

Das Experiment glückte, denn schon nach knapp sechs Monaten hatte die aus der Konzernbürokratie ausgeklammerte Truppe ein tragfähiges Konzept entwickelt, das »Big Blue« wieder zur Marktführerschaft bei den PCs verhalf. Heinrich von Pierer, der neue Chef des Siemens-Konzerns, würde sich wohl kaum trauen, in seinem Haus ein ähnliches Experiment zu wagen. Die allmächtige Siemens-Bürokratie ließe, ebenso wie jene bei Daimler oder Hoechst, eine solche Schädigung ihres Ansehens einfach nicht zu.

Akademiker im Elfenbeinturm

Jeder deutsche Manager beginnt seine Karriere als Spezialist, ehe er sich, wenn er die höheren Weihen seines Standes erlangen will, schnell zum Generalisten mausern muß. Denn die Laufbahnen, die zum Olymp führen, erfordern erst mal solides Spezialwissen als Techniker, Kaufmann, Finanzexperte oder Marketingmann. Erst wenn er sich als Spezialist hinreichend verdient gemacht hat, darf der Aufsteiger hoffen, mit der Verantwortung für eine größere Unternehmenseinheit betreut zu werden. Und da sind dann plötzlich ganz andere Eigenschaften gefordert als jene, die er bisher unter Beweis stellen mußte.

Sein Fachwissen zählt nur noch wenig, dafür muß er nun unversehens mit Personalproblemen fertig werden, muß Budgets aufstellen, Kundengespräche führen und möglicherweise auch noch Öffentlichkeitsarbeit treiben. Auf alle diese Aufgaben wurde das »High Potential« zwar während seiner Ausbildungszeit als Trainee schon vorbereitet, doch was er da im Schnellverfahren mitbekam, reicht allenfalls für einen Amateur. So retten sich denn viele der überforderten Führungskräfte auf ihr Spezialgebiet, wenn sie woanders nicht weiterwissen.

Die Schmalspurausbildung, wie sie in den meisten Betrieben üblich ist, vernachlässigt vor allem die Gebiete »Menschenführung« und »Produktion«. Kaum einer der ehrgeizigen Akademiker, die zuhauf die Stabsabteilungen der Konzerne bevölkern, hat jemals praktische Erfahrung in den Fabrikhallen gesammelt. Was ihr Unternehmen herstellt und verkauft, das kennen die meisten nur aus den bunten Bildern der Angebotskataloge. Und über die einzelnen Produktionsprozesse oder über die Arbeitsverhältnisse am Fließband haben die Herren Juristen, Betriebs- und Volkswirte nur eine höchst verschwommene Vorstellung.

Umgekehrt wissen die hervorragend ausgebildeten Diplomingenieure, die in der Entwicklungsabteilung arbeiten, viel zuwenig über die Art, wie die Kunden mit ihren Produkten umgehen. Und sie haben meist keinen blassen

Schimmer von den Kosten, die ihr Prototyp auf dem langen Weg bis zur Markteinführung verursacht.

Ganz anders in Japan: Dort wird jeder Manager, gleich ob er Wissenschaftler, Techniker, Controller oder Marketingexperte ist, durch sämtliche Abteilungen des Betriebs geschleust. Spätestens alle zwei Jahre wechselt er seinen Arbeitsplatz; Stabsleute finden sich plötzlich in der Produktion wieder, Verkäufer in der Finanzabteilung und Techniker im Marketing. In der Summe ihrer betrieblichen Erfahrungen übertreffen die japanischen Manager fast immer ihre deutschen Pendants. Weil sie sich nicht als Spezialisten fühlen, sind sie eher zu integriertem Denken fähig, das alle Aspekte betrieblicher Prozesse berücksichtigt, während die Deutschen stets nur die Interessen ihres Ressorts im Auge haben.

Unkenntnis und einseitige Erfahrungen führen bei den deutschen Managern fast notgedrungen dazu, daß sie sich in ihr Spezialistenwissen einigeln und den Kollegen aus anderen Bereichen des Betriebs häufig mit Arroganz und Geringschätzung begegnen. Kaum einer von ihnen hat jemals, wie einst der junge Eberhard von Kuenheim bei Bosch, am Band gearbeitet oder in der Versandabteilung hospitiert. Dazu paßt ins Bild, daß die deutschen Wirtschaftsführer offenbar auch keine Lust haben, sich mit den modernen Informations- und Kommunikationstechniken auseinanderzusetzen. Zwei von drei Topmanagern können weder mit einem PC umgehen, noch eine Datenbank anzapfen. Wie aus einer Studie der Dr.-Jürgen-Schneider-Stiftung hervorgeht, unterscheidet sich der Wissensstand der großen Bosse auf diesem wichtigen Gebiet kaum von dem ihrer Arbeiter. Ohne ihre Zuträger könnten die meisten Chefs also wahrscheinlich nicht mal ihr betriebswirtschaftliches Zahlenwerk verstehen, geschweige denn bei Investitionsentscheidungen über Computer- und Automationssysteme mitreden.

Den Niederungen des Geschäfts halten sich die Uniabsolventen, wenn sie mit hochfliegenden Karriereträumen den Betrieb erobern wollen, möglichst fern. Ohne abgeschlossenes Hochschulstudium erreicht heutzutage kaum mehr ein Manager die oberste Etage in seinem Unternehmen. Nach der Untersuchung von Eberwein und Tholen sind schon heute mindestens 80 Prozent der deutschen Topmanager Akademiker, und hier überwiegen Diplomingenieure, Wirtschaftsingenieure, Betriebs- und Volkswirte sowie Juristen. Der Trend dürfte sich in den nächsten Jahren noch verstärken.

Frostiges Betriebsklima

Deutschlands Manager werden nicht müde, über die langen Fehlzeiten ihrer Belegschaften zu jammern, und in der Tat sieht es so aus, als ob die Deutschen kränker wären als andere Nationen. Je nach Branche fehlen in der Wirtschaft täglich zwischen 5,3 und 11,2 Prozent der Beschäftigten wegen Krankheit am Arbeitsplatz. 1990 blieben die deutschen Werktätigen im Schnitt von 100 Arbeitstagen rund achteinhalb Tage zu Hause – deutlich länger als Japaner, Amerikaner und Franzosen. Nur Schweden und Norweger fehlen noch häufiger bei der Arbeit als die Bundesbürger.

Während die Arbeitgeber den hohen Krankenstand mit den komfortablen Sozialgesetzen und der Lohnfortzahlung bis sechs Wochen nach Krankheitsbeginn erklären, vertreten immer mehr Sozialforscher und Betriebspsychologen die Ansicht, daß als wichtigste Ursache ein schlechtes Betriebsklima anzusehen ist. Dieter Frey zum Beispiel, Professor für Wirtschaftspsychologie der Universität in Kiel, behauptet: »Die meisten Führungskräfte und Firmenvorstände übersehen, daß sie selbst durch die Art ihrer Führungsphilosophie und ihres Führungsstils sehr starken Anteil daran haben, ob sie Menschen in ihrer Firma oder Abteilung haben, die krank werden oder die krankfeiern ... Eine hohe Krankheitsquote sollte als Warnsignal dienen und erfordert in jedem Fall eine Reflexion der Arbeitsweise und Suche nach möglichen Fehlern im Organisations- und Kommunikationsablauf.«

Auf rund 35 Milliarden Mark pro Jahr taxiert das Institut der Deutschen Wirtschaft in Köln den Schaden, der in der Wirtschaft jährlich durch Krankheit der Mitarbeiter entsteht. Allein der Mannesmann-Konzern taxiert seine Krankheitsverluste intern auf rund 170 Millionen Mark pro Jahr, bei BMW sind es ca. 125 Millionen. Und ein erheblicher Teil davon könnte vermieden werden, wenn die Manager der Betriebe für ein erträgliches Sozialklima sorgten.

»Zu viele Betriebe arbeiten noch mit einem Menschenbild, das nicht an Partnerschaftlichkeit und Individualität des Mitarbeiters orientiert ist«, rügt Professor Frey. Und fährt fort: »Zu schnell fühlen sich deutsche Führungskräfte in ihrem Selbstwert und Status bedroht, wenn sie mündige und kritische Mitarbeiter um sich haben.«

Auch Fachleute wie der Münchner Organisationspsychologe Lutz von Rosenstiel sind davon überzeugt, daß ein gutes Betriebsklima »die Wahrscheinlichkeit der Kündigung und das Fernbleiben vom Arbeitsplatz erheblich reduzieren kann«. Und für das Klima im Betrieb sind nun mal in erster Linie die Bosse verantwortlich.

»Es herrscht in vielen deutschen Firmen ein Klima der Angst und Schuldzuweisung«, beobachtete der Kieler Wirtschaftspsychologe. »Nicht über das Krankfeiern sollte also in Deutschland lamentiert werden«, meint Frey, sondern »darüber, daß die Erkenntnisse der modernen Organisationspsychologie zur Erreichung eines mündigen und kreativen Mitarbeiters in vielen deutschen Firmen nur zögernd durchgesetzt werden.«

Das Armutszeugnis, das die Experten den Managern ausstellen, wird indirekt bestätigt vom Institut der Deutschen Wirtschaft, das ermittelt hat, was die Mitarbeiter in den Betrieben bemängeln: »Ungerechte Arbeitsverteilung, häufige Kritik, ausbleibende Anerkennung, übermäßige Kontrolle und ein rüder Umgangston der Vorgesetzten.«

Vielfach sind die Manager nicht mal bereit, den Schaden, den sie unter ihren Belegschaften angerichtet haben, offen zu diskutieren. Weil sie feige den Konflikt mit den Gewerkschaftsfunktionären fürchten, leisten sich Konzerne wie Mercedes-Benz, Opel oder Conti-Gummi lieber eine zehnprozentige Personalreserve, die mit Hunderten von Millionen Mark zu Buche schlägt, als daß sie dem Phänomen der Kurzzeitsimulanten und Blaumacher energisch zu Leibe rücken würden.

Durch strengere Kontrolle einerseits und eine Verbesserung des Betriebsklimas andererseits konnten Firmen wie Mobil Oil, Kaufhof und Vorwerk ihre Krankenrate deutlich senken. Nur wenige Unternehmensleitungen scheinen jedoch begriffen zu haben, wie sehr sich ein akzeptables Betriebsklima in Heller und Pfennig niederschlägt.

Die Mehrzahl der Führungskräfte des Jahres 1992 erscheint noch immer als ein Verein ungehobelter Befehlserteiler, die gar nicht wissen, was die ihnen anvertrauten Mitarbeiter brauchen und was sie vermissen. So nimmt es auch nicht wunder, wenn jetzt vor allem immer mehr Frauen Front gegen allzu selbstherrliche Chauvies in den Chefsesseln machen.

Nach einer Erhebung der *WirtschaftsWoche* klagen über zwei Drittel der berufstätigen Frauen in Deutschland über sexuelle Belästigungen am Arbeitsplatz: »Es geht um Herrschaft. Das Mittel der sexuellen Belästigung eignet sich hervorragend, um karrierewilligen Frauen einen Platzverweis zu erteilen und die männlich dominierte Hierarchie am Arbeitsplatz zu bestätigen.«

Eine Studie des Bonner Frauenministeriums brachte an den Tag, daß jede zweite der am Arbeitsplatz sexuell belästigten Frauen berufliche Nachteile in Kauf nehmen mußte, während die Täter meist ungestraft davonkamen.

Der wenig gesittete Auftritt der deutschen Führungskräfte, der Frauenverbände ebenso irritiert wie Betriebspsychologen und Sozialforscher, zeigte sich nirgendwo deutlicher als in den neuen Bundesländern. Kaum war die DDR verschwunden, stürzten sich ganze Legionen beutewütiger Wessis auf die unerfahrenen, von den politischen Ereignissen überrollten Ostkollegen, um ihnen abzujagen, was im ehemaligen Arbeiter-und Bauern-Staat einen Wert besaß.

Viele der von ihren Firmen in den Osten abkommandierten Westmanager traten auf wie Kolonialherren, wenn sie in ihren schweren Daimler- oder BMW-Dienstwagen vor den Nobelhotels in Leipzig, Dresden oder Berlin vorfuhren. Wer mit ansehen durfte, wie brutal die Beutegermanen mit ihren arglosen Brüdern und Schwestern in den volkseigenen Betrieben umsprangen, hatte Grund, sich als Deutscher zu schämen. Anstatt die arglosen Ossis nach Kräften zu stützen, nutzten die Wessis jede Chance, ihnen ihre Grundstücke, Fabriken und Warenvorräte abzuluchsen.

Kein Trick war ihnen zu abgefeimt, wenn es darum ging, sich die Filetstücke der ostdeutschen Wirtschaft zu sichern. So ließen sich die Abgesandten westdeutscher Renommierkonzerne in die Chefetagen der staatlichen Treuhandverwaltung einschleusen, um ihre Arbeitgeber über die verborgenen Werte der DDR-Betriebe zu informieren und ihnen die fettesten Beutestücke zuzuschanzen.

Ungeniert versuchte zum Beispiel der Münchner Baulöwe Fritz Eichbauer, langjähriger Präsident des Zentralverbands des Deutschen Baugewerbes, sich eines der größten Bauunternehmen in der ehemaligen DDR unter den Nagel zu reißen. Erst ließ er sich von der Treuhand zum Aufsichtsratsvorsitzenden der ehemaligen volkseigenen Hochbau AG bestellen, die nach Schätzungen der Behörde zwischen 200 und 400 Millionen Mark wert war. Dann verhinderte er den Verkauf an in- und ausländische Interessenten, ehe er, zusammen mit Partnern, der Treuhand selbst ein Angebot über bescheidene 40 Millionen Mark vorlegte.

Als die Treuhand, erschreckt von Veröffentlichungen über ähnliche Räubergeschäfte, ablehnte, legte der Münchner, der bis zuvor es als seine »patriotische Pflicht« angesehen hatte, im Osten zu helfen, kurzerhand sein Mandat nieder.

Ähnlich kaltschnäuzig versuchte der Frankfurter Unternehmer Claus Wisser für den symbolischen Preis von einer einzigen Mark eine Ostberliner Waggonfabrik, die nach Schätzungen von Experten mindestens 100 Millionen Mark wert war, an Land zu ziehen. Weit cleverer stellte es der Münchner Siemens-Konzern an, in kurzer Zeit 20 volkseigene Betriebe mit über 20 000 Beschäftigten zum Discountpreis von 250 Millionen Mark einzusacken. Der Siemens-Trick: Eine dem Konzern verpflichtete Wirtschaftsprüfergesellschaft testierte den avisierten Unternehmen in ihren Eröffnungsbilanzen extrem niedere Werte.

Obwohl die Treuhand in den ersten beiden Jahren nach der Vereinigung fünf

Dutzend Westler aus den Aufsichtsräten der Ostfirmen entfernte, nahm das Bauernlegen im deutschen Osten bis heute kein Ende. Zahllose Betriebe der ehemaligen DDR wurden von ihren westdeutschen Kollegen so ausgeplündert und ruiniert, daß sie jetzt praktisch unverkäuflich sind und auf Staatskosten saniert werden müssen.

Nach einer Schätzung der Unternehmensberatung Ward Howell sind rund 75 Prozent der im Osten aktiven Manager sogenannte »Abstürzler«, die in Westbetrieben keine Chance mehr bekommen. Denn für Gehälter, die im Schnitt um etwa 20 Prozent höher liegen als im Westen, steuern die Stümper die Reste der ehemaligen volkseigenen Wirtschaft in den sicheren Ruin.

Da gibt es hochmögende Wessis, wie beispielsweise den ehemaligen Porschevorstand Heinz Branitzki, die als Aufsichtsratvorsitzende befreundeten Westkollegen hochdotierte Jobs zuschanzen, und Treuhandmanager, die die Rechnungen befreundeter Rechtsanwälte, Steuerberater, Unternehmensberater oder Wirtschaftsprüfer absegnen, obwohl deren Dienste in keinem Verhältnis zu den geforderten Summen stehen.

Etwa 10 000 solcher abgehalfterter Geschäftemacher und Schmalspurmanager sind nach den Schätzungen der Treuhand im deutschen Osten aktiv. Und der Schaden, den sie dort anrichten, läßt sich kaum noch beziffern. Bewundernswert ist allein die Chuzpe, mit der die westdeutschen Führungskräfte unter dem Deckmantel patriotischer Pflichten jetzt auch noch ihren Raubzug versicherungstechnisch absichern wollen. So plant die staatliche Treuhandverwaltung, ihren 200 Spitzenmanagern stattliche Pensionen zuzuschanzen, wenn die Arbeit der Behörde etwa 1995 beendet sein wird. Die in den Anstellungsverträgen der auf Zeit engagierten Treuhandmanager nicht vorgesehene Ausgabe belastet den deutschen Steuerzahler mit einem dreistelligen Millionenbetrag.

Gefürchtet sind die »deutschen Bullen« aus den Chefetagen der Wirtschaft jedoch nicht nur in Ostdeutschland, sondern in fast allen Teilen der Welt, jedenfalls dann, wenn sie es mit kultivierten Gastgebern zu tun haben. Wie einst die dollarstarken Amerikaner und später die kaufwütigen Japaner, gelten heute die überheblichen Deutschen in vielen Ländern als Schreckfiguren bei gesellschaftlichen Anlässen. Etwa, wenn sie beim Dinner mit japanischen Geschäftspartnern lautstark zu diskutieren beginnen, wenn sie in Buenos Aires oder São Paulo mit offenem Hemdkragen zum Dinner erscheinen oder beim Festmahl mit Arabern ungeniert mit der als unrein geltenden linken Hand in die Reisschüssel fassen oder gar eine Einladung brüsk ablehnen.

Nicht mal die europäischen Nachbarn sind vor solchen Fehltritten sicher. Denn noch immer wissen viele der ins Ausland entsandten Führungskräfte nicht, daß die Skandinavier zum Beispiel Unpünktlichkeit verabscheuen, die Franzosen beim ausgedehnten Mittagessen keinesfalls über Geschäfte reden wollen und Bedienstete in spanischen Restaurants üppige Trinkgelder erwarten.

Mit Grausen erinnern sich manche der mit den Landessitten vertrauten Niederlassungsleiter deutscher Unternehmen an Besucher aus der heimischen Zentrale. Denn einerseits mußten sie vor Ort die Taktlosigkeiten ihrer Chefs rechtfertigen, andererseits waren sie zur Loyalität verpflichtet. Entnervt gestand mir der Leiter der brasilianischen Tochtergesellschaft eines deutschen Maschinenbaukonzerns: »Sie glauben nicht, wie ich mich für das Benehmen dieser Herren (gemeint waren drei Direktoren) geschämt habe.«

Insuffizienz

Weil die dumpfen Herren der Wirtschaft mit ihrem Latein schnell am Ende sind, wenn die Probleme unübersichtlich werden, blüht das Beraterunwesen. Nirgendwo sonst auf der Welt gibt es derart viele aushäusige »Medizinmänner« für die Wehwehchen in den Betrieben wie in Deutschland. Beraterfirmen müssen richten, was die Herren Manager verbockt haben. Sie krempeln ganze Konzerne um, entwickeln Marktstrategien und sorgen für die Schließung unrentabler Betriebsteile – alles Hausaufgaben des Managements. Selbst so einfache Pflichten wie die Suche nach neuem Personal, die Organisation der EDV oder die steuerrechtliche Optimierung der Bilanz überlassen die überforderten Führungskräfte gern den freien Beratern.

Keine andere Branche boomte in den letzten Jahren derart wie die der Consultants. Mit jährlichen Zuwachsraten von 15 und 20 Prozent schraubten die etwa 500 freien Beratungsgesellschaften ihren Honorarumsatz in den letzten Jahren auf derzeit etwa vier Milliarden DM hoch. Die drei Branchenführer McKinsey, Boston Consulting und Roland Berger beschäftigen jeweils mehr als 200 angestellte Berater und kassieren für deren Leistungen pro Kopf und Tag Honorare zwischen 3000 und 15 000 Mark.

Die üppigen Gehälter und ein Alleskönnerimage machen die Consultingfirmen zu den gefragtesten Anlaufadressen für die Absolventen der wirtschaftswissenschaftlichen Hochschulfakultäten. Nirgendwo sonst verdienen Berufsanfänger sechsstellige Gehälter, genießen ein derart hohes Know-how-Prestige, lernen so viele unterschiedliche Firmen kennen und arbeiten in so jungen Jahren mit den ranghöchsten Managern zusammen.

Zu bieten haben die teuren Firmendoktoren freilich oft nicht mehr als biedere Routinerezepte. Die Abgesandten des deutschen McKinsey-Statthalters Herbert Henzler zum Beispiel holen häufig abgestandene US-Importware aus ihren schwarzen Aktenköfferchen, wenn sie sich in die Chefetagen der deutschen Konzerne gedrängelt haben. Erst gingen sie mit der Idee hausieren, die einzelnen Bereiche eines Unternehmen zu selbständig abrechnenden Profit-Centers auszubauen, dann teilten sie vertikal strukturierte Konzerne wie BASF, Mannesmann oder Thyssen in einzelne Divisions auf, ehe sie schließlich mit ihrem aktuellen Bestseller hausieren gingen, der sogenannten Gemeinkostenwertanalyse (GKW). Darunter versteht man eine bestimmte Methode, sämtliche Kostenstellen eines Betriebs daraufhin abzuklopfen, wie sehr sie das Ergebnis beeinflussen.

Immer dann, wenn in deutschen Firmen die Gewinne zu schrumpfen beginnen, weil die Kosten ausufern, pflegen die dafür verantwortlichen Manager die Sparkommissare von McKinsey ins Haus zu holen. Für viel Geld durchkämmen die meist jungen Berater sämtliche Winkel des Unternehmens, um schließlich den überlasteten Vorständen zu verkünden, wo überall sie Entlassungen vornehmen sollten.

Seit der Veröffentlichung der MIT-Studie über die »schlanke« Produktionsweise der Japaner werden die Berater nicht müde, dieses Konzept, über das sich auch Deutschlands Bosse in jeder Buchhandlung informieren können, als ihren kostbarsten Rat anzubieten. Insbesondere Deutschlands Shootingstar Roland Berger trommelt seither unentwegt für die Verringerung der Fertigungstiefe, engere Zusammenarbeit mit Zulieferbetrieben, Umstellung der Logistik auf das »Just in time«-Verfahren und die Integration aller Fertigungsschritte von der Entwicklung bis zur Auslieferung – alles Ideen, die unsere Unternehmenslenker schon seit Jahren in Japan hätten studieren können.

Doch es ist natürlich nicht nur pure Faulheit oder schieres Unvermögen, was dem gestreßten Chef den Ruf nach dem Berater entlockt. Nicht selten erfüllen die teuren Gehilfen nämlich eine ganz andere Aufgabe, als ihnen eigentlich zugedacht ist. Das geschieht zum Beispiel dann, wenn sie von einem Vorstand ins Haus geholt werden, um einen personellen Kahlschlag im Beritt eines bestimmten Nebenbuhlers vorzunehmen. Da erhalten die »Medizinmänner« frühzeitig den Wink, wo sie mit ihren Sparvorschlägen ansetzen sollen, und um des fetten Honorars willen pflegen sie sich derlei Wünschen kaum zu widersetzen.

Auch dann, wenn ein Generaldirektor längst weiß, wie er seinen Laden umkrempeln muß, können ihm die fixen Jungs der Consultingfirma wertvolle Dienste leisten. Hier geht es dann nur noch darum, die Gegner einer Reorganisation im Vorstand mit einer sorgfältig ausgearbeiteten Analyse mundtot zu machen. Scheut der Vorstand den Konflikt mit den Gewerkschaften, wenn größere Entlassungen beschlossen sind, wird er ebenfalls ein schwer widerlegbares Beratergutachten anfordern, um seine Betriebs- und Aufsichtsräte zu überzeugen, obwohl er eigentlich Manns genug sein sollte, den eigenen Standpunkt nachdrücklich zu vertreten.

So werden die Unternehmensberater häufig für innerbetriebliche Machtkämpfe mißbraucht oder müssen die heißen Kastanien aus dem Feuer holen, die sich die Bosse nicht anzufassen getrauen. Zweifellos haben die Besseren unter ihnen viel dazu beigetragen, daß die deutschen Unternehmen relativ gut über die letzten Jahre kamen, und Branchenstars wie Herbert Henzler und Roland Berger zählen sicher zu den intelligentesten Managern, über die Deutschland derzeit verfügt.

Doch das Unbehagen an einer Branche, die das offenkundige Führungsdefizit der Managerkaste so schamlos ausnützt, bleibt. Zumal es viele der smarten Gurus von vornherein nur darauf abgesehen haben, in den Betrieben gnadenlos abzuzocken. Eine Umfrage des *Manager Magazins* bei den 400 größten deutschen Firmen brachte an den Tag, daß der Gegenwert für die Honorare in den meisten Fällen recht bescheiden ausfiel: Nur bei jedem vierten Projekt erfüllten die Gurus die Erwartungen ihrer Auftraggeber.

Allzu häufig freilich stellte sich heraus, daß die Auftraggeber gar nicht in der Lage waren, die Rezepte der Consultants in ihren Betrieben richtig anzuwenden. Ziehen sich die Berater nach Abschluß des Projekts zurück, dann geht häufig alles im alten Trott weiter. Als die Kostenkiller von McKinsey nach einer gründlichen Analyse des Automobilherstellers Audi in Ingolstadt feststellten, daß von den 38 000 Beschäftigten rund ein Viertel überflüssig wäre, schlossen die um den Betriebsfrieden besorgten Audi-Manager das Papier eilends in den Panzerschrank ein.

»Die meisten Berater haben keinerlei Managementerfahrungen, obwohl das eigentlich unerläßlich ist«, wetterte der ehemalige Topmanager Jürgen Peddinghaus, der nach seinem Rausschmiß bei Zigarettenhersteller Reemtsma als Consultant für den deutschen Ableger der US-Firma Booz, Allen and Hamilton arbeitet.

Wohl wahr, wie einer der Senioren des Gewerbes, Gerhard Kienbaum aus Gummersbach, höchstselbst bewies. Ende 1986 kaufte sich der erfolgreiche Unternehmensberater, einst nordrhein-westfälischer Wirtschaftsminister, bei der notleidenden Feuerwehrgerätefabrik Gebrüder Bachert mit zwei Millionen Mark ein. Nur ein halbes Jahr brauchte der als Unternehmenslenker unerfahrene Consultant, um den Betrieb in den Konkurs zu treiben. Ähnlich blamabel endete Kienbaums Engagement beim Kamerahersteller Minox. Zwar gelang ihm kurz vor Torschluß noch der Verkauf an einen holländischen Unternehmer, doch handelte er sich eine saftige Schadenersatzklage ein. Kienbaum hatte die Minox-Käufer angeblich im unklaren über millionenschwere Pensionsverpflichtungen gelassen.

Besonders übel trieben es die Berater der Consulting Company Kepler aus Fribourg in der Schweiz, die Dutzende mittelständischer Betriebe um fünfstellige Honorare erleichterten. Viele von Keplers Consultants machten sich mit der Masche des Chefs selbständig und eröffneten im Wege der Zellteilung immer neue Beratungsfirmen unter Namen wie Uniconsult, Universal Consultant, Alterna oder Real.

Die Masche dieser Honorarabgreifer blieb stets dieselbe: Erst keilten sie den Kunden mit dem Angebot einer preiswerten oder gar kostenlosen »Kurzanalyse«, die stets ergab, daß ein längerfristiges Beratungsprojekt dringend vonnöten sei, andernfalls die Firma in höchste Gefahr geriete. Biß der Kunde an, standen ihm bald ein paar unbedarfte Berater ins Haus, die seinen Betrieb gründlich durcheinanderwirbelten und es als ihre Hauptaufgabe betrachteten, die verschiedenen Abteilungen gegeneinander aufzuhetzen. Meistens hinterließen die Kepler-Jünger nicht viel mehr als ein heilloses Durcheinander, ein wertloses Gutachten und eine saftige Rechnung. Über 20 Millionen Mark sollen sie nach den Ermittlungen der Düsseldorfer Staatsanwaltschaft bei mittleren und kleineren Betrieben abkassiert haben. Ohne die Schwäche der deutschen Manager wären solche Raubzüge unseriöser Beraterfirmen kaum so erfolgreich verlaufen.

Wie die Consultants profitieren Tagungs- und Seminarveranstalter, Ausrichter von Kongressen und Verleger betriebswirtschaftlicher Know-how-Literatur von der Unsicherheit unseres Führungspersonals. Zuhauf pilgern die an ihrer Inkompetenz leidenden Angestellten in die obskursten Veranstaltungen, in der Hoffnung, die Direttissima zum Gipfel des Erfolgs zu entdecken. Gläubig lassen sie sich im »Prioritäten-Management« unterweisen, erlernen das »richtige Durchsetzungsvermögen in Führungspositionen«, büffeln nach der »Hirt-Methode« oder versuchen in die Geheimnisse der »EKS« des Strategielehrers Werner Mewes einzudringen.

Für teures Eintrittsgeld erfahren die ratsuchenden Vorstandsaspiranten in derlei Veranstaltungen meist nicht viel mehr als wohlfeile Weisheiten, die längst zum Allgemeingut eines jeden einigermaßen gebildeten Mitteleuropäers zählen sollten. Kaum ergiebiger ist die Lektüre der in immer größerer Zahl erscheinenden Bücher mit Nachhilfeunterricht für Manager. Mit Titeln wie *Musterreden für Führungskräfte, Die Kunst, erfolgreich zu verhandeln, Die Kunst der freien Rede, Fallstrick Intrige* oder *100 erfolgreiche Musterbriefe* schaffte beispielsweise der Weka-Verlag in Kissing bei Augsburg das schnellste Wachstum aller deutschen Buchverleger und katapultierte seinen Umsatz in kaum mehr als 20 Jahren von null auf 500 Millionen Mark empor.

Die Erfolge der selbsternannten Managementtrainer sprechen keineswegs für ein besonderes Bildungsinteresse, sondern künden vielmehr von erschreckenden Defiziten der Leistungsträger in unseren Betrieben. Wenn jemand nicht in der Lage ist, anständige Briefe zu schreiben, eine kleine Rede zu halten oder mit seinen Mitarbeitern richtig umzugehen, dann hat er an der Spitze eines Unternehmens nichts verloren. Die billigen Schnellkursverfahren im Halbleinenband helfen dagegen genausowenig wie der Besuch eines dreitägigen Kurzseminars zur Erlernung eines kooperativen Führungsstils.

Daß die Offiziere der deutschen Wirtschaft keineswegs jene strahlenden, unbesiegbaren Helden sind, als die sie sich selbst gerne sehen, beweist die sich häufende Kritik kompetenter Sachkenner. McKinsey-Chef Herbert Henzler zum Beispiel hält die Mehrzahl der deutschen Topmanager schlicht für überfordert: »Ein erstes Indiz artikuliert sich häufig darin, daß ich bei Leuten, wenn sie ehrlich mit mir reden, oft starke Verunsicherung fühle. Viele fragen sich ständig: Habe ich eigentlich etwas vergessen? Müßten wir mehr in Japan machen? Sind wir rechtzeitig in eine neue Technologie eingestiegen? Sie haben dauernd das Gefühl, nicht alles bedacht oder etwas Wichtiges übersehen zu haben und eigentlich nie zu einem Ergebnis zu kommen.«

In einem Vortrag vor dem Bundesverband der Deutschen Industrie las

Henzler den Bossen die Leviten: Die nachlassende Wettbewerbsfähigkeit der deutschen Wirtschaft sei zu zwei Dritteln den deutschen Managern anzulasten und nur zu einem Drittel den zu hohen Lohn- und Infrastrukturkosten. Das Führungspersonal der Unternehmen denke nicht marktorientiert genug und »optimiere die falschen Dinge«, womit der McKinsey-Mann auf die Fehler in der Arbeitsorganisation der Betriebe anspielte.

Auch Tom Sommerlatte, Europadirektor der amerikanischen Unternehmensberatung Arthur D. Little, beklagt den deutschen Provinzialismus und die borniertere Arroganz vieler Manager: »Bei mancher Firmenübernahme im Ausland hakt es bereits. Deutsche Unternehmenskäufer müssen tatsächlich oft eine Art ›Deutschen-Malus‹ zahlen, um sich den Zuschlag bei einem Unternehmensverkauf zu sichern.« Wenn die deutschen Manager nicht endlich damit anfangen, wirklich im europäischen Rahmen zu denken und die Kulturen unserer Nachbarn zu verstehen, besteht die Gefahr, daß das »Made in Germany« einen ganz neuen Unterton bekommt: »zu teuer, zuwenig innovativ, zu spät auf dem Markt«.

Wenn die deutsche Wirtschaft, die jetzt mit Verspätung von der weltweiten Rezession erfaßt wird, bisher noch einigermaßen gut über die Runden kam, dann gewiß nicht wegen unserer überragenden Managertalente. Zu verdanken haben wir dies, wie die McKinsey-Analysen belegen, in erster Linie den exzellent ausgebildeten Facharbeitern, Technikern, Ingenieuren und Kaufleuten auf den unteren Ebenen der betrieblichen Hierarchie.

Firmen mit Weltgeltung wie Daimler-Benz, Siemens, Bayer oder Thyssen sind nicht wegen, sondern trotz ihrer Topmanager erfolgreich. Denn die besten Produkte entstehen meist dort, wo sich die obersten Chefs heraushalten. BMW zum Beispiel wurde erst dann zu einem ernsthaften Konkurrenten von Daimler-Benz, als der langjährige Entwicklungsvorstand Karlheinz Rademacher in die Wüste geschickt wurde und sein Posten aus Mangel an einem geeigneten Nachfolgekandidaten eine Weile unbesetzt blieb.

Das war die Chance für ein hauseigenes Talent wie den jungen Entwicklungsingenieur Wolfgang Reitzle, sich mit rundum geglückten Modellentwürfen zu profilieren. Erst die Vakanz an der Spitze setzte jene Energien frei, die die junge Entwicklertruppe um Reitzle zu Höchstleistungen anspornte und der Firma half, zum großen Konkurrenten Daimler-Benz aufzuschließen. Viele andere Unternehmenserfolge der letzten Jahre sind dann auch eher das Ergebnis von Zufälligkeiten als das Resultat systematischen Managements.

4
DIE VERSÄUMNISSE DER MANAGER

In den fetten Jahren der Hochkonjunktur ging es der deutschen Wirtschaft insgesamt so gut, daß Fehlentwicklungen bei einzelnen Branchen oder Unternehmen nicht ins Gewicht fielen. Auch wenn pro Jahr zwischen 10 000 und 13 000 Betriebe in Konkurs gingen oder Vergleich anmelden mußten, wenn einzelne Großunternehmen wie AEG, Nixdorf und Triumph-Adler in schwere Krisen gerieten und massenhaft Leute entlassen mußten, so schienen das ganz normale Entwicklungen innerhalb einer offenen Wettbewerbs- und Leistungsgesellschaft zu sein.

Doch je tiefer die deutsche Wirtschaft in den vergangenen Monaten in eine Phase der Rezession eintauchte, je spärlicher die Aufträge eintröpfelten, je weiter die Gewinnschätzungen für die großen Aktiengesellschaften nach unten korrigiert wurden, desto deutlicher machten sich die Versäumnisse aus den »goldenen Jahren« bemerkbar.

Waren es zuerst nur einzelne Fachleute wie die Unternehmensberater von McKinsey und Roland Berger oder Wirtschaftswissenschaftler wie der St.

Gallener Ökonomieprofessor Friedmund Malik, die auf schwerwiegende Fehlentwicklungen innerhalb der deutschen Wirtschaft aufmerksam machten, so gesellten sich mittlerweile selbst ausgesprochen industriefreundliche Medien wie das *Manager Magazin* oder die *WirtschaftsWoche* ins Lager der Kritiker. Und sogar einige jener Topmanager, die noch vor ein paar Jahren kräftig zu den Fehlentwicklungen beigetragen haben, bemühen sich seit kurzem nach Kräften um Korrekturen.

Dazu gehören Daimler-Chef Edzard Reuter ebenso wie BMW-Boß Eberhard von Kuenheim oder Wolfgang Hilger, der Herr über den Chemiekonzern Hoechst. Reichlich spät bemerkten diese Konzernchefs, daß ihre hemmungslose Expansion die Kosten ausufern ließ und ihre Betriebe zu fett, zu schwerfällig und zu ineffizient gemacht hatte. Mit rigiden Sparprogrammen versuchen sie nun, dem bedenkenlosen Geldausgeben ihrer Führungskräfte einen Riegel vorzuschieben und ihre Konzerne insgesamt schlanker und leistungsfähiger zu machen.

Die Versäumnisse der fetten Jahre freilich sind viel gravierender, als daß sie durch bloße Einsparvorschriften korrigiert werden könnten. Denn es geht nicht nur darum, die Kosten zu senken, sondern um eine grundlegende Reform im Denken und Handeln der deutschen Manager.

Die Fehler, die sie in den vergangenen Jahren machten und die jetzt in der Rezession wie auf einem Großbildschirm in scharfen Kontrasten hervortreten, hätten sich leicht vermeiden lassen. Sie haben ihre Ursache weder in einer mangelnden Ausbildung, noch in einer zu geringen Leistungsbereitschaft der Führungskräfte, sondern in einer Art kollektiver Hybris. Die Sucht der Manager, soviel Macht wie nur möglich zu konzentrieren, ihr permanentes Bestreben, sich nach allen Seiten abzusichern und keinerlei Risiken einzugehen, ihr Laufbahn- und Statusdenken, ihre Abneigung gegenüber der Notwendigkeit zu Improvisationen, ihre Unfähigkeit, anderen echtes Vertrauen entgegenzubringen –, das sind die tieferen Ursachen für die schwachen Leistungen vieler Betriebe.

Sie führen zu jenen Fehlentwicklungen, vor denen jetzt die Fachleute warnen und die in den nächsten Jahren die Wettbewerbsfähigkeit unserer Wirtschaft erheblich schwächen dürften.

Die Technologielücke

Zahlreiche Studien belegen, daß das Management den technologischen Vorsprung, den deutsche Unternehmen auf vielen Gebieten besaßen, im letzten Jahrzehnt verspielte. Auf einigen strategisch bedeutsamen Gebieten gerieten die deutschen Unternehmen sogar in einen deutlichen Rückstand gegenüber den Konkurrenten aus den USA und Japan.

Die Unternehmensberater von McKinsey orteten zum Beispiel »fundamentale Produktivitäts- und Innovationsnachteile« der Deutschen, und die Experten der Boston Consulting Group kamen zu dem Ergebnis, »daß wir zwar das technische Potential besitzen, aber im Vergleich zur Weltkonkurrenz zu langsam geworden sind«. Abgehängt haben uns die Japaner vor allem in der alles entscheidenden Schlüsseltechnologie der Chip-Fertigung.

In der gesamten verarbeitenden Industrie geht schon lange nichts mehr ohne die winzigen Mikrochips. Wo immer Maschinen gesteuert und geregelt werden müssen, wo eine Fülle von Daten zu erfassen und zu verarbeiten ist, braucht man die größtenteils aus japanischen Fabriken stammenden Prozessoren und Speicherbausteine. Wenn es den japanischen Herstellern wie NEC, Hitachi oder Toshiba gelingen sollte, woran eigentlich kaum mehr jemand zweifelt, bis zum Jahr 2000 ein Chip-Weltmonopol zu errichten, dann geraten alle Abnehmer in eine geradezu tödliche Abhängigkeit. Resigniert meint Hans-Joachim Queisser, Direktor am Stuttgarter Max-Planck-Institut für Festkörperphysik: »Die Sache ist gelaufen, es ist aus. Wir haben keine Chance mehr gegen die Japaner.«

Nur noch vier deutsche Hersteller sind in diesem Geschäft dabei: Siemens, Bosch und Telefunken Elektronik sowie deren Tochter Eurosil. Marktbedeutung hat freilich nur der Münchner Siemens-Konzern, und der schreibt mit seinem Unternehmensbereich Bauelemente seit Jahren rote Zahlen. Obwohl das Bonner Forschungsministerium die Entwicklung neuer Mikrochips mit dreistelligen Millionenbeträgen förderte, von denen der größte Teil in den Siemens-Kassen landete, schafften die Münchner bis heute nicht den Anschluß ans japanische Niveau.

Während sich nämlich die fernöstlichen Produzenten auf den strategisch bedeutsamen Massenmarkt der Speicherchips konzentrierten, verzettelten sich die Deutschen mit einer Vielzahl von Spezialitäten. Damit waren zwar interessante Anwendungen, zum Beispiel in Heizkraftwerken oder Flugsimulatoren, zu erzielen, doch für die Weiterentwicklung der Basistechnologie spielten derlei Pretiosen keine Rolle.

Bei der Chip-Fertigung geht es generell darum, stets noch mehr einzelne Schaltelemente auf einer winzigen Fläche, vergleichbar der eines Daumennagels, unterzubringen, und mit schöner Regelmäßigkeit schafften es die Chip-Hersteller aus Fernost, spätestens alle vier Jahre die sogenannte »Integrationsdichte« zu vervierfachen. Konnten die Chips zu Beginn der 80er Jahre erst eine Informationsmenge von 64 KBit speichern, so sind die heutigen RAMS in der Lage, bis zu vier Millionen Bits festzuhalten. Die nächsten Schritte sind schon vorgezeichnet: Bald wird es 16-MB-Speicher geben – die Labormuster existieren bereits –, und dann wird auch der 64-MB-Chip nicht mehr lange auf sich warten lassen.

Solange es nur darum geht, die Schaltpläne auf die immer neuen technischen Möglichkeiten abzustimmen und auch erste Labormuster herzustellen, können die Siemens-Fabriken in Regensburg und Villach durchaus noch mithalten. Doch sobald die Serienfertigung anlaufen soll, setzt in den Reinst-Räumen, wo pro Kubikmeter Luft nicht mal ein unsichtbares Staubkörnchen von einem zehntel Millimeter Durchmesser herumschwirren darf, das Chaos ein. Denn bis heute haben es die Manager nicht verstanden, die Produktionsabläufe so zu vereinfachen, daß ihre zur strengsten Reinlichkeit verpflichteten Mitarbeiter es schaffen, mehr fehlerfreie als fehlerhafte Chips auszuliefern.

Die jeweils neuesten Hochleistungsspeicher sind eine leicht verderbliche Ware. Bringen sie zu Beginn eines Produktionszyklus Preise von über 100

Dollar das Stück, so erlösen die Hersteller schon nach ein bis zwei Jahren nur noch ein Zehntel davon. Die Preise fallen in dem Maße, wie die Hersteller den Ausstoß steigern, und nur wer von Anfang an mit möglichst hohen Stückzahlen dabei ist, hat eine Chance, die enormen Investitionen wieder hereinzuspielen. Siemens allein investierte zum Beispiel in seine Regensburger Fabrik über eine Milliarde Mark, und der »Break-Even-Point« ist noch in weiter Ferne. Ob er jemals erreicht wird, erscheint höchst fraglich, denn längst mußten die Konzernmanager einsehen, daß sie allein nicht mehr in der Lage sind, das hohe Innovationstempo der Japaner mitzugehen.

Hinter vorgehaltener Hand machen sie ihre Belegschaften und die Gewerkschaften für den immer größer werdenden Rückstand verantwortlich. Mal heißt es, die deutschen Arbeitnehmer hätten einfach nicht die Disziplin ihrer japanischen Kollegen, die ohne zu murren auf Zigaretten, Kosmetika und Haarspray verzichten, um nur ja nicht den heiklen Produktionsprozeß zu stören. Ein andermal sind die Gewerkschaften schuld, weil sie sich im Interesse der Arbeitnehmer gegen einen Drei- oder Vierschichtenbetrieb sperren. Doch alle diese Argumente ziehen wenig, da zum Beispiel der amerikanische Computer- und Chip-Produzent IBM es auch in seinen deutschen Fabriken schafft, nahezu zeitgleich mit den Japanern die jeweils nächste Chip-Generation auszuliefern. Freilich kann niemand die Qualität der IBM-Fertigung prüfen, da »Big Blue« ausschließlich für den eigenen Bedarf produziert.

Um nicht hoffnungslos zurückzufallen, verbündeten sich die Chip-Bastler von Siemens erst mit dem japanischen Rivalen Toshiba, dem sie die Lizenz für die Fertigung des 1-MB-Chips abkauften, und neuerdings sogar mit dem Erzrivalen IBM. Derlei Allianzen mögen dazu beitragen, das Defizit etwas zu verringern, doch sie kaschieren nur die bittere Tatsache, daß die deutsche Industrie auf dem wohl wichtigsten Gebiet der Hochtechnologie den Anschluß verloren hat.

Dreist versuchen die dafür verantwortlichen Manager bei den Elektronikkonzernen nun, sich ihr Versagen mit weiteren Subventionen bezahlen zu lassen. Denn anders als dreist kann man die Art, wie Siemens, IBM, Daimler und

Bosch jetzt Bonn und die EG für den Bau einer gemeinsamen Chip-Fabrik bei Dresden zur Kasse bitten, kaum nennen.

Daß derlei Gemeinschaftsprojekte am Egoismus der Konzernmanager scheitern, die zu einer wirklichen Zusammenarbeit gar nicht fähig sind, das bewies zuletzt das staatlich geförderte 7-Milliarden-Mark-Projekt »Jessi« (Joint European Submicron Silicon Initiative). Ursprünglich gedacht, den Vorsprung der Japaner in der Chip-Produktion gezielt anzugreifen, verkümmerte »Jessi« unterm Einfluß der Industriemanager zum Subventionstopf für 80 verschiedene Einzelprojekte. Jetzt geht es nicht mehr um industriestrategische Ziele, sondern nur noch um möglichst hohe Firmenzuschüsse.

Resigniert kommentierte Hans-Joachim Queisser: »Europa wird nur durch gezielte Ansiedlung ausländischer Hersteller noch nennenswerte Mikroelektronik erzeugen können.«

Die Liste der verpatzten Chancen ist damit nur um ein weiteres Kapitel verlängert worden. Nach der Technologiestudie von McKinsey sind die Deutschen sowohl in der gesamten Elektronik als auch in der Informations- und Kommunikationstechnik sowie in der Bio- und Gentechnik längst ins zweite Glied abgerückt.

In der für die nächsten Jahre wohl bedeutsamsten Schlüsseltechnologie der Informations- und Kommunikationstechnik stammt schon fast jedes zweite Patent aus Japan, während es die Europäer zusammen gerade auf 28 Prozent der Patentanmeldungen bringen. Als die McKinsey-Forscher nach den weltweit besten Unternehmen in den sechs wichtigsten Industriebranchen suchten, fanden sie zwar viele japanische und amerikanische Unternehmen, aber nur ganz wenige aus Old Germany. Lediglich die BASF (Chemie) und Daimler-Benz (Automobile) tauchen bei den jeweils sieben Branchenbesten auf.

Obwohl die deutschen Unternehmen überdurchschnittlich viel Geld in ihre Forschungs- und Entwicklungsabteilungen stecken – bei Siemens sind es fast zehn Prozent vom Umsatz –, erzielen sie damit nur magere Resultate. Die Ursachen dafür liegen nach den Erkenntnissen etwa der Boston Consulting

Group weniger bei den Wissenschaftlern und Technikern, sondern vielmehr in einem inkompetenten und wenig effizienten Management der F + E Budgets.

Häufig verzetteln sich die Firmen mit einer Vielzahl von Forschungsprojekten, von denen dann nur wenige zu einem marktgängigen Produkt führen. Weitere Fehler der deutschen Forschungsmanager sind das sogenannte Over-Engineering, also die Sucht perfektionistischer Tüftler, ein neues Produkt zu Tode zu entwickeln, sowie die Unfähigkeit vieler Forschungschefs, klare Prioritäten zu setzen.

Nicht selten kommt es vor, daß in Konzernen wie Daimler-Benz oder Siemens verschiedene Entwicklerteams am selben Problem arbeiten, ohne voneinander zu wissen. Der Brotneid prestigesüchtiger Entwickler hemmt das Innovationstempo ebenso wie die Ignoranz ihrer kaufmännisch ausgebildeten Vorgesetzten, die echte Resultate nicht von Potemkinschen Dörfern unterscheiden können. Obwohl die Japaner insgesamt weniger Geld für Neuentwicklungen ausgeben, sind sie auf den meisten Gebieten der Hochtechnologie erfolgreicher als die Deutschen.

Fachleute von McKinsey oder Roland Berger führen dies darauf zurück, daß die Konzerne in Osaka und Tokio grundsätzlich näher am Markt operieren als die traditionell einer starken Grundlagenforschung verpflichteten deutschen Unternehmen. So kommt es, daß japanische Firmen Entwicklungen deutscher Unternehmen nutzen, um Milliardenmärkte zu erschließen.

Die ersten Telefaxgeräte zum Beispiel basierten auf Entwicklungen bei der Siemens-Tochter Hell. Doch die Siemens-Manager wollten diese Technologie nicht weiter forcieren, weil sie befürchteten, dadurch das lukrative Geschäft mit traditionellen Fernschreibern zu gefährden. Eine verhängnisvolle Fehleinschätzung, denn während das Geschäft mit den altertümlichen Telexgeräten schrumpfte, machten die Japaner aus dem Telefax ein weltweit verbreitetes Massenkommunikationsmittel von der Bedeutung des Telefons.

Siemens ist in diesem Milliardengeschäft nur noch als Trittbrettfahrer dabei. Der Konzern bezieht seine Telefaxgeräte aus Japan und verkauft sie wie ein beliebiger Zwischenhändler, allerdings mit dem irreführenden Siemens-Label.

Wie wenig Gespür die deutschen Firmenlenker für den Marktwert technischer Neuerungen besitzen, zeigte sich auch bei einer weiteren Schlüsseltechnologie, den LC-Displays. Diese Flachbildschirme, die zur Entwicklung der Laptop-Computer führten und die möglicherweise bald die herkömmlichen Bildröhren auch in Fernsehgeräten ersetzen werden, basieren auf einer deutschen Erfindung. In den Labors der Darmstädter Pharmafirma E. Merck entstanden zuerst jene Flüssigkristalle, die, unter Strom gesetzt, hell aufleuchten und so zu Ziffern, Buchstaben, Grafiken oder gar kompletten Fernsehbildern zusammengestellt werden können.

Kein deutscher Hersteller zeigte sich interessiert, als die Forscher aus Darmstadt nach Anwendern für ihre neue Entwicklung suchten. Japaner haben heute das Geschäft mit den LC-Displays voll im Griff. Weltmarktführer ist die Nipponfirma Sharp, und auch alle anderen Lieferanten der hochauflösenden Flachbildschirme kommen aus dem Land der aufgehenden Sonne.

Systematisch kippen die smarten Fernostcompanies ihre deutschen Wettbewerber aus den strategisch bedeutsamen High-Tech-Märkten, und diese machen es ihnen oft nur allzu leicht. Vor fünf Jahren zum Beispiel war die im bayerischen Burghausen ansässige Wacker-Chemie GmbH der bedeutendste Lieferant von Reinst-Silizium, dem Basismittel für alle Microchips. Doch weil die Deutschen zu teuer wurden und die ständig steigenden Anforderungen an die Reinheit des verarbeiteten Siliziums nicht hinreichend zu erfüllen vermochten, wurden sie vom japanischen Konkurrenten Shin-Etsu weitgehend verdrängt.

Scheinbar widerstandslos lassen sich die Deutschen aus allen Technologien, die zur Herstellung der Microchips benötigt werden, hinausdrängen. Ob es um spezielle Chemikalien, Lacke, optische Geräte oder Bearbeitungsmaschinen geht: Wenn allerhöchste Präzision und Reinheit gefragt sind, bleiben die Deutschen meist auf der Strecke.

Dieses Schicksal scheint auch dem einst hoffnungsvollsten deutschen Hochtechnologieprojekt beschieden zu sein, das seit vielen Jahren von Bonn mit Millionenbeträgen gefördert wird: der Röntgenstrahllithographie. Weil schon vor zehn Jahren absehbar war, daß die optische Lithographie, mit deren Hilfe die hauchfeinen Strukturen der Chips belichtet werden, irgendwann an ihre physikalischen Grenzen stößt, begannen Wissenschaftler der Fraunhofer-Gesellschaft den Versuch, die relativ langwelligen Lichtstrahlen durch kürzerwellige Röntgenstrahlen zu ersetzen.

Und noch vor wenigen Jahren schien es, als ob die Deutschen in dieser völlig neuen Technologie einen Vorsprung erarbeitet hätten, der es den heimischen Firmen ermöglichte, bei den Chips der übernächsten Generationen die Japaner abzuhängen. Auch diese Hoffnung ist längst begraben, denn erstens bewiesen die fernöstlichen Chip-Produzenten, daß die optische Lithographie noch lange nicht am Ende ist, und zweitens zogen sie auch in der Entwicklung der Röntgenstrahllithographie schon an den Deutschen vorbei, die ihre Kräfte im Gerangel um Kompetenzen und Forschungsgelder zerrieben.

Ähnlich verläuft die Entwicklung bei einer zweiten Zukunftstechnologie: den Chips aus Galliumarsenid. Das hochgiftige Material ermöglicht, das erkannten Wissenschaftler beim Münchner Siemens-Konzern zuerst, den Bau extrem schnell schaltender Microprozessoren. Auch hier schien es anfangs so, als ob die Deutschen endlich einen Weg gefunden hätten, auf einem Spezialgebiet der Microelektronik die Konkurrenz zu schlagen.

Die Freude währte nur kurz, denn erstens tauchten mit den sogenannten Risc-Prozessoren extrem schnelle Chips in herkömmlicher Bauweise auf, und zweitens kamen die Japaner auch bei der Galliumarsenid-Technik schneller voran als die umständlichen Deutschen.

Und wenn nicht alles täuscht, sind unsere tüchtigen Manager gerade dabei, auf einem anderen, kaum weniger bedeutsamen Feld ihre Chancen zu verspielen. Es geht um ein wundersames Riesenmolekül namens C 60, das nach den Meinungen maßgeblicher Chemiker bahnbrechende Entwicklungen auf den verschiedensten Gebieten in Gang setzen wird. Seit es dem Heidelberger Physiker Wolfgang Krätschmer Anfang 1991 gelang, das erste C-60-Molekül im Labor zu erzeugen, investieren Konzerne wie Exxon, Du Pont, Mitsubishi und IBM Riesensummen in die C-60-Forschung.

Wenn die Fachleute recht behalten, führt die Entwicklung zu völlig neuartigen Kunststoffen, die elektrischen Strom fast widerstandslos leiten können, zu leistungsfähigeren Batterien für Elektroautos, zu neuen Hochleistungsrechnern, zu verbesserten Verbrennungsmotoren wie zu wirksameren Arzneimitteln. Doch schon zeichnet sich ab, daß die deutschen Interessenten, darunter Konzerne wie BASF, Daimler-Benz und Siemens, gegenüber den massiven Forschungsanstrengungen ihrer ausländischen Rivalen ins Hintertreffen geraten. Klagt C-60-Pionier Krätschmer: »Die deutsche Industrie ist, was längerfristige Projekte angeht, zu risikofeindlich.«

Also zeigt sich auch hier das vertraute Bild: Deutschlands Forscher stehen an vorderster Front, doch das risikoscheue Management bringt sie um die Früchte ihrer Arbeit. »Einem deutschen Manager ist es egal, ob seine Fabrik Microchips oder Kartoffelchips ausspuckt«, spottete auf der Bürofachmesse CeBIT ein Unternehmensberater, »solange sie nur Geld damit verdient.« Tatsächlich hat die Hochtechnologie in der deutschen Industrie nie jene Faszination erlangt wie etwa in den USA oder in Japan. Dort entstanden High-Tech-Brutstätten wie das Silicon Valley in Kalifornien oder die Forschungsstadt Tsukuba, wo die besten Köpfe der Nation im Auftrag mächtiger Konzerne zielstrebig die Geschäfte des Jahres 2000 vorbereiten, während hierzulande nicht mal eine Zeitschrift mit dem Titel *High Tech* genügend Leser findet.

Verhängnisvoll könnte sich letzten Endes auch der Zuwachs der neuen Bundesländer auswirken. Was zuerst als Riesenchance für die deutsche Wirtschaft begriffen wurde, offenbart bei näherer Betrachtung eine tödliche Gefahr: Die Sanierung der ehemaligen DDR bindet so viel Kapital und »human resources« in konventionellen Bereichen wie der Bauindustrie, dem Schiffbau, der Chemie oder der Automobilindustrie, daß darüber strategisch bedeutsamere Aufgaben wie die Zukunftstechnologien oder die Internationalisierung der Wirtschaft vernachlässigt werden.

Wenn Siemens zum Beispiel den Forschungsetat kürzt, um die vielen in der Ex-DDR zugekauften Low-Tech-Betriebe zu sanieren, dann erhöht das möglicherweise zwar kurzfristig den Gewinn, rächt sich aber mit Sicherheit in der Zukunft. »Im Jahr 2000 sehen wir uns wieder!« zitiert *Der Spiegel* in seiner Titelgeschichte über den »Chipkrieg« einen japanischen Konzernboß. Wir brauchen nicht viel Phantasie, um uns auszumalen, was passieren wird, wenn es denn soweit ist: Unisono fordern die deutschen Konzernlenker von der Bundesregierung Subventionen für ihre unrentablen Produktionsstätten und von Brüssel höhere Zölle und Einfuhrbeschränkungen für die Flut von smarten High-Tech-Produkten, mit denen die Japaner den europäischen Markt überschwemmen werden.

Der Größenwahn

Die liebste Beschäftigung vieler deutscher Unternehmenschefs war während der letzten zehn Jahre das Einkaufen. Weil ihnen das Wachstum ihrer Gesellschaften zu langsam erschien, weil sie sich stets mit größeren und mächtigeren Konkurrenten verglichen und weil sie genügend Geld in den Kassen hatten, kauften sie auf Teufel komm raus immer neue Betriebe dazu.

Allein im Jahre 1987 registrierte das Bundeskartellamt rund 900 Firmenzusammenschlüsse, und ein Jahr später waren es knapp 1000. Einschließlich der nichtgenehmigungspflichtigen Übernahmen wurden damals also pro Jahr mindestens 2000 neue Firmenehen gestiftet. Der unersättliche Hunger der deutschen Topmanager nach mehr Größe, Macht und Ansehen brachte schließlich eine völlig neue Branche von Dienstleistungsunternehmen hervor, die Spezialisten für Mergers & Acquisitions.

Auf der Suche nach passender Beute, die sie ihren wohlhabenden Jagdherren vor die Flinte zu treiben hatten, durchstreiften die hochbezahlten Scouts die Firmenlandschaften Europas und Amerikas. Es war die Zeit, in der sich der Stromlieferant RWE das Tankstellennetz der Texaco griff und in den USA den Druckmaschinenhersteller Harris Graphics an Land zog, als Siemens den britischen Elektronikkonzern Plessey einwickelte und Nestlé die Rowntree-Gruppe schluckte. Das Motto der leitenden Angestellten in den Konzernzentralen, die sich oft wie Napoléon Bonaparte und Kaiser Wilhelm in einer Person aufführten, hieß im Managerslang »Diversifikation«.

Darunter verstanden sie, ins schlichte Deutsch übersetzt, die Absicht, aus einem Bonbonladen ein Kolonialwarengeschäft zu machen. Die Idee war nicht neu, doch zu diesem Zeitpunkt eigentlich längst überholt. Schon die ersten Großunternehmen auf deutschem Boden, die Fernhandelsgesellschaften der Fugger und Welser im 16. Jahrhundert, betrieben branchenübergreifende Geschäfte, indem sie Kanonenfabriken, Banken oder Agenturen für Sklavenhandel gründeten.

Obwohl diese Allzweckunternehmen später von spezialisierten Betrieben aus dem Feld geschlagen wurden, erfuhr die Idee nach dem 2. Weltkrieg eine späte Renaissance. Multiunternehmer wie Howard Hughes und James Ling in den USA, »Tiny« Rowland in Großbritannien und Friedrich Flick in Deutschland bündelten ihre Unternehmen, die sie mehr oder weniger zufällig zusammengerafft hatten, zu sogenannten Konglomeraten.

Der angepeilte Risikoausgleich klappte jedoch nur selten, immer häufiger aber gerieten die zentral gesteuerten Gemischtwarenläden wegen ungenügender Gewinn- und Wachstumsraten in Turbulenzen und brachen, wie zuletzt die Flick-Gruppe, im Lauf der Zeit wieder auseinander.

Den historischen Erfahrungen zum Trotz, schraubten Konzernlenker wie Edzard Reuter von Daimler-Benz, Friedhelm Gieske vom Stromversorger RWE und Werner H. Dieter von Mannesmann erneut riesige Konglomerate zusammen. Und stets motivierten die machtbesessenen Strategen ihre teuren Zukäufe mit der Hoffnung auf sogenannte Synergieeffekte. In der Medizin versteht man darunter das sinnvolle Zusammenwirken mehrerer Organe, in der Milchmädchenrechnung der Konzernherren hieß das Ergebnis schlicht: $1 + 1 = 3$.

In der Praxis kam meist ein bißchen weniger heraus. Mit Ausnahme des RWE, das durch seine fest am Netz hängenden Kunden garantierte Einnahmen hat, verschlechterte sich das Ergebnis bei allen zu Konglomeraten aufgeblähten Monokonzernen. Schon bei gewöhnlichen Firmenfusionen, das fanden die McKinsey-Forscher heraus, gehen zwei Drittel schief. Der Konzern wird nach dem Zukauf nicht stärker, sondern schwächer, weil die Manager der beiden fusionierten Unternehmen meist nicht miteinander, sondern gegeneinander arbeiten.

Kauft sich ein Konzern aber in völlig fremde Branchen und Geschäftsfelder ein, nimmt das Risiko eines Fehlschlags weiter zu. Für gewöhnlich wird der Käufer nämlich auf seine Stärke und Erfahrung pochen und die Führungskräfte des zugekauften Unternehmens allenfalls als unmündige Juniorpartner betrachten. Bis er begriffen hat, wie das fremde Geschäft wirklich funktioniert, sind ihm meist die besten Kunden und Mitarbeiter abhanden gekommen.

»Die schlichte Unfähigkeit der Manager, Synergiepotentiale überhaupt zu erkennen«, ist nach Ansicht der auf Firmenfusionen spezialisierten Frankfurter Unternehmensberater Matthias Hirzel und Thomas Leder einer der wesentlichen Gründe für das Scheitern so vieler Zusammenschlüsse.

Wie schwierig es ist, eroberte Firmen auf Kurs zu bringen, das mußte selbst ein so energischer und routinierter Konzernlenker wie Werner H. Dieter erkennen. Der erste Mann von Mannesmann steigerte durch permanente Zukäufe den Umsatz seines Konzerns in den letzten fünf Jahren zwar um gut 50 Prozent, doch die Gewinne gingen auf Talfahrt. Grund: Die Konzernmanager wurden mit den angekauften Problemen nicht fertig. Widerspenstige Chefs bei den Tochtergesellschaften und machtbewußte Minderheitsgesellschafter torpedierten die Pläne und Weisungen aus der Zentrale. Mit Freude schnappten sich zum Beispiel die Stoßdämpferverkäufer der Konzerntochter Fichtel & Sachs Kunden aus der Klientel der Konzerntochter Boge, die ebenfalls Stoßdämpfer verkaufen wollte.

Und so, wie sich die gekaperten Mannesmann-Töchter gegen ihren Freier zur Wehr setzten, übten fast überall die Führungskräfte übernommener Firmen passiven Widerstand. Ob Daimler bei der AEG, VW bei Triumph – Adler,

RWE bei Texaco oder Hoesch bei Orenstein & Koppel – stets stießen die eroberungssüchtigen Bosse auf Widerstandsnester, die weder mit Geld noch Schmeicheleien zu knacken waren.

»Der Begriff der Synergie hat in vielen Fällen dazu herhalten müssen, unzureichend durchdachte Übernahme- oder Fusionsprojekte zu begründen«, erkannte der Fusionsexperte Dr. Jörg Schneider bei der Unternehmensberatung SCS Management Consultants in Hamburg.

Und *WirtschaftsWoche*-Chefredakteur Dr. Volker Wolff legte nach: »Wer von Synergie und Diversifikation schwärmt, merkt oft nicht, daß er nur der Verlockung der Größe erlegen ist und mit seiner Eitelkeit das Geld der Aktionäre riskiert.«

Die blutigen Nasen, die sich viele Konzernlenker in den letzten Jahren bei ihren Firmenkäufen holten, sind die Quittung für übertriebenen Ehrgeiz und schlichten Leichtsinn. Da sie alles nur aus der Vogelperspektive betrachteten, waren sie meist gar nicht in der Lage, mögliche Synergien zu erkennen.

Die Autobauer von VW zum Beispiel verstanden nichts von Büromaschinen, als sie im Jahre 1979 rund 630 Millionen Mark für die marode Firma Triumph Adler hinblätterten. Ein Branchenkenner hätte schon damals wissen müssen, daß die Produkte und Produktionsanlagen der einstigen Grundig-Firma hoffnungslos veraltet waren und daß sie keine Chance gegen die auf den Büromaschinenmarkt drängenden Computerhersteller wie IBM, Nixdorf oder Olivetti hatten.

Weil die Wolfsburger Konzernfürsten das nicht wußten, pumpten sie noch rund eine Milliarde Mark in das Unternehmen, ehe sie es für müde 150 Millionen an den Konkurrenten Olivetti abstießen. Die Zeche bezahlten, wie stets, die Mitarbeiter, Kunden und Aktionäre des Konzerns in Form entgangener Prämien und überhöhter Preise, dürftiger Dividenden und massiver Kursverluste.

Auch der Traum der stählernen Bosse an Rhein und Ruhr, ihre Montan-Konzerne durch Zukäufe schnuckliger High-Tech-Betriebe aufzuwerten, endete häufig mit einem Debakel. Nur vier Jahre lang schmückte sich beispielsweise die Thyssen AG mit dem Softwarehaus Ikoss, bevor sie es nach ansehnlichen Verlusten enttäuscht wieder verscherbelte. Und möglicherweise trennt sich auch Hoesch von den zugekauften High-Tech-Betrieben mbp (Automations-Software), Rafi (Computertastaturen) und Schroff (Elektronikschränke) wieder, da die Stahlmanager mit den so ganz anderen Geschäften ihrer Töchter nicht klarkommen.

In vielen Unternehmen hat die Götterdämmerung also bereits eingesetzt, und das ist gut so. Die wilden Raubzüge der 80er Jahre rissen tiefe Löcher in die Konzernkassen, und einst so omnipotente Firmenkäufer stehen heute vor einem Scherbenhaufen. Wahl des falschen Partners, Ungeschicklichkeiten bei der Eingliederung in den Konzernverbund, mangelnde Kenntnis des neuen Geschäftsfeldes und eine zu geringe Berücksichtigung der andersartigen Unternehmenskultur, das sind die häufigsten Fehler, die die Manager bei den Firmenfusionen in den vergangenen Jahren machten. Ihr Größenwahn kam sie teuer zu stehen, denn die zügellose Expansion führte in vielen Fällen nicht zu der erhofften Steigerung, sondern zu einer Schwächung der Wettbewerbsfähigkeit.

Schwerverdauliche Zukäufe machten die Firmen fett, träge und unübersichtlich. Sie häuften Konfliktpotential an, senkten die Leistungsbereitschaft der Mitarbeiter und waren in vielen Fällen die Ursache für die Verschlechterung im Betriebsklima. Oft genügten schon kleine Unterschiede im Gehaltsgefüge oder in den Sozialleistungen, um Neid und Mißgunst aufkommen zu lassen. Und gerade bei solchen Problemen bewiesen die taktvollen Herren der Wirtschaft, daß sie von Menschenführung nicht viel verstehen.

Das geplante Chaos

So schön die durchgestylten Verwaltungsgebäude vieler Unternehmen von außen aussehen – im Inneren herrscht oft das blanke Chaos. Chaotenbetriebe findet man allerdings weniger unter den jungen, am Rand des Wirtschaftsgeschehens dahindümpelnden Firmen als vielmehr mitten im Zentrum der

Großindustrie. Sie tragen auch durchaus vertraute Namen, wie Daimler-Benz, Siemens, Philips oder Hoechst.

Selbstverständlich würden sich die leitenden Herren mit Vehemenz gegen den Vorwurf wehren, sie wären Chaoten und ruderten ziemlich orientierungslos durch den Alltag. Denn nach ihrem Selbstverständnis dienen sie einem höchst effizienten, weltberühmten und äußerst klar strukturierten Unternehmen. Daß dem nicht so ist, wissen allenfalls die Klügeren unter den Bossen an der Spitze der Konzerne.

Welch anderen Grund hätte zum Beispiel Karlheinz Kaske, der oberste aller Siemensianer, gehabt, einen Großteil seiner Energie und Arbeitszeit für die radikale Umstrukturierung seines Konzerns einzusetzen? Die völlige Neuordnung ihrer Imperien schien auch den Herren Reuter (Daimler-Benz), Timmer (Philips) und Hilger (Hoechst) ein probates Mittel, ihre unübersichtlich gewordenen Imperien wieder in den Griff zu bekommen. Die Ergebnisse sind zumindest bei Daimler und Hoechst derzeit noch sehr umstritten, und möglicherweise müssen beide Konzerne in absehbarer Zeit nochmals gründlich umgekrempelt werden.

Das Chaos hat bei den Industriegiganten System, denn ihre heutige Form ist das Resultat historisch gewachsener Strukturen auf der einen und künstlicher Organisationspläne auf der anderen Seite. Auf dem Papier sehen Konzerne, beispielsweise Hoechst, einfach und übersichtlich aus, klar gegliedert nach Unternehmens- und Zentralbereichen. In den Unternehmensbereichen wird das Geschäft gemacht, etwa mit Kunststoffen, Pflanzenschutzmitteln oder Chemikalien, die Zentralbereiche verwalten die Ressourcen des Unternehmens, also das Geld, die Forschung oder das Personalwesen.

In der Praxis freilich geht alles ganz schön durcheinander. Da denken die Forscher der AEG gar nicht daran, sich von den Autoentwicklern bei Mercedes in die Karten sehen zu lassen, und die elitären Raumfahrtingenieure bei Dornier schirmen sich gegen die Ambitionen ihrer AEG-Kollegen ab. Der Egoismus des einzelnen, zentrale Triebkraft unserer Manager, stempelt die schönen Organisationspläne in fast allen Unternehmen zur Makulatur.

Stets will die Zentrale den direkten Zugriff auf alles und jedes haben, ihr langer Arm soll bis in den letzten Winkel des Konzernimperiums reichen, und ihren Anordnungen soll unverzüglich Folge geleistet werden. Doch weil die mächtigen Macher im Konzernsitz längst gar nicht mehr wissen, was auf den einzelnen Märkten, auf denen ihr Unternehmen tätig ist, vorgeht, und weil sie häufig auch keine Ahnung davon haben, welche Sorgen und Nöte ihre Vasallen in den weiter entfernten Winkeln des Konzernreichs treiben, stiften ihre Anordnungen regelmäßig meist nur noch Verwirrung.

Siemens versuchte das Chaos zu bändigen, indem es seine sieben riesigen, in sich hierarchisch verkrusteten Unternehmensbereiche in 13 kleinere Einheiten zerlegte, den Wildwuchs bei den Stäben in den Zentralbereichen radikal abschnitt und die Zahl der Vorstandsmitglieder verringerte. Dadurch ist das Unternehmen jetzt zweifellos etwas beweglicher geworden, doch wie lange das frische Leben in den kleineren Siemens-Bereichen pulsiert, muß die Zukunft zeigen.

Werden die Konzerngiganten vor allem von Strukturproblemen geplagt, so leiden viele kleine und mittlere Unternehmen an zwei anderen, nicht weniger folgenschweren Gebrechen: der teuren Vielfalt und dem »Das-können-wir-auch«-Syndrom. Beiden Problemen kamen die McKinsey-Berater bei ihren Einsätzen auf die Spur, und als wirksame Therapie verordneten sie den davon befallenen Unternehmen eine sogenannte Komplexitätsanalyse.

Die Vielfalt der im Unternehmen erzeugten Produkte kommt durch das Bestreben der Marketing- und Vertriebsleute zustande, jedes noch so kleine Kundenbedürfnis aufzuspüren und mit Miniserien winzigste Marktlücken zu stopfen. Die dadurch entstehenden Folgekosten, von der Fertigung über die Produktion bis hin zum Service werden meist nicht hinreichend exakt berechnet, so daß die Geschäftsleitung nur noch rätseln kann, warum bei steigenden Umsätzen die Gewinne schrumpfen.

Wie der »technologische Overkill« ist die ausufernde Produktvielfalt ein typisch deutsches Phänomen. Weil die oberen Chefs der Unternehmen zu schwach sind, die Interessen der verschiedenen Abteilungen ihres Unternehmens ins Gleichgewicht zu bringen, erzielen sie mit größerem Aufwand meist schlechtere Ergebnisse als ihre ausländischen Konkurrenten.

So erging es zum Beispiel dem Sportschuhhersteller Adidas, der eine kaum noch zu überblickende Palette an Spezialitäten für jede Sportart produzieren ließ, bis externe Unternehmensberater empfahlen, dem Beispiel erfolgreicherer Konkurrenten wie Nike und Reebok zu folgen und die Zahl der angebotenen Modelle drastisch zu beschneiden. Ergebnis: Mit der Halbierung des Sortiments verdoppelte sich der Gewinn.

Auch die deutschen Autohersteller laufen Gefahr, sich mit ihren zahllosen Ausstattungsvarianten zu verheben. Zwar konnten Unternehmen wie BMW und Daimler-Benz mit der Politik, ihre Autos in einer mageren Grundausstattung anzubieten und für jedes Extra hohe Aufpreise zu verlangen, bisher üppige Gewinne einfahren, doch insbesondere bei BMW zeigt sich bereits, daß der Variantenreichtum überproportionale Kosten verursacht. Auch hier könnten die Japaner wieder als Vorbild dienen, denn sie bieten ihre Autos mit einer weitgehend vollständigen Ausstattung zum Komplettpreis an und erzielen deshalb durch die höheren Stückzahlen bei den Ausstattungsfeatures extrem niedrige Kosten. Nicht zuletzt deshalb können sie ihren Kunden ein besseres Preis-Leistungs-Verhältnis bieten als die deutschen Aufpreismanager.

Mit einem ähnlichen Konzept gelang es den japanischen Werkzeugmaschinenherstellern, den Deutschen große Marktanteile abzunehmen, obwohl ihre Produkte weniger ausgefeilt und weniger vielseitig sind. Doch auch hier zählt letzten Endes das Preis-Leistungs-Verhältnis, und da sind die Anbieter mit nur wenigen Ausstattungsvarianten im Vorteil. Die Energie, die sie bei Entwicklung und Produktion einsparen, können sie in den Ausbau ihrer Vertriebsnetze investieren und so auf insgesamt höhere Stückzahlen kommen, wodurch sich wiederum die Umsatzrendite verbessert. Erst in jüngster Zeit haben dies die deutschen Manager begriffen und fangen nun verstärkt an, ihre Sortimente zu entschlacken.

Schwieriger fällt es den Firmenchefs offenbar, das »Das-können-wir-auch«-

Syndrom zu bekämpfen. Betriebswirtschaftler nennen diese vor allem bei den Investitionsgüterherstellern verbreitete Seuche »eine zu große Fertigungstiefe«. Gemeint ist ein Produktionsprogramm, das Chefs ihren Besuchern gerne so erläutern: »Wir machen alles selbst, vom Guß des Stahls bis zur fertigen Maschine.«

Daß die Firma so was kann, spricht zwar für ihr technisches Know-how, aber keinesfalls für die Qualität ihres Managements. Denn längst ist erwiesen, daß solche Alleskönner unterm Strich schlechter abschneiden als Konfektionäre, die sich nur auf die Endmontage beschränken und alle wesentlichen Teile zukaufen. Die sogenannte schlanke Produktion, die jetzt überall in der europäischen Autoindustrie angestrebt wird, ist eine Folge dieser Erkenntnis.

Doch in den deutschen Traditionsbetrieben der Elektrotechnik, des Maschinen- und Anlagenbaus sowie der Chemie wird diese Grundregel modernen Industriemanagements noch viel zuwenig beachtet. Da die Maschinen immer komplexer wurden, insbesondere durch die Einführung raffiniertester elektronischer Steuerungen, nahmen die Anforderungen an die Hersteller mit großer Fertigungstiefe so enorm zu, daß sie oft ins Schleudern kamen. Auf der einen Seite mußten sie völlig neue Abteilungen aufbauen, immer mehr Spezialisten einstellen, auf der anderen Seite gerieten sie immer häufiger in Terminnot, konnten nicht rechtzeitig liefern und verärgerten ihre Kunden mit unausgereiften Lösungen.

Herausgefordert durch schnellere und immer preiswertere Konkurrenten, versuchten die Alleskönner in der Regel perfektionistische Produkte herzustellen. Doch die Vielzahl der Funktionen, die ihre Maschinen zu erfüllen imstande sind, benötigt der Kunde in der Regel gar nicht. Daß es auch anders geht, bewiesen erfolgreiche Unternehmen, die ihre Fertigungstiefe radikal reduzierten und sich auf die Kernbereiche des Geschäfts konzentrierten. Dazu gehören zum Beispiel der Rasenmäherhersteller Sabo, der Schraubenlieferant Würth, der Markenartikler Benckiser, der Tierfutterhersteller Effem sowie der Büroausstatter Computer 2000.

Alle diese Firmen verzichteten auf eine umfangreiche Fertigung, lassen sich die benötigten Teile zuliefern und konzentrieren sich auf die Logistik, das Marketing und den Vertrieb. Sie kommen deshalb mit viel weniger »Overheads« aus als die traditionellen Alleskönnerbetriebe, sind schlagkräftiger und wachsen schneller.

Ein Negativbeispiel für die Alleskönnermentalität der deutschen Bosse liefert ein westdeutscher Stahlkonzern, der in der betriebseigenen Wäscherei die Arbeitskleidung seiner Mitarbeiter selbst wäscht und dafür Kosten von 62 Mark pro Kleidungsstück hat. »Lächerlich«, schimpft Unternehmensberater Roland Berger, der seit Jahren einen Kreuzzug gegen die »Das-können-wir-auch«-Mentalität führt. »Würde dieser Konzern eine fremde Wäscherei beauftragen, müßte er höchstens 12 bis 15 Mark bezahlen.« Mittlerweile wissen das die Stahlmanager auch, aber um des lieben Betriebsfriedens willen scheuen sie sich, die eigene Wäscherei zu schließen.

Von erheblich größerer Bedeutung ist das Thema in der Automobilindustrie. Hier geht es um das Überleben des wichtigsten Industriezweigs, von dem praktisch jeder siebte Arbeitsplatz in Deutschland abhängig ist. Nur wenn BMW, Daimler und VW es schaffen, in den nächsten zwei Jahren ihre Fertigungstiefe um mindestens 10 Prozent (von 40 auf 30 Prozent) zu senken, dürfen sie sich Chancen ausrechnen, dem Wettbewerbsdruck der Japaner standzuhalten.

Bisher haben sie nur in Teilbereichen die »lean production« eingeführt, indem sie zum Beispiel die Zulieferer zwangen, die georderten Teile nach genauen Zeit- und Mengenvorgaben direkt ans Band zu liefern. Durch dieses, bei Japanern abgekupferte »Just in time«-System konnten sie ihre Lagerhaltungskosten erheblich verringern und somit Milliarden Mark an Kosten einsparen. Dafür verlagerten sie ihre Vorratshaltung praktisch auf die Straße, mit der Folge, daß der Güterverkehr in den letzten Jahren gewaltig zunahm. Gleichzeitig wurde ihr Produktionssystem leichter verwundbar, etwa durch Streiks oder Verkehrsengpässe.

Den größten Schritt aber haben die Autobauer noch vor sich: Sie müssen, um die Qualität zu verbessern und die Rentabilität zu erhöhen, die Gruppenarbeit nach japanischem Vorbild einführen, wie sie in Deutschland bisher nur bei der General-Motors-Tochter Opel in Rüsselsheim praktiziert wird.

Und sie müssen eine Vielzahl von Teilen und Aggregaten, die sie bisher in eigenen Fabriken herstellen ließen, künftig von fremden Zulieferern beschaffen. Damit wächst zwar ihre Abhängigkeit von deren Liefertreue, doch gleichzeitig sinken die Kosten, beschleunigt sich das Entwicklungstempo, und – unter Umständen – verbessert sich die Qualität. Der wichtigste Effekt aber besteht darin, daß die Autokonzerne künftig mit wesentlich weniger Mitarbeitern mehr Autos ausliefern können. Das mag zwar volkswirtschaftlich als wenig sinnvoll erscheinen, doch für das einzelne Unternehmen ergibt sich eine wesentliche Verbesserung seiner Position im internationalen Wettbewerb. Voraussetzung dafür ist freilich, daß die Manager der Konzerne bereit sind umzudenken.

Eine andere Branche hat die Zeichen der Zeit erkannt. Berthold Leibinger, Chef des Werkzeugmaschinenherstellers Trumpf und Verbandspräsident der deutschen Maschinen- und Anlagenbauer: »Das Kernproblem ist die große Produktvielfalt vieler Unternehmen. Wir müssen die Zahl der Varianten reduzieren und auch weniger komplexe Produkte entwickeln. Wir müssen uns nicht an dem orientieren, was technisch machbar ist, sondern an dem, was der Kunde wirklich braucht. Einfachere Produkte können in größeren Serien hergestellt und billiger verkauft werden.« Bleibt zu hoffen, daß die Einsicht des erfolgreichen Eigentümerunternehmers den Managern seiner Branche die Ohren klingeln läßt.

Jeder gegen jeden

Lassen sich Fehlleistungen wie die übertriebene Diversifikationspolitik, die ausufernde Produktvielfalt und die zu komplexe Fertigung in vielen Betrieben der verarbeitenden Industrie noch einigermaßen leicht korrigieren, so ist eine andere Glanzleistung unserer Führungskräfte kaum mehr zu reparieren: das Kästchendenken.

Für den typischen deutschen Manager ist das Unternehmen kein lebendiger Organismus mit selbständigen, zu eigenem Denken fähigen Mitarbeitern, sondern eine Maschine, die auf Knopfdruck zu funktionieren hat. Jedes Teil dieser Maschine hat eine klar definierte Aufgabe zu erfüllen, und wenn alle Teile das tun, was ihnen der Konstrukteur aufgetragen hat, dann funktioniert der Motor zufriedenstellend.

Niemand hat die Schwächen dieser Unternehmensidee besser erkannt als Japans erfolgreichster Unternehmer, Konosuke Matsushita, der westlichen Managern ins Stammbuch schrieb: »Wir werden gewinnen, und der industrielle Westen wird verlieren – sie können nicht viel dagegen unternehmen, da die Gründe für ihr Versagen bei ihnen selbst liegen. Für sie liegt der Kern des Managements darin, die Ideen aus den Köpfen der Chefs in die Hände der Arbeitskräfte zu übertragen. Für uns besteht der Kern des Managements aus der Kunst, die intellektuellen Ressourcen aller Mitarbeiter im Dienste der Firma zu mobilisieren und zu vereinen. Nur mit Hilfe der kombinierten Verstandeskräfte aller Mitarbeiter kann eine Firma den Turbulenzen und Zwängen der heutigen Zeit die Stirn bieten.«

Hier also die Vorstellung, daß der Chef zu befehlen und die Mitarbeiter zu gehorchen hätten – dort das Konzept eines harmonischen Zusammenwirkens unzähliger selbständiger Intelligenzen. Auch wenn die klügeren unter den deutschen Managern inzwischen begriffen haben, daß das japanische System überlegen ist, so wissen sie bis heute nicht, wie sie die drohende Niederlage im Wettkampf der Systeme doch noch aufhalten können.

Sie sind dem schmalspurigen Kästchendenken verpflichtet und haben keine Vorstellung, wie etwa die Eigeninitiative mündiger Mitarbeiter zu bündeln und organisieren wäre. In ihren Vorstellungen ist ein Buchhalter ein Buchhalter, und wenn dem eines Tages die Idee käme, wie man etwa die Fertigung kostengünstiger organisieren könnte, dann würden sie nicht mal zuhören.

Nach den Vorstellungen unserer Unternehmensleiter hat jeder an seinem Platz das Notwendige zu tun, nicht weniger – aber auf keinen Fall auch mehr. Würde sich jeder Mitarbeiter Gedanken über alle möglichen Betriebsprobleme machen, führte das nach dem Konzept unserer an geradlinige Entscheidungswege gewöhnten Manager geradewegs ins blanke Chaos.

Viele Führungskräfte befällt schon ein tiefes Mißtrauen, wenn Mitarbeiter aus verschiedenen Abteilungen zuviel miteinander tuscheln; sie argwöhnen Intrigen und Verrat, wo vielleicht nur ein paar praktische Probleme im Verkehr der beiden Abteilungen besprochen werden.

Im Kästchendenken der betrieblichen Machthaber ist für ressortübergreifende Kommunikation kein Platz. Alles muß schön überschaubar, einfach und jederzeit rekonstruierbar ablaufen. Daß in solchen sterilen Organisationen unzählige Ideen auf der Strecke bleiben, daß Eigeninitiativen sich erst gar nicht entfalten und Fehlentscheidungen des Managements so lange fortwirken, bis sie vom Management selbst korrigiert werden, das versteht sich von selbst.

Die Herrschaft der Mittelmäßigen, durch eine genaue Definition der Zuständigkeiten und eine glasklare Befehlsstruktur zementiert, verhindert die Entfaltung kreativer Köpfe auf jeder Stufe der betrieblichen Hierarchie. Sie degradiert die Mitarbeiter zu bloßen Befehlsempfängern und gibt ihnen keine Chance, sich mit ihrem Betrieb zu identifizieren.

Da mögen die Bosse in ihren Festreden vor der Belegschaft noch so sehr die »Unternehmenskultur« beschwören, aushäusige PR- und Werbeagenturen mit der Formulierung ihrer Unternehmensziele beauftragen – wenn im Betrieb das Kästchendenken regiert, ist jede Mühe vergebens. Der Mitarbeiter wird dann eben seinen Job verrichten, um fünf Uhr den Hammer oder Bleistift weglegen und seine Selbstverwirklichung in der Freizeit suchen. Es wird ihm gleichgültig sein, daß die neue Maschine zuviel Ausschuß produziert oder daß der Schreibcomputer mit dem falschen Kalkulationsprogramm ausgestattet ist, er wird ja nicht dafür bezahlt, sich für den Chef den Kopf zu zerbrechen.

Das Kästchendenken macht es allen ziemlich einfach: Der Entwicklungsleiter läßt entwickeln, der Fertigungsleiter fertigen, der Verkaufsleiter verkaufen. Wenn also dem Entwickler die Produktion der Maschine ziemlich egal ist, weil er damit nichts zu tun hat, orientiert er sich bei seiner Arbeit allein am

Stand der Technik. Wenn dann das neue Produkt in Serie gehen soll, stellt sich fast immer heraus, daß es viel zu kompliziert und deshalb für die Produktion zu teuer ist. Also geht es zurück in die Entwicklung, wo es auftragsgemäß »entfeinert« wird.

Unterdes verlangt der Produktionsleiter die Reduzierung der benötigten Einzelteile und die Vereinfachung der erforderlichen Montageschritte. Ist der Prototyp in der vereinfachten Version endlich fertig und von der Finanzabteilung kalkuliert, meldet sich der Marketingleiter zu Wort und verlangt, der Abgabepreis müßte mindestens um 20 Prozent reduziert werden, da er sonst nicht für den Absatz der geplanten Stückzahlen garantieren könne.

Also geht das gute Stück zurück in die Entwicklungsabteilung, wo ganz zufällig der Kundendienstleiter vorbeischaut und beiläufig bemerkt, das Ding sei völlig unmöglich, denn seine Leute könnten es nicht reparieren. Jetzt droht der Entwicklungschef mit Kündigung, wenn der Entwicklungsetat nicht um mindestens 100 Prozent erhöht werde. So geht das hin und her, und wenn das Gerät dann endlich dem Außendienst vorgestellt wird, dann zieht der Vertreter für Nordamerika ein japanisches Konkurrenzprodukt aus der Tasche, das verdammt gut aussieht und mindestens ein Viertel billiger ist.

Dies ist keine Realsatire, sondern eine Begebenheit aus der jüngeren Firmenhistorie eines fränkischen Automatenherstellers.

Erst wenige Unternehmen haben dem Kästchendenken den Kampf angesagt. Trumpf-Chef Berthold Leibinger zum Beispiel lernte von den Japanern, wie man die Entwicklung eines neuen Produkts von Anfang an besser in den Griff bekommt. So ließ er schon bei den ersten Vorarbeiten für seine »Trumatik 500 Rotation« Entwickler, Produktionsexperten, Kostenrechner, Vertriebs- und Serviceleute zusammenarbeiten.

Schritt für Schritt wurde eine Maschine, die zum Stanzen, Nippeln und Umformen von Blech dienen sollte, so optimiert, daß sie 30 Prozent weniger Fertigungsteile benötigte und 25 Prozent weniger Kosten verursachte als das Vorgängermodell, obwohl sie eine wesentlich höhere Leistung erbrachte. Das Kunststück gelang allein durch die frühzeitige Integration aller Beteiligten und die präzise Vorgabe sämtlicher technischer und wirtschaftlicher Faktoren.

Auch andere Mittelständler der Branche wie Traub, Hermle und Schubert haben schon begonnen, das bei ihren japanischen Konkurrenten erprobte »simultaneous engineering« einzuführen und so wenigstens in Teilbereichen das verhängnisvolle Kästchendenken aus ihrem Betrieb zu verbannen. Bis zur vollständigen Integration aller betrieblichen Funktionen ist es allerdings noch ein langer Weg, und noch mehr Zeit wird die Umerziehung und Schulung der Mitarbeiter benötigen.

Sie sollen lernen, ständig an der Verbesserung sämtlicher betrieblicher Abläufe mitzuwirken und ungeniert die geltenden Regelungen in Frage zu stellen. Da es bei den Mittelständlern des Maschinenbaues ums Überleben geht, stehen die Chancen nicht schlecht, daß in dieser Branche zuerst die überlegenen Organisations- und Motivationsprinzipien der Japaner übernommen werden.

Mißachtung der Märkte

Rund 70 Prozent des gesamten Exports setzen die deutschen Unternehmen da ab, wo sie sich einigermaßen heimisch fühlen, nämlich in den Ländern der EG und in Osteuropa. Doch die dynamischsten Märkte der Welt liegen ganz woanders: in den USA und in Fernost. In Japan zum Beispiel, wo die wichtigsten Wettbewerber der deutschen Industrie und die kaufkräftigsten Konsumenten der Welt sitzen, verkaufte Deutschland 1991 ganze 5,8 Prozent seiner Exporte. Noch schlechter ist unsere Wirtschaft in Korea und den »Tiger«-Staaten, Hongkong, Taiwan und Singapur vertreten, obwohl die Märkte nirgendwo schneller wachsen als dort.

Besorgt warnte deshalb der Unternehmensberater Roland Berger: »Ein Großteil der deutschen Unternehmen ist nicht wirklich international.« Tatsächlich gehorchen die deutschen Führungskräfte lieber der eigenen Bequemlichkeit als den Gesetzen des Marktes. Sprachbarrieren pflegen sie ebenso abzuschrecken wie fremde Kulturen, launenhafte Verbraucher und potente Wettbewerber.

Selbst Weltkonzerne wie Daimler-Benz oder VW lassen in ihren Auslandsaktivitäten viel mehr Zufälligkeiten als strategische Überlegungen erkennen. Während die Konkurrenten aus Japan gerade deshalb so furchterregend wirken, weil sie sich zielstrebig einen Brückenkopf nach dem anderen in strategisch bedeutsamen Wachstumsmärkten erkämpfen, wirken die deutschen Konzerne wie harmlose Dickhäuter, die nicht so genau wissen, ob sie in die eine oder in die andere Richtung laufen sollen.

Der Münchner Siemens-Konzern zum Beispiel kaufte, von einem heftigen Impuls getrieben, binnen weniger Jahre ein Dutzend kleinerer Firmen in den USA zusammen, versäumte es aber dann, das eroberte Terrain zu einer schlagkräftigen Festung auszubauen, um in den USA eine seiner Größe entsprechende Marktgeltung zu erlangen.

Unverständlich auch die Strategie der deutschen Automobilhersteller, die es nicht schafften, sich auf dem größten Automobilmarkt der Welt mit eigenen Produktionsstätten zu etablieren, nachdem VW mit seinem Werk in Westmoreland so schmählich Schiffbruch erlitten hatte. »Globalisierung«, doziert Roland Berger, »beginnt nicht bei den Exportquoten, sie beginnt in den Köpfen der Manager. Wir brauchen ein wirklich internationales Management in allen Funktionen, von der Finanzierung über den Einkauf bis hin zum internationalen Fertigungsverbund und zu strategischen Allianzen.«

Davon sind die biederen deutschen Provinzler noch weit entfernt. Die Autobauer zum Beispiel nutzen noch nicht einmal die günstigen Einkaufsgelegenheiten bei außereuropäischen Zulieferern, wie auf der anderen Seite die großen deutschen Kfz-Zulieferer bisher die Kostenvorteile von Produktionen in außereuropäischen Ländern großzügig mißachteten. Allein der Stuttgarter Bosch-Konzern beginnt jetzt allmählich, die Herstellung einfacher Produkte wie Autoradios und Scheibenwischer nach Portugal und Malaysia auszulagern.

Wann immer die Deutschen in den letzten 20 Jahren die Landesgrenzen überschritten, dann folgten sie meist dem Pfad der Tradition und nicht den Wegen der Zukunft. Siemens, Daimler, Krupp, VW und Mannesmann setzten sich bei den deutschfreundlichen Brasilianern und Argentiniern fest, obwohl deren Wirtschaftssysteme extrem krisenanfällig sind. Dafür vernachlässigten die deutschen Konzerne den Wirtschaftsraum rund um das pazifische Becken, von dem die Experten annehmen, daß hier die Entscheidungsschlacht um die ökonomische Vorherrschaft im 21. Jahrhundert geschlagen wird. Folge: Unternehmen wie VW oder Daimler mußten in Brasilien riesige Verluste einstecken, während Honda und Sony in den USA ansehnliche Gewinne scheffelten.

Auch die jüngste Stoßrichtung für die deutschen Investitionen könnte sich als gefährlicher Irrweg herausstellen: die neuen Bundesländer und die verrotteten Planwirtschaften der osteuropäischen Länder von Polen bis Bulgarien. Schon jetzt warnen besorgte Ökonomen wie Ernst Moritz Lipp, der Chefvolkswirt der Dresdner Bank, vor der einseitigen Ausrichtung vieler Konzerne: »Wichtiger als der Osten sind für uns die europäischen Märkte im Westen.«

Noch weiß niemand, wie sich die politischen und wirtschaftlichen Verhältnisse in den ehemaligen kommunistischen Blockstaaten entwickeln werden. Dauert das Chaos zu lange an, dann könnten die vielen Milliarden, die Konzerne wie VW und Siemens etwa bei Škoda in der Tschechoslowakei investieren, versickern, ohne daß hinreichende Erträge zurückfließen. Zweifel sind angebracht, da die deutschen Unternehmenslenker schon häufiger bewiesen haben, daß ihr Gespür für die Entwicklung neuer Märkte nicht allzu ausgeprägt ist.

Insbesondere da, wo es darum geht, möglichst schnell auf wechselnde Kundenwünsche einzugehen, im Geschäft mit schnellebigen Konsumgütern, mit Mode und Luxusartikeln ließen sich die deutschen Hersteller schon vor 20 Jahren von ihren ausländischen Konkurrenten überrunden. Der wohl krisensicherste Markt, das Geschäft mit Konserven und Tiefkühlkost, mit Süßigkeiten und Zigaretten, mit Tee, Kaffee und Kakao, ist weitgehend in fremder

Hand. Clevere Markenmultis wie Nestlé, Unilever und Jacobs Suchard ließen den heimischen Krautern wenig Chancen. Nur noch der Bielefelder Oetker-Konzern ist mit dabei, doch auch er verliert immer mehr Marktanteile an die »global players«.

Beschämend auch, daß eine Nation mit einer solchen Techniktradition wie die der Deutschen im weltweiten Multimilliardengeschäft mit konsumnaher Elektronik nichts mehr zu melden hat. Fast widerstandslos ließen sich die Herren Manager das Geschäft mit Kassettenrecordern, Fernsehgeräten und Personalcomputern abknöpfen. Und auch die wichtigsten Technologiemärkte der Zukunft, wie die Telekommunikation, die Optoelektronik oder die Biotechnik, haben sie fast schon verspielt. Statt dessen konzentrieren sie sich darauf, in der ehemaligen DDR den Mörtel anzurühren und Telefonleitungen zu reparieren.

Die erschreckenden Strategiedefizite vieler deutscher Konzernlenker lassen für die Zukunft nichts Gutes hoffen. Egal, wie das Abenteuer der Ex-DDR-Sanierung ausgeht, die Stärke unserer Volkswirtschaft muß sich im Wettbewerb mit den USA und Japan erweisen. Weichen unsere Unternehmen diesem Wettbewerb aus, indem sie sich ganz auf Osteuropa konzentrieren, besteht die ernsthafte Gefahr, daß wir selbst innerhalb der EG an Boden verlieren.

Die unsolide Schuldenpolitik des Staates, im Verein mit gravierenden Fehlern unserer Konzernlenker, könnte die Position der deutschen Wirtschaft so schwächen, daß wir noch froh sein werden, wenn die Deutsche Mark 1999 noch die Stabilitätsbedingungen der EG erfüllt. Das ist durchaus kein Witz, denn bereits jetzt, im Sommer 1992, steigen die Preise in Deutschland wesentlich schneller als in den Nachbarländern Frankreich, Großbritannien, den Niederlanden, Österreich und der Schweiz. Und wie bei den hochverschuldeten Amerikanern werden auch im deutschen Haushalt jetzt erstmals unsere Schuldzinsen den größten Etatposten ausmachen, noch vor den Verteidigungs- und Soziallasten.

5
DIE MISSMANAGER

Die Suche nach dem schlechtesten deutschen Manager ist nicht leicht. Es gibt bei uns ganz einfach zu viele schlechte Manager. Und manchmal verstecken sie sich so geschickt, daß man den wahren Schuldigen an einem Firmendebakel nicht so recht orten kann. Wieder andere haben das Glück, daß sich ihre Fehler erst nach ihrer Abdankung bemerkbar machen. Und schließlich gibt es meist nicht nur einen, sondern viele Schuldige, wobei kaum zu klären ist, wer wieviel Schuld am Niedergang eines Unternehmens hat. Hier eine willkürliche Auswahl von 22 Mißmanagern, bei denen die Zuordnung offensichtlicher Fehlleistungen kein Problem darstellt: Alle diese mehr oder weniger prominenten Wirtschaftsbosse haben versagt:

Carl H. Hahn
Im zehnten und letzten Jahr seines Wirkens an der Spitze des VW-Konzerns vollbrachte der einstige Käfer-Verkäufer das Kunststück, während des größten Autobooms aller Zeiten einen Verlust von 770 Millionen Mark einzufahren. Die Konzernbilanz weist für 1991 zwar einen Jahresüberschuß von 1,114

Milliarden Mark auf, doch der Gewinn stammt hauptsächlich von den gut verdienenden Tochtergesellschaften Audi und Seat sowie aus Finanz- und Teilegeschäften.

Mit der Produktion von Automobilen verdient VW kein Geld, sondern setzt beim Verkauf von jedem Polo, Golf oder Passat ein paar Mark in den Sand. Da nützt es nichts, wenn der Konzernlenker auf ein paar richtige Entscheidungen verweist (Kauf der spanischen Fiat-Tochter Seat): Hahn hat es versäumt, den Wildwuchs der Kosten im Konzern zu beschneiden und während der Boomjahre ein ausreichend dickes Finanzpolster für schlechte Jahre anzulegen.

Geradezu abenteuerlich aber mutet sein Investitionsprogramm für die nächsten Jahre an, denn bis zum 31. Dezember 1996 soll der Konzern nach Hahns Willen die wahnwitzige Summe von 82 Milliarden Mark investieren (weit mehr als der Konzernumsatz 1992), obwohl die europäische Autoindustrie schon heute mit enormen Überkapazitäten fertig werden muß. Zu Recht wird Hahn vorzeitig abgelöst und durch den weniger eloquenten, dafür aber sachverständigeren und durchsetzungsfähigeren Audi-Manager Ferdinand Piëch ersetzt.

Horst Urban

Was der Mann beim Hannoveraner Reifenhersteller Conti angerichtet hat, wird jetzt erst allmählich sichtbar: Das Geschäftsjahr 1991 schloß mit einem Rekordverlust von 400 Millionen Mark ab, und für dieses Jahr sieht es nur wenig besser aus. Urban gelang zwar die Abwehr des Übernahmeversuchs der italienischen Pirelli-Gruppe, doch mußte er die hinterhältige Art seines Widerstands zu Recht mit dem Verlust seines Jobs bezahlen.

Der von ihm eingefädelte Kauf der amerikanischen Conti-Tochter General Tyre erwies sich als milliardenschwerer Flop. Urban versäumte es, rechtzeitig strategische Allianzen mit anderen Reifenherstellern zu knüpfen und so zu besseren Preisen im hart umkämpften Erstausrüstergeschäft mit der Automobilindustrie zu kommen.

Peter Tamm

Der mit fünf Millionen Mark höchstbezahlte Manager Deutschlands führte den größten Zeitungsverlag des Kontinents in die Flaute. Unter Tamms Ägide schmolzen die einst üppigen Gewinne der Axel Springer Verlag AG auf spärliche 20 Millionen im Jahr 1991 zusammen. Tamm hatte es versäumt, rechtzeitig im Ausland zu expandieren, und setzte dann auf die falschen Partner und Objekte. Er zerrieb sich im Kleinkrieg mit dem Gesellschafter Leo Kirch und übersah zahlreiche Marktnischen im Inlandsgeschäft. Sein Nachfolger Günter Wille muß 1400 Stellen im aufgeblähten Verwaltungsapparat und in den überbesetzten Redaktionen des Konzerns streichen.

Heinz Dürr

Als Alleinunterhalter und Conférencier wäre der Erbe einer mittelständischen Unternehmergruppe sein Geld wert. Als Chef des AEG-Konzerns machte er eine klägliche Figur, und kaum besser dürfte er an der Spitze der Deutschen Bundesbahn abschneiden. Schönredner Dürr verstand es nicht, den maroden Elektrokonzern zu sanieren, geschweige denn ihn fit zu machen für den Wettbewerb der Zukunft.

Die immer neuen Konzepte und Zahlenwerke, die der überforderte Konzernchef seinem Aufsichtsrat präsentierte, entpuppten sich mit schöner Regelmäßigkeit als Makulatur. Denn weder stimmten die Zahlen, noch griffen die Ideen.

Auch Dürrs Nachfolger Ernst Georg Stöckl hat bisher wenig Fortüne. Wie er die verlustreiche Tochter AEG-Olympia an einen dubiosen Unternehmensberater verkaufen wollte und dann im letzten Moment doch noch zurückschreckte, das war purer Dilettantismus. Wenn er der Muttergesellschaft Daimler-Benz nicht bald bessere Zahlen liefert, ist sein Job akut gefährdet.

Gert Becker

Noch vor zwei Jahren galt er den Medien als großartiger Konzernarchitekt, doch inzwischen ist klar, daß sich der Chef des Hanauer Edelmetall- und

Chemieunternehmens Degussa übernommen hat. Der Kauf des High-Tech-Unternehmens Leybold im Jahr 1987 erwies sich als milliardenteurer Flop. Der Konzerngewinn halbierte sich mitten im Boom. Becker gelang es nicht, für sein Pharmageschäft einen adäquaten Partner zu finden; das von der Treuhand erworbene Arzneimittelwerk Dresden ist nur eine Notlösung. Er sollte bald abtreten.

René C. Jäggi
Was der smarte Sonnyboy beim Sportschuhhersteller Adidas angestellt hat, spottet jeder Beschreibung. Anstatt das marode Unternehmen gründlich zu sanieren, ließ er sich vom dubiosen Großaktionär Tapie aus Frankreich den Schneid abkaufen. Jäggi verzichtete auf die zugesagten Kapitalspritzen und verscherbelte statt dessen die wertvollen Auslandsmarken des Konzerns. Adidas läuft Gefahr auszubluten, und Jäggi läuft davon.
Zu Recht verschmähte ihn auch der neue Boß vom Herrenkonfektionär Hugo Boss in Metzingen.

Karl-Josef Neukirchen
Der Sanierer des Dieselmotorenherstellers KHD in Köln galt als einer der härtesten und besten Manager Deutschlands, ehe er beim Dortmunder Stahlkonzern Hoesch sein Waterloo erlebte. »Kajo« Neukirchen wurde vom fast gleichaltrigen Krupp-Chef Gerhard Cromme regelrecht vorgeführt, denn er hatte der Umarmungstaktik des finanzschwächeren Gegners nichts entgegenzusetzen. Sein haltloses Taktieren machte ihn unglaubwürdig, und schließlich dachte er nur noch an seine üppige Abfindung.

Otto Wolff
Der langjährige Präsident des Industrie- und Handelstages führte sich zeitweilig auf wie der ökonomische Oberlehrer der Nation. Kein Ereignis von wirtschaftspolitischer Bedeutung, zu dem er nicht seinen Senf beisteuerte, kein Moskaubesuch des deutschen Kanzlers oder Außenministers ohne seine

Begleitung. Doch der Erbe eines der renommiertesten Ruhrkonzerne erwies sich als miserabler Manager. Während Wolff in den Beiräten von Konzernen wie Exxon rhetorisch brillierte, geriet seine eigene Firmengruppe immer tiefer in die roten Zahlen. Nicht mal sein Schwiegersohn Arend Oetker vermochte da etwas zu retten; und schließlich blieb dem gescheiterten Unternehmer nur noch der Verkauf. Die größte Niete in Nadelstreifen der letzten 20 Jahre!

Arno Bohn

Der einstige Chefverkäufer beim gescheiterten Computerbauer Nixdorf benimmt sich am Steuer der Stuttgarter Sportwagenschmiede Porsche wie ein Fahrschüler. Erst ließ er für mehrere hundert Millionen Mark einen viersitzigen Porsche entwerfen, dann entdeckte er, daß das Auto in der Produktion zu teuer würde, und stellte das Projekt ein.

Nun setzt er seine Hoffnungen auf das Gegenteil, einen abgemagerten Roadster, der für weniger als 70 000 Mark angeboten werden soll. So was aber gibt es schon lange bei japanischen Herstellern. Bohn hätte seinen Führerschein abgeben sollen, als die Porscheeigner mit einem fähigeren Kandidaten verhandelten und ihn nur deshalb am Steuer behielten, weil ihnen Wolfgang Reitzle von BMW einen Korb gab.

Jens Odewald

Des Kanzlers liebster Wirtschaftsberater liefert als Chef des Kaufhof-Konzerns zwar anständige Ergebnisse ab, doch dafür kann er nicht viel. Sie beruhen auf den günstigen Einkaufsmöglichkeiten in dem weltweiten Verbund der Metro-Gruppe, die ihrer Tochter auch ein überzeugendes Logistik- und Controlling-Konzept verordnete. Eine böse Schlappe leistete sich der begabte Selbstdarsteller beim Kauf von 60 Prozent der Aktien des Werbegeschenkversenders Oppermann, für die er rund 340 Millionen Mark bezahlte. Der Preis war weit überhöht, denn erst hinterher entdeckten die Kaufhof-Buchhalter tiefe Löcher in der Versenderbilanz. Wegen »arglistiger Täuschung« klagte Odewald vor dem Hamburger Landgericht auf Rückgabe der Hälfte des Kaufpreises. Selten ließ sich ein Konzernchef so blamabel über den Tisch ziehen wie der Kanzlerberater.

Herbert Zapp

Gälte im Vorstand der Deutschen Bank nicht das Kollegialprinzip, wäre der hilflos agierende Multiaufsichtsrat sicher längst in die Wüste geschickt worden. Kaum jemals zuvor hat sich das größte deutsche Geldinstitut so blamiert wie dort, wo Zapp das Sagen hat. Bis heute verstand es der Sohn eines Textilunternehmers aus dem Schwabenland nicht, den seit Jahren kränkelnden Stoffhersteller Nino in Nordhorn zu sanieren, und geradezu peinlich geriet Zapps Vorstellung als Aufsichtsratsvorsitzender des Stahlkonzerns Hoesch in Dortmund.

Nachdem Hoesch-Chef Detlev Karsten Rohwedder zur Treuhand abgewandert war, brauchte Zapp über ein halbes Jahr, um einen Nachfolger zu finden. In dieser Zeit taktierte er so ungeschickt, daß zwei der besten Hoesch-Manager das Unternehmen verließen. Schließlich fand er mit Kajo Neukirchen einen passablen Kandidaten, doch schon wenig später wurde er von seinem Konkurrenten Friedel Neuber von der West LB ausgetrickst, der mit Krupp-Chef Gerhard Cromme den Übernahmeplan für Hoesch aushecke. Die Deutsche Bank verlor einen traditionellen Erbhof im Ruhrgebiet, und Zapp seinen Vorsitzerjob. Es ist nicht schade drum.

Albrecht Graf Matuschka

Der kultivierte Edelmann mit den gewinnenden Manieren baute in wenigen Jahren eines der am schnellsten wachsenden Finanzdienstleistungsunternehmen Deutschlands auf. Aber noch schneller brach das Firmengebilde, das den etablierten Großbanken zeitweilig die vermögendsten Privatkunden abjagte, wieder in sich zusammen. Der Graf scheiterte an seinem Größenwahn. Weder sein Sachverstand noch seine Kapitalkraft waren dem stürmischen Expansionsdrang gewachsen. Erst verließen ihn die Kunden, dann seine engsten

Mitarbeiter. Heute steht Matuschka vor einem Scherbenhaufen. Nadelstreifen trägt er immer noch.

Helmut Guthardt

Noch ein Banker, der ganz hoch hinauswollte und ganz tief stürzte. Der Hobbyhotelier boxte das Spitzeninstitut der Volksbanken- und Raiffeisenkassen zwar in die oberste Etage der Geldwirtschaft, doch er ramponierte dessen Ruf und Reserven. Nur durch den Verkauf wertvoller Immobilien, darunter die Verwaltungszentrale in der Frankfurter City, konnte er am Ende noch ein ausgeglichenes Ergebnis vorweisen, während Konkurrenten wie die Commerzbank oder die Dresdner Bank Milliardengewinne scheffelten.

In seinem Drang, es den etablierten Großbanken zu zeigen, finanzierte er hemdsärmelige Aufsteiger wie den Münchner Filmhändler Leo Kirch und den Schweizer Finanzartisten Tito Tettamanti, deckte er obskure Zinsgeschäfte seiner Wertpapierhändler und ließ sich in einen regelrechten Finanzkrieg mit betrogenen französischen Banken ein. Am Ende waren alle froh, als Guthardt im Sommer 1991 das Handtuch warf. Er hätte es früher tun sollen.

Hans Joachim Langmann

Seit über einem Vierteljahrhundert regiert der gelernte Kernphysiker Deutschlands feinste Pharmafirma, und das bekommt ihr immer schlechter. E. Merck in Darmstadt zehrt vom Ruf vergangener Jahre und hat große Mühe, den Anschluß an die schneller wachsenden Konkurrenten nicht zu verpassen. Die einstige »Hofapotheke« (Branchenspott) hat viel zu viele Produkte im Programm, leidet an mangelnder Effizienz ihrer Forschungsabteilung und ist zu klein, um allein im weltweiten Wettbewerb der Pharmaproduzenten bestehen zu können.

Langmann, durch Einheirat in die Merck-Sippe an die Spitze des Konzerns gelangt, geriet zwar in den letzten Jahren immer stärker unter Druck, doch an Abdankung dachte der mittlerweile 68 Jahre alte, ehemalige Präsident des Bundesverbandes der Deutschen Industrie nie. Der starrsinnige Patriarch hat sich selbst überholt und sollte von den Gesellschaftern aus dem Verkehr gezogen werden, ehe er noch größeres Unheil anrichtet.

Horst Münzner
Seit drei Jahren ist er pensioniert, doch weil der ehemalige Einkaufschef des VW-Konzerns für eines der größten Desaster in der jüngeren Wirtschaftsgeschichte als Mitglied des Vorstandes mitverantwortlich ist – den Ankauf von Triumph Adler –, gehört er in die Galerie der Mißmanager. Mit dem Ausflug in die scheinbar fortschrittliche Büromaschinenbranche wollten die VW-Manager ihren Konzern vom Automobil unabhängiger machen. So absurd die Idee schon im Ansatz war, offenbarte ihre Realisierung einen Dilettantismus, wie er selbst im deutschen Management selten vorkommt.
VW ließ sich ein Unternehmen andrehen, das schon bei Vertragsabschluß hoffnungslos veraltet war. Als Triumph-Adler-Aufsichtsratsvorsitzender verstand Münzner es in vier Jahren nicht, den desolaten Grundig-Betrieb auf Kurs zu bringen. Über eine Milliarde pumpte der VW-Vorstand nach mehreren undementierten Presseberichten in die marode Firma, ehe er sie für einen eher symbolischen Kaufpreis an den Konkurrenten Olivetti abstieß.
Am 15. September 1986 verkaufte VW seine 98,4 Prozent am Aktienkapital von Triumph Adler an die Italiener und bekam dafür 5 Prozent junge Olivetti-Aktien. Horst Münzner rückte für VW in den Verwaltungsrat von Olivetti ein.

Klaus Luft
Weil er noch Vollgas gab, als das Ende des Booms schon sichtbar war, steuerte Klaus Luft Deutschlands erfolgreichsten Computerhersteller in den Abgrund.
Kaum vier Jahre nach dem Tod des Firmengründers war die Nixdorf AG ein Sanierungsfall. Schneller hat kaum ein anderer unter den angestellten Topmanagern der Nation ein 30 000-Mann-Unternehmen ruiniert als der Vollblutverkäufer Klaus Luft, dem zum Unternehmenschef alle Voraussetzungen

fehlten. Siemens übernahm den ehemaligen Konkurrenten und hat nun alle Mühe, mit der Erblast fertig zu werden.

Leif C. Lundkvist

Viele haben schuld am Niedergang der traditionsreichen Münchner Werkzeugmaschinenfirma Friedrich Deckel AG, doch keiner hat so versagt wie der langjährige Vorstandsvorsitzende Leif G. Lundkvist. Er sah zu, wie seine technikverliebten Entwickler immer neuere und kompliziertere Maschinen entwarfen, mißachtete die Wünsche der Kundschaft und verzettelte sich in tausenderlei Projekten, bis aus dem einst gutverdienenden Unternehmen ein chronischer Verlustbringer wurde.

Obwohl der glücklose Manager im Sommer 1990 den Hut nehmen mußte, wirken seine Fehler bis heute fort. Nachfolger Peter-Jürgen Kreher muß möglicherweise mit Konkurrenten wie Maho und Gildemeister unters Dach eines neu zu bildenden Maschinenbaukonzerns flüchten, um zu überleben.

Jürgen Schrempp

Er galt als einer der fähigsten Manager im Daimler-Reich und als ein möglicher Nachfolger für Edzard Reuter. Doch nach vier Jahren an der Spitze der Daimler-Tochter DASA (Deutsche Aerospace AG) ist Schrempp noch weit von seinem Klassenziel entfernt. Er verstand es bisher nicht, sein aus so unterschiedlichen Firmen wie Dornier, MBB, MTU und Teilen der AEG zusammengeschweißtes 63 000-Mann-Unternehmen auf Gewinnkurs zu trimmen.

Noch immer werkeln die einzelnen Unternehmen unterm DASA-Dach weitgehend isoliert vor sich hin, und manchmal arbeiten sie auch kräftig gegeneinander. Trotz eines gewaltigen Arbeitseinsatzes schaffte Schrempp es nicht, die Animositäten zwischen seinen Luft- und Raumfahrtspezialisten zu beseitigen und die Rüstungslastigkeit in der DASA auszutarieren. Verzichtet Bonn auf den Bau des Kampfflugzeugs »Jäger 90«, gerät Schrempps DASA ins Trudeln.

Hans Kompernass

Rund 1,6 Millionen Mark verdient der Vorstandsvorsitzende des Bochumer Elektronikhandelshauses Hako AG, und das ist entschieden zuviel. Kaum zwei Jahre nach der Börseneinführung der Hako-Aktien war das Unternehmen sanierungsreif. In der Hoffnung auf einen anhaltenden Wiedervereinigungsboom hatte der expansionslüsterne Hako-Chef zuviel Ware eingekauft und so sein einst florierendes Unternehmen an den Rand der Zahlungsfähigkeit manövriert. Der Aktienkurs des einstigen Börsenfavoriten stürzte im freien Fall von knapp 700 auf 180 Mark ab, und bei einem Konzernumsatz von gut 700 Millionen summierten sich die Verluste auf einen zweistelligen Millionenbetrag. Zeitweilig machten die Bankschulden das Doppelte des Eigenkapitals aus, und Kompernass mußte seine teuer eingekauften Videorecorder zu Schleuderpreisen verramschen. Er sollte abtreten.

Cornelis van der Klugt

Im April 1990 verhieß der Chef des niederländischen Philips-Konzerns seinen Aktionären eine Gewinnsteigerung von mehr als 30 Prozent. Drei Wochen später stellte sich heraus, daß der Weltkonzern so gut wie nichts mehr verdiente: Der Gewinn war im 2. Quartal von 223 Millionen auf kaum mehr wahrnehmbare sechs Millionen Gulden abgesackt. Der Topmanager, der offensichtlich nicht wußte, was in seinem Konzern vorging und der seine Aktionäre in einer bis dahin nie für möglich gehaltenen Art hinters Licht führte, mußte vorzeitig abtreten und dem harten Sanierer Jan Timmer Platz machen. Das Versagen des obersten Chefs eines der bedeutendsten Konzerne der Welt ist so gravierend, daß er hier erwähnt werden soll, auch wenn es sich um ein holländisches Unternehmen handelt. Immerhin macht Philips auch auf dem deutschen Markt Milliardenumsätze und zählt zu den größten Arbeitgebern der elektrotechnischen Industrie.

Hans-Dieter Wiedig

Wie man zwei grundverschiedene Unternehmen schnell und effizient zusammenführen kann, hätte der Chef der Siemens-Nixdorf-Informationssysteme AG bei Percy Barnevick lernen können. Der Schwede fusionierte seine Asea in Rekordzeit mit dem lahmen deutsch-schweizerischen Traditionsunternehmen BBC, der Siemens-Manager Wiedig hingegen hat nach zwei Jahren nicht viel mehr vorzuweisen als Verluste. »Synergy at work«, heißt das Motto in den Anzeigen seines Unternehmens. Es steht bislang nur auf dem Papier.

Heinz Ruhnau
ließ die Lufthansa abstürzen. Die überzogene Expansionspolitik des ehemaligen SPD-Staatssekretärs bescherte der deutschen Airline 1991 den ersten Verlustabschluß seit 18 Jahren. Nachfolger Jürgen Weber muß bis Ende 1993 etwa 5000 Stellen streichen, Flugzeuge verkaufen und das Streckennetz ausdünnen. Ruhnau zahlte den Piloten überhöhte Gehälter, beschäftigte zuviel Personal und leistete sich mehr Flugzeuge, als er brauchte. Der Luxusbetrieb Lufthansa ist ein Sanierungsfall, sein inzwischen abgelöster Chef ein Bruchpilot.

Die – keineswegs vollständige – Liste der Versager im Topmanagement beweist, daß viele der hochbezahlten Unternehmenslenker überfordert sind. Alle diese Männer haben entscheidende Fehler begangen, obwohl sie sich seit ihrem Eintritt in das Berufsleben auf einen Job an der Spitze vorbereitet hatten. Sie gelangten nicht durch Zufall in die Chefetage, sondern weil sie sich gegenüber ihren ähnlich gut ausgebildeten Rivalen durchsetzen konnten. Und ihre Unternehmen verwandten viel Zeit und Kosten darauf, den bestmöglichen verfügbaren Mann an die Spitze zu bringen.
Warum also gibt es dann so viele Nieten in Nadelstreifen? Sind die Aufgaben so schwierig, die heutzutage ein Unternehmensleiter lösen muß? Gibt es einfach zuwenig unternehmerische Talente in Deutschland? Oder liegt es an unserem Ausbildungssystem, wenn ganz offensichtlich die falschen Leute befördert werden?
Nach gründlichen Recherchen in der Unternehmerlandschaft, vielen Gesprä-

chen mit Personalberatern, Headhuntern und Aufsichtsräten bin ich der Meinung, daß diese drei Faktoren keine allzugroße Bedeutung haben. Wenn ein Unternehmensleiter mit zu vielen Schwierigkeiten kämpfen muß, dann hat er nicht gelernt, richtig zu führen. Denn einen großen Teil seiner Probleme könnten ihm fähige Mitarbeiter abnehmen. Der überlastete Chef kann einfach nicht delegieren. Und daß es zuwenig unternehmerische Talente im Heer der Führungskräfte gäbe, ist äußerst unwahrscheinlich. Die Erfolgreichen unter den Managern beweisen das Gegenteil. Auch das Ausbildungssystem scheidet als Erklärung für die hohe Versagerquote aus, denn es ist nicht schlechter als in anderen Industrieländern. Im Gegenteil: Unsere Betriebs- und Volkswirte, Diplom- und Wirtschaftsingenieure sind fachlich hervorragend geschult und für die Lösung komplexer Sachfragen recht gut vorbereitet. Das Problem fängt meiner Ansicht nach später an. Es beginnt im Karrierepaternoster der Unternehmen und reicht bis in die Besetzung der Aufsichtsräte bei den Publikumsgesellschaften beziehungsweise bis in die Beiräte bei den GmbHs und KGs. Es sind die Karrieremechanismen, die zur Auswahl der falschen Leute führen. Im folgenden Kapitel soll dies bewiesen werden.

6
ANPASSER, DUCKMÄUSER, FACHIDIOTEN

Mit 40, postulierte einst der Krupp-Verweser Berthold Beitz, muß ein Manager die letzte Station seines Karrierewegs erreicht haben. Doch 40jährige kommen heutzutage in einem Konzernvorstand so selten vor wie in einer Bundesligamannschaft. Doch während ein Fußballer dieses Alters allenfalls noch bei den Senioren mitspielen darf, gilt sein Jahrgangskollege bei den Managern noch als Nachwuchskraft. Erst ab der zweiten Hälfte der Vierziger darf er mit der Nominierung für einen Vorstandsposten rechnen, aber meist ist er schon jenseits der 50, ehe es ihm gestattet wird, in der erlauchten Runde der Topverdiener Platz zu nehmen.

Natürlich ist Erfahrung kein Mangel, und sicherlich sind viele Mittfünfziger körperlich und geistig so fit, daß sie unter den Anforderungen eines Spitzenjobs nicht zu leiden haben. Was die Spätberufenen in den Chefetagen so fragwürdig macht, ist ihre mentale Vergreisung. Sie haben ihr ganzes Leben damit zugebracht, Spielregeln zu erlernen, sich anzupassen, Prüfungen zu bestehen und einen guten Eindruck zu machen.

Ein richtiger Chef aber setzt Regeln außer Kraft, reißt Hürden um und stellt andere auf die Probe. Schon deshalb sind die meisten Manager keine richtigen Chefs.

Lämmer statt Tiger

Viel zu lange wird ihre Karriere von Kriterien bestimmt, die etwa für die Auswahl eines höheren Verwaltungsbeamten taugen mögen, die für einen selbständig agierenden Unternehmenslenker aber geradezu schädlich sind. Wie soll ein Manager das nötige Selbstvertrauen entwickeln, wenn er zeit seines Lebens von anderen gegängelt wurde? Wie soll er plötzlich in der Lage sein, hochkarätige Mitarbeiter zu führen, wenn er bisher ausschließlich an seinen fachlichen Qualitäten gemessen wurde?

»Wenn ein Unternehmen heute einen Nachwuchsmanager sucht«, plauderte einst der erfolgreiche Personalberater Maximilian Schubart aus der Schule, »dann tut es so, als suche es junge Tiger. In Wirklichkeit sucht es gehorsame Schafe.«

Tatsächlich bestätigen die »Anforderungsprofile« vieler Konzerne Schubarts Lämmertheorie. An den Hochschulen schwärmen die Abgesandten der deutschen Renommierunternehmen aus, um Einserkandidaten aufzuspüren, obwohl schon längst erwiesen ist, daß Musterschüler und -studenten nur selten auch Musterunternehmer werden. Von Anfang an vermitteln sie den Kandidaten den Eindruck, daß Karrieremachen nur eine Sache der richtigen Planung sei. Sie spielen mit den Hoffnungen naiver Hochschulabsolventen, die bis dahin in behüteten Verhältnissen aufwuchsen und von den realen Zuständen in der Wirtschaft keine Ahnung haben.

Zwar beklagen einsichtige Bosse wie BDI-Präsident Heinrich Weiss immer wieder, daß die Ausbildung des Führungsnachwuchses an den Universitäten viel zu lange dauere und zu praxisfremd verlaufe, doch unternahm die Wirtschaft nicht viel, diesen Zustand zu ändern. Und Studenten, die ein mäßiges Examen hinlegen, weil sie vielleicht nebenbei gejobbt und allerlei Geschäfte gemacht haben, sind den Renommieradressen der Wirtschaft meist nicht gut genug. Sie suchen die Musterknaben, die im Eiltempo das Ausbildungsverfahren mit Bravour erledigt haben.

Die hoffnungsvollen Kandidaten werden dann als »Trainees« angeheuert und erst mal für eine Weile durch sämtliche Abteilungen des Hauses geschleust. Dann freilich muß sich der künftige Manager entscheiden, welche Laufbahn er einschlagen will. Und dieser Entschluß nagelt ihn für lange Zeit unerbittlich fest. Denn nur auf dieser Laufbahn kann er nach oben klettern. Er muß ein exzellenter Entwickler, Controller oder Verkäufer werden, ehe er die Chance bekommt, Führungsverantwortung zu übernehmen. Und meist hat er alle Hände voll zu tun, seine fachliche Qualifikation ständig zu verbessern, so daß er keine Zeit findet, sich auf die künftige Chefrolle vorzubereiten.

Wird so ein Spezialist durch Zufall oder nach einem Jobwechsel tatsächlich in eine Führungsposition gespült, dann stehen die Chancen, daß er sich zu einem wirklichen Chef entwickelt, allenfalls 1 : 10. Denn dieser Mann hat weder gelernt, Menschen zu führen, noch ein Gefühl für die Bewegungen eines gesamten Betriebes entwickelt.

An dieser Schwelle scheitern denn auch viele Managerkarrieren. Der vorher hochangesehene Spezialist muß plötzlich erkennen, daß er vom Personalwesen nichts versteht und daß ihm die EDV ein Buch mit sieben Siegeln geblieben ist. Er wird hilflos dahinlavieren und beim geringsten Sturm Schiffbruch erleiden.

Die cleveren unter den Nachwuchsmanagern versuchen deshalb von Anfang an, die Fachidiotenklippe zu umschiffen, indem sie sofort und zielstrebig das Zentrum der Macht ansteuern. Als Assistent eines großen Bosses hoffen sie, schnell die Techniken der Macht zu erlernen, nützliche Kontakte zu knüpfen und mit Hilfe der Protektion ihres Gönners mühelos einen Vorstandssessel zu erklimmen.

Doch auch solche Versuche, eine Karriere planmäßig anzulegen, sind meist zum Scheitern verurteilt. Denn erstens leisten sich längst nicht alle Bosse einen Assistenten. Meist sind es besonders eitle, faule und verschlagene

Manager, die mit ihren Hilfskräften ganz anderes im Sinn haben, als deren Karriere zu fördern. Sie brauchen diese, um persönliche Defizite auszugleichen und um ihre eigene Macht und Stärke zu demonstrieren.

In solchen Fällen müssen die wegen ihrer Bildung und Manieren ausgewählten Assistenten dem hohen Herrn die Koffer nachtragen, Hotelzimmer buchen, Termine beim Schneider vereinbaren und Opernkarten besorgen. Manche, die es gut getroffen haben, dürfen seine Reden schreiben, den Betriebsklatsch kolportieren und Mitarbeiter bespitzeln. Mitunter werden sie dazu vergattert, vertrauliche Informationen über Rivalen, Kunden oder Vertragspartner zu beschaffen, unangenehme Nachrichten zu überbringen, Kündigungen auszuhändigen oder gezielte Indiskretionen auszustreuen.

Manche Topmanager, wie der Bertelsmann-Boß Reinhard Mohn, verstanden es, mit Hilfe ihrer Assistenten weitreichende Netzwerke aufzubauen, die ihren Einfluß potenzierten.

Drei ehemalige Mohn-Assistenten sitzen heute an wichtigen Schalthebeln der deutschen Wirtschaft: der gelernte Maschinenbauer Dieter H. Vogel steht der Thyssen-Handelsunion vor und wird wohl bald Chef des gesamten Thyssen-Konzerns; Mark Wössner regiert als Mohn-Nachfolger den zweitgrößten Medienkonzern der Welt, und Gerd Schulte-Hillen steht der Bertelsmann-Tochter Gruner + Jahr vor, dem bedeutendsten deutschen Zeitschriftenkonzern.

Solche Traumkarrieren sind freilich äußerst rar, denn die Laufbahnen der meisten »Assis« enden ziemlich kläglich in den Niederungen des Mittelmanagements. Betreibt der Boß mit seinen vertrauten Jüngern eine gezielte Machtpolitik, dann wird er sie nach spätestens zwei Jahren auf irgendeinen Außenposten seines Einflußgebietes versetzen, wo sie sich zwar bewähren können, aber stets an der langen Leine ihres Herrn und Meisters zappeln.

Ihr berufliches Schicksal ist auch weiterhin vom Wohlwollen ihres Gönners abhängig, es sei denn, sie entfliehen seinem Dunstkreis und versuchen aus eigener Kraft weiterzukommen. Der einstige Assistentenjob hilft ihnen dann gar nichts mehr.

Langweiler bevorzugt

Das Ideal der deutschen Manager ist der geradlinige, nicht übermäßig steile und auf jeder Stufe abgesicherte Weg zum Gipfel. Wie von einem Naturgesetz wollen sie nach ihrem Eintritt ins Berufsleben emporgetragen werden zu den fetten Pfründen in den Vorstandsetagen, ohne sich übermäßig anstrengen und so häßliche Dinge wie Intrigen, Machtkämpfe, Verluste oder gar Konkurse überhaupt wahrnehmen zu müssen.

In ihrer Freizeit lesen sie Biographien von Erfolgsmännern wie Lee Iacocca, doch in ihrem real existierenden Berufsbild kommen Situationen, wie sie der Retter des US-Konzerns Chrysler durchstehen mußte, nicht wirklich vor. Auch die deutschen Großunternehmen suchen keine Kerle von echtem Schrot und Korn, sondern gut funktionierende Präzisionsmaschinen der Marke »Kontinuität«.

Die Lenker der Konzerne sollen vor allem berechenbar bleiben. Nichts hassen Aufsichtsräte mehr als Überraschungen. Deshalb sind ihnen Langweiler in den Vorständen lieber als Genies.

Schon für den Anfänger gilt die Regel: Wer alles mit sich machen läßt, wird nie Chef. Wer nichts mit sich machen läßt, wird auch nie Chef. Es ist ziemlich egal, ob ein Nachwuchsmann in Köln, Hagen oder Bayreuth studiert, ob er sich mit dem »Diplomkaufmann« begnügt oder den in Mode gekommenen »MBA« (Master of Business Administration) erwirbt, wenn er es sich zum Ziel gesetzt hat, den Gipfel eines Konzerns zu erklimmen, muß er in einem Konzern anfangen. Und zwar nicht als Lehrling in der Schlosserei, wie noch der Mercedes-Lenker Werner Niefer, sondern mit einem Prädikatsexamen in der Tasche als Trainee.

Tellerwäscherkarrieren, wenn es sie je gegeben hat, sind in der deutschen Wirtschaft aus der Mode. Schon die heutigen Bosse kommen, wie die Untersuchung von Eberwein und Tholen belegt, keineswegs von ganz unten. Die meisten der heutigen Vorstandsmitglieder und Geschäftsführer großer Gesellschaften stammen überwiegend aus dem gehobenen Mittelstand. Ihre

Väter waren höhere Beamte, Inhaber kleiner und mittlerer Unternehmen oder Freiberufler, wie Rechtsanwälte, Wirtschaftsprüfer oder Steuerberater. Ohne akademisches Studium gelangten schon bisher nur noch 18 Prozent der deutschen Manager in ihre Positionen, Tendenz sinkend. Und künftig hat wohl kaum noch ein Nachwuchsmann die Chance, ohne Diplom oder Doktortitel bis ganz nach oben durchzustoßen. Was einer studiert, ist dabei nicht wichtig, denn etwa die eine Hälfte der deutschen Bosse rekrutiert sich aus Technikern und Naturwissenschaftlern, die andere aus Juristen und Wirtschaftswissenschaftlern.

Die besseren Aussichten scheinen jetzt wieder die Ökonomen zu haben, und hier insbesondere die zum Controller ausgebildeten Betriebswirte, wie die jüngsten Umfragen bei Personalberatern ergeben. Die zunehmende Herrschaft der »Erbsenzähler« freilich signalisiert nur das Unbehagen der Aufsichtsräte und Gesellschafter an schwindenden Gewinnen bei vielen Unternehmen.

Dabei ist längst erwiesen, daß die Instrumente der fürs Zahlenwerk eines Unternehmens zuständigen Controller höchst unvollkommen sind und daß die Kostenrechner fast immer zuwenig Phantasie für den Job an der Spitze eines Unternehmens mitbringen.

Demütigungen und Niederlagen

Eigenschaften wie Phantasie und Durchsetzungsvermögen werden von den rund 200 000 Managerkandidaten, die pro Jahr die Hochschulen verlassen, auch nur selten gefordert. Da die deutschen Konzerne ihren Führungsnachwuchs vorwiegend aus den eigenen Reihen rekrutieren, ist das vorherrschende Karrieremodell die »Ochsentour«.

Der Kandidat steigt mit 30 als »Trainee« in das Unternehmen ein, um es mit 60 als Vorstandsmitglied zu verlassen. Doch schon das kleine Einmaleins sagt dem Novizen, daß seine Chancen, tatsächlich den Gipfel zu erreichen, nicht allzugut stehen. Denn ein Konzern wie Bayer zum Beispiel stellt zwar pro

Jahr etwa 200 Nachwuchsleute ein, sein Vorstand aber hat nur elf Mitglieder. Und wenn man davon ausgeht, daß ein Vorstandsmitglied sein Mandat mindestens zehn Jahre behält, wird klar, daß der Jungmanager schon unverschämt viel Glück haben muß, wenn er je in das erlauchte Vorstandsgremium vordringen will.

Ist er gar davon überzeugt, stets und überall die Nummer eins zu sein, dann sollte er besser gleich den Konzern verlassen und eine eigene Firma gründen. Denn auch wenn er durchhält, bis er zum Kreis der Vorstandskandidaten zählt, wird er so viele Demütigungen und Niederlagen erlitten haben, daß er nicht mehr zum Feldherrn, sondern allenfalls noch zum Verwalter taugt.

Es müssen schon viele glückliche Umstände zusammentreffen, wenn der Karrieremechanismus eines Konzerns Figuren nach oben spült, die charakterlich intakt blieben und sich das Charisma des geborenen Menschenführers bewahren konnten. Kaum vorstellbar, daß beispielsweise ein so kantiger Typ wie der neue VW-Chef Ferdinand Piëch auf der normalen Ochsentour nach oben gelangt wäre. Es fällt schwer, sich den Porsche-Erben, der bereits mit 32 Jahren Entwicklungschef der Sportwagenfirma war, sich im Talentpool des VW-Konzerns vorzustellen, wie er Fragebögen ausfüllt und Sandkastenspiele betreibt.

Gerade solche Unternehmen, die sich ihrer vorbildlichen Personalarbeit rühmen und viel Geld in die systematische Suche und Pflege des Managernachwuchses investieren, produzieren häufig nur Mittelmaß. Bestes Beispiel ist der Münchner Siemens-Konzern, der seine »high potentials« frühzeitig aussortiert und auf höhere Aufgaben vorbereitet.

Die unternehmerischen Talente seiner künftigen Manager läßt der Konzern zum Beispiel mit Hilfe von Computerspielen testen. Hier müssen die Kandidaten am Bildschirm ein Hotel leiten, Investitionsentscheidungen treffen, Kosten einsparen, Marketingstrategien entwickeln. Das Ganze ist deshalb so wirklichkeitsfremd, weil jeder weiß, daß gerade im Beruf des Hoteliers solche Eigenschaften zählen, die sich nicht am Computer offenbaren: die Fähigkeit, Mitarbeiter zu höchster Aufmerksamkeit anzuhalten und den Gästen ein

Gefühl der Zufriedenheit zu vermitteln. Hoteliers gewinnen durch ihre Kontaktfähigkeit und ihren Stil, nicht durch betriebswirtschaftliche Optimierungspläne.

Auch der in den neuerdings so beliebten Assessment-Centers erzeugte Prüfungsstreß, der bei den Nachwuchsmanagern die Spreu vom Weizen trennen soll, hilft nicht, den künftigen Konzernlenker zu identifizieren, sondern allenfalls den nervenstarken Klassenprimus.

Gönner gesucht

Von Reinhard Mohn, dem wohl erfolgreichsten deutschen Unternehmer der Nachkriegszeit, stammt die Erkenntnis, daß das wahre Kapital eines Unternehmens in den Köpfen der Mitarbeiter besteht. Dennoch überlassen viele Konzernvorstände die »Personalarbeit« subalternen Fachleuten, die selber nicht die geringste Ahnung von der Führung eines Betriebes haben. Unter diesen sogenannten Personalchefs, zuständig für die Suche und Auswahl der künftigen Führungskräfte, befinden sich, wie in allen Pädagogenberufen, viele Sozialutopisten, die ihre Wertvorstellung aus den späten 60er Jahren bezogen.

Da sie selbst nie die Chance bekamen, aktiv ins Wirtschaftsgeschehen einzugreifen, kultivieren sie theoretische Vorstellung von sozialer Partnerschaft und kooperativem Führungsstil, humanitärer Arbeitswelt und sanfter Persönlichkeitsentwicklung. Doch wehe dem Nachwuchsmanager, der das moralingetränkte Gesäusel aus der Personalabteilung ernst nimmt und sich von einem Fortbildungsseminar zum anderen weiterreichen läßt: Er wird, wenn es um die wirklich wichtigen Positionen geht, bei der Beförderung mit Sicherheit übergangen.

Denn neben der vor allem in den einschlägigen Medien verbreiteten Philosophie der sanften Führung gibt es die harte Wirklichkeit des auf Erfolg angewiesenen Unternehmens. Die erfolgreichen Karrieristen sind denn auch nicht die von den Personalabteilungen gehätschelten Softies, die so eloquent über

Ökologie und soziale Gerechtigkeit parlieren, sondern jene Schlaumeier, die sich frühzeitig einen mächtigen Gönner suchten.

Ohne einen solchen Förderer, der ihm Gelegenheit zur »Bewährung« gibt, der ihn für höhere Aufgaben empfiehlt und ihm in kniffligen Situationen über die Runden hilft, bleibt auch der begabteste Nachwuchsmann ein unentdecktes Talent. Nur: Jeder Chef denkt zuerst und allein an sich. Er macht nichts umsonst und erwartet unbedingte Loyalität. Auf keinen Fall darf der Youngster erkennen lassen, daß er besser ist (oder sich für besser hält) als der Chef. Demütig muß er das Schüler-Lehrer-Verhältnis akzeptieren, auch wenn er sich längst über die Schwächen seines Mentors im klaren ist. Hat er auf den richtigen Mann gesetzt und keine Fehler gemacht, dann kann er mit dem Chef in der Hierarchie nach oben klettern. Stets wird ihn der Mentor mitziehen, wenn er selbst die jeweils nächste Stufe der Hierarchie erklommen hat. Peinlich nur, wenn sich der Chef als Versager entpuppt und auf seinem Posten hockenbleibt. Dann muß der aufstiegswillige Nachwuchsmann sich in eine andere Abteilung versetzen lassen, oder wenn gar nichts anderes hilft, den Chef absägen.

System der Flaschenzüge

Das System der Flaschenzüge hievte die vielen grauen Mäuse in die Chefetagen, die unsere Wirtschaft jetzt so lahm und unansehnlich machen. Dieses Heer der Duckmäuser und Zuträger, der an geistige Unterwerfung gewöhnten Karrieristen absorbiert fast zwangsläufig alle außergewöhnlichen Naturen. Schon äußerlich sind die Durchschnittstypen erkennbar an ihren immer gleichen blauen oder grauen Anzügen. Keiner ist dick, keiner ist häßlich, keiner fällt aus dem Rahmen.

Am besten lassen sich diese Exemplare auf den großen Branchenmeetings wie der CeBIT, der IAA, der SYSTEMS, der Bauma oder der ORGATEC bewundern. Da marschieren sie auf, Muttis und Daimlers Lieblinge, freundlich lächelnd und stets zu Diensten. Schwer vorstellbar, daß diese geschniegelten Aufsteiger, die darauf getrimmt wurden, Fehler zu vermeiden und nirgendwo anzuecken, in der Lage sein sollen, Gefahrensituationen kaltblütig zu meistern, den in den Dreck gefahrenen Karren wieder flottzumachen und notfalls auch Entscheidungen gegen die Weisungen ihrer Chefs zu treffen.

Der Anpassungszwang in den Führungsetagen der von Managern beherrschten Unternehmen zeigt sich an oft lächerlichen Äußerlichkeiten. Hat der oberste Chef zum Beispiel eine Vorliebe für bestimmte Fremdwörter, so darf man sicher sein, daß diese auch von den rangniederen Kollegen so häufig wie möglich gebraucht werden. So schwafelten etwa die Direktoren eines Hamburger Pressekonzerns unentwegt von der »uniqueness« und der »performance« ihres Hauses, nachdem ihr Herr und Meister von einem Englischkurs zurückgekehrt war. In der neuerbauten Konzernzentrale von Daimler-Benz in Stuttgart-Möhringen wird kräftig berlinert, seit Edzard Reuter dort den Ton angibt, während solche Laute im Untertürkheimer Hauptquartier der Tochter Mercedes-Benz, wo der Urschwabe Werner Niefer regierte, verpönt sind.

Im Klima der Konzernbürokratien gedeihen keine geistig unabhängigen Führernaturen. Hier werden aus hoffnungsvollen Nachwuchsleuten ganz schnell angepaßte Duckmäuser, die nur dann ihre Meinung sagen, wenn es ganz und gar ungefährlich ist.

In dieser nadelgestreiften Männerwelt kommen Frauen allenfalls als Sekretärinnen vor. Trotz der gebetsmühlenartig wiederholten Beteuerungen unserer Wirtschaftssprecher über die Chancengleichheit haben auch die ehrgeizigsten weiblichen Führungskräfte in Wahrheit keine Chance, jemals einen Konzern führen zu dürfen. In den Vorständen der 100 größten deutschen Unternehmen gibt es nicht einmal ein halbes Dutzend Frauen, und einige dieser Vorzeigedamen verdanken ihren Job eher der sozialpolitischen Opportunität als ihrem Karrierestreben.

Birgit Breuel zum Beispiel profilierte sich als Politikerin und nicht als Managerin, ehe sie nach der Ermordung Detlev Karsten Rohwedders an die Spitze der Treuhand berufen wurde. Und die meisten anderen Renommierfrauen der deutschen Wirtschaft mußten entweder ihr eigenes Unternehmen gründen wie die Modemacherin Jil Sander, einen erfolgreichen Manager heiraten, wie Margaretha Ley, die im Juni 1992 verstorbene Chefin des Modehauses Escada, oder sie erbten ihren Betrieb wie Anette Winkler, die Unternehmerin des Jahres 1992.

Keine dieser erfolgreichen Frauen wäre beim langen Marsch durch die Institutionen in einer deutschen Konzernbürokratie über die ersten Stationen hinausgekommen, obwohl es ihnen weder an Ehrgeiz noch an Intelligenz oder unternehmerischem Talent gebricht. Sie würden mit den Formalismen und Ritualen nicht klarkommen, die ganz auf den männlichen Durchschnittstyp mit einem vorherrschenden Bedürfnis nach Sicherheit und Übersichtlichkeit zugeschnitten sind.

Dabei brächten Frauen viele Eigenschaften mit, die eine Führungskraft auszeichnen sollten. Ihre ausgeprägte Intuition zum Beispiel wäre von Vorteil, wo Entscheidungen zu treffen sind, deren Auswirkungen sich nicht hinreichend berechnen lassen – und alle wirklich unternehmerischen Entscheidungen sind im Grunde unberechenbar.

Ihre soziale Kompetenz würde sie befähigen, ein Klima zu erzeugen, in dem Aufrichtigkeit, Friedfertigkeit und Kreativität besser gedeihen könnten als in der muffigen Atmosphäre männlicher Chauvinisten. Ihre Sensibilität und ihr Gerechtigkeitssinn käme dem Betriebsklima zugute, ihre Flexibilität im Denken könnte die Unternehmen beweglicher, schneller und aggressiver machen. Da alle diese typisch weiblichen Eigenschaften in den Vorständen und Geschäftsleitungen deutscher Unternehmen unterrepräsentiert sind, regieren häufig Dumpfheit, Sturheit und Phantasielosigkeit.

Falsche Leute am falschen Platz

Die falsche Auswahl der Bosse fängt ganz oben an, bei den Vorsitzenden der Vorstände und Aufsichtsräte, und sie setzt sich fort bis hinunter in die Tiefen des Mittelmanagements. Die hohe Versagerquote in den wichtigsten Entscheidungs- und Kontrollgremien unserer Unternehmen ist bereits hinlänglich dokumentiert worden. Sie beruht auf der schlichten Tatsache, daß die falschen Leute am falschen Platz sitzen. In den Aufsichtsräten der Industriekonzerne beispielsweise dominieren die Manager aus dem Geld- und Versicherungsgewerbe sowie die hauptamtlichen Gewerkschaftsfunktionäre. Weder die einen noch die anderen verstehen allzuviel von der industriellen Produktion.

Die Herren Räte haben denn auch in den meisten Fällen gar nicht die Absicht, sich allzu intensiv um die Unternehmen, die es zu beaufsichtigen gilt, zu kümmern. Sie sind dazu da, den Einfluß ihres Unternehmens oder ihrer Organisation zu wahren. Im übrigen vertrauen sie auf die Kompetenz des Managements und auf ihre Fähigkeit, auch im Halbschlaf noch zu erkennen, wenn Krisen heraufziehen. Dann scharen sie sich um den Vorsitzenden, in der Hoffnung, dem würde schon eine passende Lösung einfallen.

Bankmanager, die neben ihrer Vorstandstätigkeit noch ein knappes Dutzend Aufsichtsratsmandate zu verwalten haben, können schon aus Kapazitätsgründen allenfalls ein paar Stunden Zeit im Monat für ein einzelnes Unternehmen aufwenden. Deshalb sind sie gar nicht in der Lage, selbst wenn sie es wollten, das Management wirklich zu überwachen. Hinzu kommt, daß die Räte nach dem deutschen Aktienrecht auch auf das Wohlwollen des Vorstands angewiesen sind, den sie ja kontrollieren sollen.

Denn wenn kein beherrschender Großaktionär da ist, kann sich ein Vorstand seine Aufsichtsräte praktisch aussuchen. Umgekehrt muß der Rat die einzelnen Vorstandsmitglieder bestellen. Der Konflikt ist also programmiert: Ist zum Beispiel ein Aufsichtsrat der Meinung, der Vorstandsvorsitzende betreibe eine falsche Unternehmenspolitik, so müßte er dessen Ablösung betreiben. Da ihn dieser Mann aber möglicherweise selbst in den Aufsichtsrat geholt hat, wird er es sich zweimal überlegen, ob er nicht lieber klein beigibt, in der Hoffnung, den Schaden vielleicht auf andere Weise zu begrenzen.

Da die Räte in der Regel von den Geschäften des Unternehmens, das sie überwachen sollen, wenig Ahnung haben, fällt es ihnen auch schwer, die bestmöglichen Kandidaten für Vorstandsposten ausfindig zu machen. Oft werden sie sich deshalb auf die Empfehlungen der amtierenden Mandatsträger verlassen. Die aber müssen keineswegs immer die beste Wahl sein, wie zahllose Fälle aus der jüngeren Vergangenheit bewiesen. Denn häufig verfolgen die ausscheidenden Vorstandsherren mit ihren Personalempfehlungen ganz eigennützige Ziele.

Wenn etwa ein machtbewußter Generaldirektor nach dem Erreichen der Pensionsgrenze in den Aufsichtsrat überwechseln und dort weiterhin die Geschicke »seines« Unternehmens bestimmen möchte, dann wird er zu seinem Nachfolger nicht einen starken und selbstbewußten, sondern eher einen fügsamen Kollegen vorschlagen. Und mancher scheidende Konzernboß hoffte schon, der Nachwelt in um so besserer Erinnerung zu bleiben, je unfähiger und erfolgloser sein Nachfolger agierte.

Jahrzehntelang gelang es zum Beispiel dem eitlen Krupp-Verweser Berthold Beitz, die Konzernspitze mit so schwachen Figuren zu besetzen, daß er auch nach seinem Ausscheiden aus dem Lenkungsgremium praktisch unumschränkt regieren konnte. Auch der Porsche-Clan duldete nach der Umwandlung des einstigen Familienbetriebs in eine Aktiengesellschaft keinen starken Chef an der Spitze der Zuffenhausener Sportwagenfirma.

Schwäche für Bluffer und Blender

Bankiers scheinen eine Schwäche für Bluffer und Blender zu haben. Das bewiesen sie, indem sie so mediokre Figuren wie den Schweizer Werner K. Rey, den Briten Robert Maxwell oder den Deutschen Horst Dieter Esch mit Krediten vollpumpten. Ihr feines Gespür für den Wert von Menschen läßt sie auch nicht im Stich, wenn sie in den Aufsichtsräten über die Besetzung hochkarätiger Vorstandsposten zu befinden haben.

Von mehreren Kandidaten pflegen sie in der Regel zielsicher denjenigen auszuwählen, der mit dem besten »Image« aufwarten kann. Je öfter so ein Kandidat in den Medien von sich reden machte, je gewandter er sich präsentierte, desto nebensächlicher erscheinen den vielbeschäftigten Kontrolleuren dann die unternehmerischen Qualitäten.

Imagekünstler wie Edzard Reuter von Daimler, Daniel Goeudevert von VW, René C. Jäggi von Adidas oder Heinz Dürr von der Bundesbahn vermochten die Allgewaltigen auch dann zu beeindrucken, wenn die von ihnen erwirtschafteten Ergebnisse eher trübselig wirkten. Nicht das, was einer kann, zählt in den Augen der dem Tagesgeschehen entrückten Räte, sondern, was einer darstellt. Folglich wimmelt es in den Vorstandsetagen nur so von begabten Darstellern.

Unter Anleitung erfahrener Fernsehschaffender wie Claus Hinrich Casdorff oder Hajo Friedrichs übten sie den mediengerechten Auftritt, von Rhetoriklehrern wie Heinz Goldmann ließen sie sich in der Kunst der freien Rede unterweisen, und von Zeitgeistern wie Gertrud Höhler und Gerd Gerken das passende Vokabular in den Mund legen. Und wenn sie dann gekonnt über die wirtschaftliche Lage der Nation schwadronieren, Patentrezepte zur Ökofrage absondern oder die Zukunft der Marktwirktschaft beschwören, dann landen ihre Namen schnell auf den Transferlisten für die teuersten Jobs im Lande der müden Räte.

Ein Vorstand läßt jagen

Wenn so viele Chefsessel in der deutschen Wirtschaft mit den falschen Leuten besetzt sind, dann hat daran ein Berufsstand kräftig mitgewirkt, der in den vergangenen zehn Jahren eine beispiellose Konjunktur erlebte: die Gilde der Headhunter und Personalvermittler.

Da die Manager aus Angst, Unsicherheit und Selbsterhaltungstrieb oft nur solche Mitarbeiter einstellen, die ihnen ihre Position nicht streitig machen können, gibt es in den meisten deutschen Unternehmen keine wirklich funktionierende »Personalentwicklung«. Folglich muß heutzutage schon jeder zweite Managerjob mit einem externen Kandidaten besetzt werden. Das rege betriebene »Bäumchen-wechsle-dich-Spiel« beschert den etwa 2000 bis 3000 freiberuflichen Personalberatern von Jahr zu Jahr steigende Umsätze und Tageszeitungen wie der *Frankfurter Allgemeinen* oder der *Süddeutschen Zeitung* ausufernde Anzeigenplantagen.

Per Inserat werden freilich nur Kandidaten fürs mittlere Management gesucht. Toppositionen besetzen in der Regel die sogenannten Headhunter. Hinter dem romantischen Begriff des Kopfjägers verbirgt sich in Wirklichkeit die banale Tätigkeit eines Abwerbers. Üblicherweise läuft dies so ab: Konzernvorstand X ruft Headhunter Y an und sagt, er brauche einen Marketingmann für Konsumgüter, der bis zu 500 000 Mark im Jahr kosten darf. Headhunter fragt, ob ein bestimmter Name in Frage käme, und der Auftraggeber zählt auf Anhieb fünf Leute von der Konkurrenz auf. Der Headhunter bedankt sich und legt auf.

Kurz nach Beginn der Tagesschau ruft er nacheinander die fünf Kandidaten an und vereinbart Gesprächstermine. Die präsentiert er 14 Tage später seinem Auftraggeber, und einer davon wird eingestellt. Headhunter schickt seine Rechnung und kassiert rund ein Drittel des Jahresgehaltes, also rund 170 000 Mark Honorar. So einfach ist das. Es erhebt sich die Frage: Warum ruft der Konzernvorstand die Leute nicht gleich selbst an und spart seiner Firma viel Geld? Antwort: 1. läßt ein Vorstand arbeiten; 2. scheut er den Prestigeverlust, der mit einer Absage verbunden wäre; 3. ist ihm das Geld seiner Firma sowieso egal, und 4. kann er den Headhunter verantwortlich machen, wenn sich der Neue als Flasche herausstellt. Schließlich 5.: Er war dem Headhunter sowieso noch einen Gefallen schuldig, weil dieser ihn einst auf seinen heutigen Posten gehievt hatte.

Der Headhunter ist für den Manager, was der Impresario für den Künstler – Ziehvater und Wegbereiter, Spürhund und Garant für steigende Gagen. Die Führungskraft, die es noch nicht geschafft hat, ihren Namen in die Karteien der Kopfjäger zu plazieren, hat kaum eine Chance, bis in die Teppichetagen der großen Unternehmen vorzudringen.

»Wen ich nicht kenne, der hat kein Vorstandsformat«, behauptet Dieter Rickert ganz unbescheiden. Der Schützenkönig unter den deutschen Huntern hat schon für mindestens die Hälfte der größten Unternehmen Deutschlands gearbeitet und viele prominente Manager auf ihre Stühle gehoben, darunter Krupp-Chef Gerhard Cromme, VW-Vize Daniel Goeudevert und Treuhand-Vorstand Hero Brahms.

Zusammen mit seinem Partner Hubert Johannsmann betreibt der im Münchner Villenviertel Grünwald residierende Kopfwerber zwei Firmen: Die Interconcilium sucht Topmanager ab 300 000 Mark Jahresgehalt, und der Ableger Curriculum widmet sich den unteren Chargen ab etwa 150 000 Mark.

In den Karteien der beiden Oberjäger, von denen jeder pro Jahr etwa fünf Millionen Mark einstreicht, finden sich die Namen von mindestens 3000 deutschen Managern, mitsamt ihren Lebensläufen und Eignungsvermerken. Im einträchtigen Zusammenspiel mit den von ihnen etablierten Bossen sorgen die beiden Münchner Kopfjäger dafür, daß das Personalkarussell immer schön in Bewegung bleibt.

Nicht die Idealbesetzung eines Managerpostens ist das Ziel der Headhunter, sondern ein möglichst schneller »Umschlag« ihres Adressenpotentials. Auch da decken sich wieder die Interessen, denn die etablierten Herren der Wirtschaft haben es auch lieber, wenn potentielle Rivalen und Nachfolger möglichst schnell wieder verschwinden.

Sie sind deshalb den ihnen sehr verbundenen Abwerbern gar nicht böse, wenn diese für Bewegung im »Goldfischteich« ihres Unternehmens sorgen. Für die Aufsteiger freilich birgt ein allzu häufiger Wechsel die Gefahr, daß sie in ihrer Branche bald als »Durchlauferhitzer« gelten und aus dem Kreis der Kandidaten, die für Spitzenjobs in Frage kommen, aussortiert werden.

Leichtverderbliche Handelsware

Für die Headhunter und Personalberater sind die Manager nichts anderes als eine leichtverderbliche Handelsware, die möglichst oft umgeschlagen werden muß, bevor sie ranzig wird. Sie haben deshalb auch keinerlei Bedenken, junge, unverbrauchte Talente zu verheizen, indem sie diese in rascher Folge in immer neue, stets höherbezahlte Positionen bugsieren, bis sie irgendwann Schiffbruch erleiden. Diese »ranzig« gewordenen Exemplare können ihre Hoffnungen auf eine Fortsetzung ihrer Karriere begraben und dürfen froh sein, wenn sie überhaupt noch irgendwo unterkommen.

Die Wirkung der Kopfjäger ist fatal: Indem sie dafür sorgen, daß sich das Personalkarussell immer schneller dreht, lockern sie die Bindungen, die zwischen den Unternehmen und ihren Managern bestehen sollten. Wenn Betriebstreue nichts mehr zählt, dann wird kaum ein Manager langfristige Unternehmensstrategien entwickeln und versuchen, undankbare Aufgaben stets seinem Nachfolger zu überlassen.

Das System der Kopfjägerei dient ausschließlich den Interessen der Manager und nicht denen der Unternehmen. Es erhöht die Kosten des betriebswirtschaftlichen Faktors »Management« ganz erheblich und sorgt keineswegs für eine adäquate Steigerung der Effizienz. Im Gegenteil: So, wie die heutigen Bundesligavereine mit ihren hochbezahlten Stars bei internationalen Pokalwettbewerben immer wieder an spottbilligen, aber bodenständigen Vereinsmannschaften scheitern, sind auch unsere Renommierkonzerne mit ihren sündteuren Vorständen keineswegs rentabler als kleine Klitschen, in denen der Chef noch selber kocht.

Das Transfersystem produziert enorme Reibungsverluste. Denn jedesmal, wenn ein Topmanager wechselt, zieht er für gewöhnlich eine Schar Getreuer nach, die er auf die strategisch wichtigen Plätze in seinem neuen Reich versetzt. Die bisherigen Platzhalter müssen ihre Sessel räumen und werden im Zweifelsfalle das Unternehmen verlassen. Daß der rege Wildwechsel in den Führungsetagen auf den unteren Ebenen viele Nachahmer findet, versteht sich von selbst.

Betriebstreue ist deshalb eine Vokabel, die laufend an Bedeutung verliert, und das hat natürlich Folgen. Der Zigarettenzar, der unversehens zum Chef eines Medienimperiums gekürt wird, braucht natürlich Zeit, bis er wenigstens die Grundzüge des ihm völlig fremden Geschäfts begriffen hat. Und der Chef eines Elektrokonzerns kann viele Monate lang nicht viel mehr als ein teurer

Lehrling sein, wenn er plötzlich den Kurs der Deutschen Bundesbahn bestimmen soll.

Während sich die Bosse einarbeiten, ist das Räderwerk der Macht in solchen Unternehmen blockiert. Jede Führungskraft, vom Vorstand bis hinunter zum Abteilungsleiter, wird erst mal abwarten, was der Neue vorhat. Selbst Unternehmen mit einer gefestigten Kultur und Tradition, wie das Verlagshaus Axel Springer, der Stahlhersteller Hoesch oder der Computerbauer Siemens-Nixdorf, wirkten nach Chefwechseln monatelang wie paralysiert.

Das bringt uns zu der Frage, was ein Manager überhaupt tut, womit er seinen Tag verbringt, welche Einfluß- und Gestaltungsmöglichkeiten er hat und was er, im Guten wie im Schlechten, für sein Unternehmen bewirken kann. Kurzum, es geht um den vieldiskutierten »Führungsstil« unserer Unternehmenslenker.

Orientierungslose Führer

Am liebsten beschäftigen sich deutsche Manager mit dem »Motivieren« ihrer Mitarbeiter. Dies jedenfalls ergibt sich aus einer Umfrage der beiden Bremer Sozialforscher Wilhelm Eberwein und Jochen Tholen aus dem Jahr 1990. 65 Prozent der befragten Manager sehen darin ihre wichtigste Aufgabe. Deutlich abgeschlagen rangiert das »Integrieren« der verschiedenen Betriebsteile mit 26 Prozent an zweiter Stelle, vor dem, was man gemeinhin unter Managertätigkeit versteht, dem »Entscheiden« (23 Prozent) und schließlich dem »Kommunizieren« mit Mitarbeitern, Kunden, Lieferanten und Geldgebern (20 Prozent) (Mehrfachnennungen führen zu einer höheren Gesamtzahl als 100 Prozent).

Vergessen haben die befragten Führungskräfte dabei freilich das Wesentliche: das Sägen an den Stühlen ihrer Rivalen und die Verteidigung der eigenen Reviere. Bei manchen Wirtschaftsführern gehen dafür, das bezeugen Unternehmensberater wie Roland Berger, bis zu zwei Drittel der Arbeitszeit drauf. Sehen wir uns nun also mal an, wie in deutschen Betrieben »motiviert« wird.

Fast immer fällt den Führungskräften dazu nur zweierlei ein: Entweder sie drohen mit dem Verlust von Privilegien, Kürzung des Gehalts, zusätzlicher Belastung, Versetzung, Blockade der Beförderung oder schließlich gar mit dem Rausschmiß, oder sie locken mit Gehaltserhöhung, Sonderprämien, Zusatzurlaub, Incentive-Reisen, Aussicht auf Beförderung etc.

Alles falsch, sagt dazu der Essener Managertrainer Reinhard K. Sprenger. Denn intelligente Mitarbeiter durchschauen das Spiel und reagieren deshalb immer anders, als sie nach dem Willen der Manager sollen. Besser wäre es, die Manager würden ihre Mitarbeiter als mündige Menschen behandeln, sie rechtzeitig und umfassend informieren und ihnen ohne jede Scheu die Leistung abverlangen, für die sie bezahlt werden.

Sprenger hält deshalb die Hausrezepte der zum Führen unfähigen Bosse für billige Manipulationsversuche: »Die Folge ist in vielen Unternehmen eine Verdachtskultur, die im Kern von der Abwertung der Mitarbeiter lebt, in der das Mißtrauen stets sprungbereit lauert, ein Klima, das Initiative und Ideenentfaltung lähmt; in dem schlechtes Informationsverhalten, einsame Entscheidung und Cliquenwirtschaft die Tagesordnung bestimmen.«

Tatsächlich ist der Schaden, der von übelgelaunten, weil frustrierten Mitarbeitern verursacht wird, kaum zu beziffern. Er ist, neben ineffizienten Produktionsabläufen und aufgeblähten Verwaltungsapparaten, der wichtigste Passivposten in der Leistungsbilanz der deutschen Unternehmen.

Und unsere Manager sind offenbar unfähig, die gigantischen Reibungsverluste, die im Räderwerk der Wirtschaft täglich durch renitente, gleichgültige oder bequeme Mitarbeiter erzeugt werden, auch nur um Bruchteile zu verringern. Den Grund für das Scheitern unserer Führungskräfte an ihrer wichtigsten Aufgabe sehen Fachleute wie Reinhard Sprenger in der verkrampften Einstellung zu der Rolle, die sie zu spielen haben.

Die wenigsten der rund 370 000 Manager, die an den Schalthebeln der deutschen Wirtschaft sitzen, sind geborene Führernaturen. Die meisten von ihnen fühlen sich eher als arme Würstchen, die nicht so recht wissen, wie sie ihre Mitarbeiter dazu bringen sollen, das zu tun, was getan werden muß. Sie spielen ihre Chefrolle wie ein Schauspieler, der sich an großen Vorbildern orientiert. Mal versuchen sie es als Napoleon, mal als Albert Schweitzer – und kommen bei ihren Mitarbeitern höchstens als Lachnummer an.

Jeder weiß, daß ein Manager eine austauschbare Figur ist, die ihre Legitimation nur vom jeweils nächsten Vorgesetzten bezieht. Er wird respektiert, wenn er in der Sache Bescheid weiß, gerecht ist und die Interessen seiner Mitarbeiter im betrieblichen Umfeld angemessen vertritt. Abgelehnt wird er, wenn ihm fachliche Kompetenz fehlt, wenn er zu weich, feige oder unentschlossen ist, wenn er Günstlingswirtschaft betreibt oder die Interessen der Gruppe zu Gunsten seiner eigenen Karriere verrät.

Manager, die Schwierigkeiten mit ihren Mitarbeitern haben, lassen sich dann in sogenannten Motivationsseminaren fit machen. Hier lernen sie, Menschen wie Pawlowsche Hunde zu behandeln, die mit Zuckerbrot und Peitsche abgerichtet werden. Viele Motivationstrainer bedienen sich der Erkenntnisse des amerikanischen Sozialpsychologen Abraham H. Maslow, der den Menschen als hierachisch aufgebautes Bedürfnisbündel begriff. Stufenweise müssen also die menschlichen Bedürfnisse befriedigt werden, vom Bedürfnis nach gerechtem Lohn bis zum Bedürfnis nach Selbstverwirklichung, damit ein Mitarbeiter das tut, was er eigentlich nicht tun möchte, nämlich hart und intensiv zu arbeiten.

Klar, daß Mitarbeiter, die schlecht behandelt werden, sich rächen: indem sie Termine verschlampen, bei Reisekostenabrechnungen schummeln, Aufträge sausen lassen, krankfeiern und ihre Energien ganz auf die Freizeit konzentrieren.

Ein Chef, der sich nicht getraut, einem Mitarbeiter offen ins Gesicht zu sagen: »Ich bin mit Ihrer Leistung nicht zufrieden und möchte, daß sich das schnellstens ändert«, der hat den falschen Beruf. Natürlich sollte er in der Lage sein, jederzeit vorzumachen, was er von seinen Mitarbeitern verlangt. Vor allem hat er dafür zu sorgen, daß in seinem Betrieb Arbeitsbedingungen herrschen, die zur Leistung anspornen.

Vom Vorstandsmitglied bis hinunter zum jüngsten Lehrling sollte jeder wissen, daß sich das Unternehmen in einem harten Wettbewerb befindet. Die Bedingungen und der Stand dieses Wettkampfs um die Gunst der Kunden müssen das Denken aller Mitarbeiter prägen. Es geht darum, ein Klima zu erzeugen, in dem sich die Leistungsfähigen wohl und die zu Beschützenden sicher fühlen.

Doch viele Manager steuern genau das Gegenteil an. Aus Angst, Unsicherheit oder Inkompetenz erzeugen sie ein Klima, das die Mitarbeiter zu einer »inneren Kündigung« treibt, weil ihre Ideen nicht gefragt sind, sondern unterdrückt werden, weil sie unter Zukunftsängsten leiden und nicht wissen, wie ihre Leistungen bewertet werden.

Angst in den Augen

Wie gut das Management eines Unternehmens ist, kann man am besten daran erkennen, wie die Führungskräfte mit ihren Mitarbeitern verkehren. Läuft zum Beispiel ein Manager im piekfeinen Anzug durch die Produktionshalle, ohne nach links oder rechts zu blicken, dann ist klar, dieser Mann hat Angst. Er befindet sich in einer ihm fremden Welt, von der er zwar lebt, die ihm aber im Grunde unheimlich ist.

Er scheut sich, den Arbeitern in die Augen zu blicken und mit ihnen zu reden. Er weiß nicht mal, was er sagen soll. Ein solches Würstchen ist kein Führer, sondern ein Getriebener.

Auch die arroganten Nadelstreifenträger, die sich nie in den Niederungen ihrer Unternehmen blicken lassen, sondern sich hinter den schalldichten Türen ihrer Chefbüros verschanzen, befinden sich am falschen Platz. Sie handeln wie die Monarchen vergangener Tage, die sich nur bei offiziellen Anlässen dem Volk zeigten und im übrigen auf den Mythos ihres Ranges vertrauten.

Ein moderner Betrieb ist so nicht zu leiten, denn kein Generaldirektor ist heutzutage noch eine mythische Figur. Kein Zacken bricht ihm aus der Krone, wenn er sich in der Kantine mit dem Pappteller in die Schlange der Wartenden einreiht, um mit ihnen gemeinsam das Mittagessen einzunehmen. Opel-Chef Louis R. Hughes ließ deshalb das noble Vorstands-Casino in Rüsselsheim auflösen und wies seine Kollegen an, beim Mittagessen in der Werkskantine den Kontakt zu Arbeitern und Angestellten zu suchen. Auch beim deutschen Ableger des amerikanischen Computerherstellers IBM wundert sich niemand, wenn er plötzlich dem obersten Chef Hans-Olaf Henkel mit einem Salatteller in der Hand begegnet. Beim Münchner Siemens-Konzern hingegen würde Karlheinz Kaske wahrscheinlich einen Volksauflauf provozieren, ließe er sich mal unverhofft am Fließband sehen.

Die Unsicherheit der deutschen Manager über die Rolle, die sie in ihren Betrieben zu spielen haben, drückt sich in dem Eifer aus, mit dem sie immer neue Führungslehren ausprobieren. Sie huldigen dem Glauben, daß Menschenführung grundsätzlich erlernbar sei und es nur darauf ankomme, die richtigen Tricks und Kniffe zu beherrschen. Daß dies ein grundlegender Irrtum ist, weil nun mal bestimmte charakterliche und intellektuelle Voraussetzungen zur Menschenführung notwendig sind, wissen die Managertrainer zwar, aber sie hüten sich, es ihren Klienten zu sagen. Die immer neuen »Management by ...«-Techniken offenbaren nur den Frust naiver Abteilungs-, Bereichs- oder Unternehmensleiter, die nach Patentrezepten suchen, um ihre beruflichen Probleme in den Griff zu bekommen. Allein schon die Vielzahl der Definitionen von Führung läßt ahnen, was für ein Durcheinander in den Köpfen von Führungskräften herrscht. Hier eine kleine Auswahl, zusammengestellt von dem Organisationsexperten Oswald Neuberger:

- »Führung ist jede zielbezogene, interpersonelle Verhaltensbeeinflussung mit Hilfe von Kommunikationsprozessen.«
- »Organisatorische Führung besteht aus Unsicherheitsreduktion.«
- »Führung ist richtungsweisendes und steuerndes Einwirken auf das Verhalten anderer Menschen, um eine Zielvorstellung zu verwirklichen.«
- »Führung wird verstanden als Beeinflussung der Einstellungen und des

Verhaltens von Einzelpersonen sowie der Interaktionen in und zwischen Gruppen, mit dem Zweck, gemeinsame Ziele zu erreichen.«

Weil die Herren der Wirtschaft also offenbar selbst nicht genau wissen, was sie wollen, schwafeln sie weitläufig von »operativem« und »normativem« Management, sehen sich mal als unpersönliche Lenker abstrakter Systeme, mal als charismatische Feldherren. Die einen wollen nichts weiter sein als »Erster unter Gleichen«, andere meinen unverblümt: »Ich befehle, die anderen haben zu gehorchen.« Und je älter sie werden, je weiter sie aufsteigen, desto mehr sind sie davon überzeugt, allein kraft ihrer Persönlichkeit zu regieren.

Meint von den jüngeren Managern der zweiten Führungsebene noch jeder zweite, Führung sei grundsätzlich erlernbar, so pflichtet dem von den Bossen der ersten Garnitur nur noch ein Viertel bei. Die von sich überzeugten Recken halten denn auch wenig vom vielzitierten »kooperativen Führungsstil«, den sie einst als Jungmanager vehement gefordert hatten.

Der Manager eines Maschinenbauunternehmens zum Beispiel wird von Eberwein und Tholen so zitiert: »Die Teamarbeit nimmt mit zunehmender Hierarchie ab, auch wenn sie vom Topmanagement postuliert wird. Die jungen Universitätsabsolventen haben gelernt, gemeinsam ein optimales Ziel zu erreichen, und sie praktizieren dies anfangs auch. Zu einem späteren Zeitpunkt lernen sie, daß offene Kommunikation nicht das einzige ist, was sie weiterbringt. Sie lernen, sich zu verhalten wie die Spinne im Netz, sie lernen, daß man nach unten die Teamarbeit postulieren muß, um die Leute in Bewegung zu halten. Aber selbst gegenüber den eigenen Kollegen nutzt man offene Kommunikation nur in beschränktem Maße, nämlich da, wo es zur Erreichung der eigenen Ziele dient.«

Bei der Beobachtung unserer Führungskräfte fielen mir fünf Typen auf, denen man immer wieder begegnet. Die Verhaltensweisen des Quintetts erscheinen mir repräsentativ für den größten Teil der deutschen Manager. Ich will sie deshalb hier kurz charakterisieren:

Der Wichtigtuer
Man erkennt ihn am schnurlosen Funktelefon, mit dem er verwachsen zu sein scheint. Ob auf der Autobahn, an der Hotelbar oder auf dem Golfplatz – der Kerl quasselt. Ist er mal still, dann piept es dringlich aus seiner Jackentasche. Dieser Typ kennt keine Pause und keinen Feierabend, locker spult er die 60-Stunden-Woche ab, immer im Einsatz, aber oft mit verkehrtem Ansatz.
Der Hektiker wird getrieben von der Furcht, irgend etwas zu versäumen oder in kommende Katastrophen verwickelt zu werden. Er arbeitet viel, doch nicht immer effizient, er pflegt das »Management by chaos« und bringt was in Bewegung, wenn auch oft in die falsche Richtung. Konferenzen, bei denen er zuhören muß, langweilen ihn, am Schreibtisch hält er es nie lange aus, und wenn man mit ihm redet, hat man ständig das Gefühl, er sei mit den Gedanken woanders. Am häufigsten kommt der Hektiker im Mittelmanagement vor, als Verkaufsleiter, Betriebsingenieur oder EDV-Experte.

Der Kumpel
Der sympathische Zeitgenosse kommt mit jedem klar, er genießt Vertrauen und hat überall Freunde. Spätestens nach dem zweiten Treffen legt er einem den Arm um die Schulter, und man hat das Gefühl, hier ist ein verläßlicher Mensch. Doch das Gefühl trügt, er ist alles andere als verläßlich. Er ist nur harmoniebedürftig und geht Konflikten aus dem Weg. Darum lügt er wie gedruckt, denn er will es mit keinem verderben.
Der Kumpel hat immer ein schlechtes Gewissen, und in seinem Bereich geht manches drunter und drüber. Doch weil ihn alle so nett finden, helfen ihm seine Mitarbeiter, die gröbsten Schnitzer auszubügeln. So gelingt es ihm meistens, einigermaßen glimpflich davonzukommen, auch wenn rund um ihn herum die Welt aus den Fugen gerät.
Der Kumpel weiß alles, weil bei ihm die Mitarbeiter ihr Herz ausschütten, und manchmal nützt er sein Wissen, um fein gesponnene Intrigen anzuzetteln. Weil er so harmlos aussieht, mißtraut ihm niemand, doch am Ende sitzt der Kumpel häufig auf dem besten Posten. Verschlagene Kumpel können es bis

zum Vorstand bringen, doch häufiger trifft man diesen Typ auf der Direktorenebene.

Die besseren Exemplare eignen sich vorzüglich als Leiter komplizierter Projekte oder als Chefs ausländischer Tochtergesellschaften. Kumpels mit kleinen Webfehlern bleiben irgendwo zwischen Werkstattleiter, Filialdirektor oder Niederlassungschef hängen.

Der Erbsenzähler

Von seinen Chefs wird er geschätzt, von Kollegen und Untergebenen gefürchtet. Denn der Erbsenzähler weiß einfach alles. Unermüdlich ist er damit beschäftigt, Gesprächsnotizen anzufertigen, Memos abzusenden, Statistiken auszuwerten. Obwohl er die reinste Datenumwälzanlage ist, verläßt der Erbsenzähler abends einen aufgeräumten Schreibtisch.

Die wichtigsten Zahlen hat er im Kopf, in seiner Aktentasche liegen wohlgeordnet die relevanten Geschäftsvorgänge, und am Bildschirm ist der Erbsenzähler ein wahrer Künstler. Er kann das Verhältnis der Kredite zu den Eigenmitteln mit der Lagerumschlagsgeschwindigkeit in Relation bringen und das Ganze in einer hübschen Grafik aufbereiten.

Nur eines kann er nicht: Ziele setzen, Mitarbeiter motivieren und Wege aus dem Chaos weisen.

Der Erbsenzähler ist der ideale Mann für Unternehmen, die von selbst laufen, also für Versicherungsgesellschaften, Hypothekenbanken oder Stromlieferanten. Doch leider findet man ihn auch in Branchen, wo er zum Störfaktor werden kann, etwa in Verlagen, Handelsfirmen, Softwarehäusern. Erbsenzähler vermitteln allen das Gefühl, in einem ordentlichen Unternehmen beschäftigt zu sein. Doch leider knirscht es in den Zahlenwerken, die dieser Typ produziert, mitunter ganz beträchtlich. Weil ihm nämlich jegliche Phantasie fehlt, kann er sich auch nicht vorstellen, daß aus schwarzen Zahlen plötzlich rote werden. Deshalb ist der Erbsenzähler grundsätzlich ungeeignet zur Führung eines Unternehmens, auch wenn man nirgendwo ganz auf ihn verzichten kann.

Der Moderator
In den Talk-Shows des Fernsehens mag er unabkömmlich sein, in den Sitzungen von Bereichsleitern, Vorständen oder Aufsichtsräten stiftet dieser Typ meist nur Verwirrung. Dennoch ist er momentan die gefragteste Spezies unter den deutschen Managern. Er soll die Quasselstrippen zur Ordnung rufen, den Ehrgeiz egoistischer Ressortkönige zügeln und die Energien seiner Rivalen bündeln.

Der Moderator ist ein kluger Kopf, dem zu jedem Thema eine passende Sottise einfällt. Er weiß alles, versteht alles – und bewegt nichts. Im Grunde sind Moderatoren die geborenen Zyniker, denen es völlig wurscht ist, was in ihrer Firma vorgeht, Hauptsache, sie bleiben da, wo sie sind: ganz oben. Moderatoren verbünden sich mal mit dem einen, mal mit dem anderen Lager, und jeder hat stets das Gefühl, daß der kluge Kopf an der Spitze viel mehr weiß, als er zugibt.

In Wahrheit weiß er natürlich auch nicht weiter, doch in kritischen Situationen fällt ihm stets ein passender Spruch von Goethe, Wilhelm Busch oder Machiavelli ein. Und das reicht dann meistens auch, um die Konferenz zu retten. Keiner kann so überzeugend einen alten Ladenhüter als funkelnagelneue Idee präsentieren wie ein Moderator. Weil er nie einem Prinzip, aber immer sich selber treu bleibt, überlebt er alle Machtkämpfe und Säuberungsaktionen. Der Moderator ist der geborene Vorsitzende, Herausgeber oder Intendant. Seinen Meister findet er nur im nächsten Typ.

Gottvater
Seine Wirkung beruht vor allem auf Abwesenheit. Jeder weiß, daß es ihn gibt, und alle fürchten seine Strenge. Doch zu Gesicht bekommen ihn nur seine engsten Vertrauten. Gottvater regiert aus weiter Ferne, doch er weiß alles, sieht alles, hört alles. Wenn er eingreift, dann tut er es mit biblischer Strenge und für alle unerwartet.

Mit Vorliebe beordert er seine Vorstandskollegen zu Sondersitzungen am Samstagabend, oder er scheucht sie mit einem kurzen Anruf aus der Sonntagsruhe. Niemand wagt es, an Gottvater zu zweifeln, geschweige denn, sich mit ihm anzulegen. Denn die, die es riskierten, liegen als verstümmelte Leichen irgendwo im Niemandsland. Gottvater macht alles gründlich, und wehe dem Sterblichen, der seinen Anforderungen nicht genügt.

Gottvater kann zornesrot brüllen wie ein verwundeter Löwe oder schmallippig mit drei Sätzen einen aufgeblasenen Frosch platt machen. Sein Gedächtnis ist besser als das eines Elefanten, und wer ihn je enttäuscht, wird nie wieder auch nur einen Brosamen von seinem Tisch erhaschen.

Für gewöhnlich ist dieser Typ erfolgreich, doch wehe, wenn die Götterdämmerung naht: Dann stürzen die Allgewaltigen tiefer als jeder Sterbliche. Von seinen Mitarbeitern verlassen und umgeben vom Strudel der Pleite, wird selbst ein Halbgott menschlich. Den wahren Göttern der deutschen Wirtschaft blieben derlei Erfahrungen bisher gottlob erspart. So können sie vom Olymp aus ihre Jünger weiter traktieren. Wie Hans L. Merkle bei Bosch, Eberhard von Kuenheim bei BMW oder Otto Beisheim bei der Metro.

Blinder Aktionismus

Vergleicht man den Arbeitsstil der deutschen Manager mit denen ihrer Kollegen in USA und in Japan, dann fällt zunächst ihr extremer Formalismus auf. Unsere Führungskräfte erledigen am liebsten alles schriftlich, und zwar schön der Reihe nach, ohne darauf zu achten, wie wichtig die einzelnen Vorgänge sind. Prioritäten zu setzen fällt ihnen offensichtlich schwer. Auch hier gleichen sie eher biederen Verwaltungsbeamten als dynamischen Industrieführern. Ihre Tage sind bis ins letzte vorgeplant, und ein möglichst voller Terminkalender gilt in ihren Kreisen als Statussymbol. Wer innerhalb der nächsten vier Wochen noch ein paar unverplante Stunden hat, gilt als unterbeschäftigt. Hier zeigt sich das schlechte Gewissen vieler Manager, die ahnen, daß sie in Wirklichkeit gar nicht so viel zu tun haben. Dies versuchen sie durch blinden Aktionismus zu verdecken und vermitteln so den Eindruck, eher Getriebene als Treiber zu sein.

Ihr formalistisches Kästchendenken hindert sie daran, unkonventionelle Kontakte zu knüpfen und Freunde und Informationen auf allen Stufen der betrieblichen Hierarchie zu gewinnen. Ein deutscher Manager redet, wie einst die preußischen Offiziere, nur mit den ihm unmittelbar unterstellten Mitarbeitern, nie mit rangniederen Chargen. Ebenso vermeidet er Kontakte ganz nach »oben«. Dies würde seine Vorgesetzten irritieren.

Untersuchungen unabhängiger Institute und Unternehmensberater haben ergeben, daß die Unternehmenslenker einen Großteil ihrer Zeit mit Kleinkram vertrödeln, den auch andere erledigen könnten. Eine Studie der Hochschule St. Gallen und der Personalberatung Heidrick & Struggles zum Beispiel fand heraus, daß die Vorstände deutscher Aktiengesellschaften fast ein Drittel ihrer Zeit dazu verwenden, ins Tagesgeschäft ihrer Unternehmen einzugreifen, aber nicht einmal 10 Prozent für übergeordnete Aufgaben, wie die strategische Planung, übrig haben. Und das Münchner ifo-Institut entdeckte, daß nur etwa 16 Prozent aller Firmen langfristige Investitions- und Finanzpläne aufstellen.

Das heißt, unsere Herren Wirtschaftslenker wurschteln vor sich hin und sind unfähig, weitreichende strategische Ziele auszupeilen. Kein Wunder, daß sie im weltweiten Wettbewerb mit ihren japanischen Konkurrenten so schlecht abschneiden.

In ihrem Buch *Der kleine Machiavelli* beschrieben die Organisationssoziologen Peter Noll und Hans R. Bachmann die Tätigkeit der »Macher« so: »Daß ein Topmanager nicht arbeitet, ist durchaus normal und begründet keinerlei Vorwurf, denn je höher jemand in der Machthierarchie steht, desto mehr hat er nur noch dafür zu sorgen, daß die anderen arbeiten und deren Arbeit zu kontrollieren. Ein General liegt schließlich auch nicht im Schützengraben, es sei denn, anläßlich einer Demonstration für die Presse ... Auch wenn der Herr Generaldirektor sich in einem öffentlichen Haus befinden sollte oder, was häufiger der Fall ist, zwischen zwei Löchern auf dem Golfplatz, müssen ihm telefonisch Nachrichten überbracht werden können. Nicht erreichbar zu sein ist eine der schwersten Sünden im Leben eines Managers ...«

Sie brauchen das Gefühl, gebraucht zu werden. Deshalb mischen sie sich zum Leidwesen ihrer Mitarbeiter auch da ein, wo sie nichts zu suchen haben. »Delegation«, behauptet Roland Berger, »ist die große Schwäche vieler Führungskräfte.« Aus Angst, Macht zu verlieren, raffen die Bosse alles an sich, was irgendwie von Bedeutung sein könnte. Dadurch hindern sie ihre Mitarbeiter an der Entfaltung ihrer Fähigkeiten und sich selber am Nachdenken.

Und nicht selten verzetteln sie sich in kleinkariertem Taktieren und übersehen die wirklich wichtigen Aufgaben. Deshalb wird auch kaum eines der größeren Unternehmen wirklich dezentral geführt. Zwar betont so ziemlich jeder der Topmanager die Notwendigkeit, Entscheidungen an den Ort des Geschehens zu verlagern, doch wenn es darauf ankommt, geben die Manager in der Zentrale kein Jota ihres Einflusses freiwillig auf.

Würden die Außenstellen wirklich autonom entscheiden, dann wären unzählige hochdotierte Jobs in den aufgeblähten Konzernverwaltungen überflüssig. Ganze Stäbe könnten wegrationalisiert und viele Millionen Mark an Gehältern eingespart werden. Mancher Oberboß verlöre den größten Teil seiner Mitarbeiter, die ihm das Leben bisher so komfortabel gestalteten. Nun müßte er selbst den Computer anknipsen und lernen, wie man die Daten aus dem »Management-Informationssystem« des Konzerns herausfischt und interpretiert.

Dann könnte man, wie das der Schwede Percy Barnevick beim Elektrokonzern ABB praktiziert, mit kaum 60 Getreuen ein Weltunternehmen regieren. Zum Vergleich: Daimler-Chef Edzard Reuter beschäftigt in seiner Verwaltungszentrale in Stuttgart-Möhringen gut 3500 hochbezahlte Leute.

Akuter Realitätsverlust

Weil sich viele der großmächtigen »Macher« in Wirklichkeit ziemlich klein fühlen, umgeben sie sich mit loyalen Lakaien. Je mehr Türen, Schreibtische und Sekretariate sie zwischen sich und die feindliche Außenwelt legen können, desto sicherer fühlen sie sich. Wenn sie es dann auch noch schaffen, in ihrer nächsten Umgebung Unsicherheit und Angst zu erzeugen, indem sie jeden vertraulichen Umgangston vermeiden, dann haben sie gute Chancen, ihr seelisches Gleichgewicht wiederzufinden.

Niemand wird es wagen, ihnen die ungeschminkte Wahrheit zu sagen, und sie können sich in dem Bewußtsein zurücklehnen, daß in ihrer Firma alles zum besten steht. In ihren klimatisierten Chefbüros pflegen die Konzerngenerale dann Schlachten zu schlagen, die in Wirklichkeit nie stattfinden, und sich auf Projekte zu versteifen, die keine Chance auf Realisierung haben.

So erging es dem langjährigen Thyssen-Chef Dieter Spethmann, der sich in den letzten Jahren hauptsächlich um die Magnetschwebebahn »Transrapid« kümmerte, die wohl nie gebaut werden wird. Auch Peter Tamm, »Admiral« des Axel-Springer-Verlages, litt in seinen letzten Jahren an akutem Realitätsverlust, als er seine ganze Energie auf die überflüssige Abwehrschlacht gegen Leo Kirch, den zweitgrößten Aktionär seines Unternehmens, konzentrierte.

Persönliche Vorlieben, gekränkte Eitelkeiten und blinder Egoismus sind denn viel häufiger die wahren Triebkräfte hinter den Taten unserer Manager, als man vermuten würde. Ihre glatte, oft mit militärischen Ausdrücken durchsetzte Sprache, ihr scheinbar entpersönlichter Führungsstil soll uns suggerieren, daß die Herren an den Schalthebeln allein nach klaren logischen Gesichtspunkten handelten. Doch das ist nichts als Camouflage.

Je bescheidener ein Manager auftritt, desto egoistischer sind für gewöhnlich seine Motive. Die Zurücknahme seiner Person soll möglichen Gegnern den Wind aus den Segeln nehmen und ihm den Anschein einer über den Niederungen menschlicher Irrwege schwebenden Instanz verleihen. Am gefährlichsten sind jene Figuren, die von sich in der dritten Person reden und die einfachsten Sachverhalte so verklausulieren, als gelte es, einen völkerverbindenden Vertrag zu formulieren. Damit wollen sie nur ihre wahren Absichten tarnen, vielleicht, weil sie sich ihrer genieren.

Nur wenige Bosse sind so souverän wie der neue Springer-Chef Günter Wille, der vor den Führungskräften seines Hauses nonchalant bekannte: »Meine einzige Aufgabe ist es, ordentliche Gewinne zu erwirtschaften.« Und ganz selten leisten sich deutsche Bosse den Luxus, einfach Menschen zu sein. Wut und Temperamentsausbrüche, Freudengeheul und Schimpfkanonaden sind auf den schallgedämpften Teppichetagen der deutschen Wirtschaft verpönt. Meint Uwe-Volker Bilitza, Personalvorstand beim Kölner Versicherungskonzern Gerling: »Als Vorgesetzter habe ich eine besondere Verantwortung, mich zu disziplinieren und emotional beherrscht zu bleiben. Einen Wutanfall halte ich für schädlich.«

Durchschaut hat die Leisetreter der Managementtrainer Uwe Böning aus Frankfurt: »Die Angst, aus der Rolle zu fallen und sich der Führungsposition womöglich nicht würdig zu erweisen, läßt viele Manager Wut und Freude gleichermaßen hinunterschlucken.« Deshalb sprechen die unpersönlichen Angsthasen betont leise und langsam, benützen ausschließlich Sachargumente und vermeiden sorgfältig jeden Ausbruch, der auf ein emotionales Engagement schließen ließe.

»Blödsinn«, knurrt Claus Wisser. Der mächtige Zweizentnermann ist einer der erfolgreichsten Unternehmer Deutschlands. Er beschäftigt rund 25000 Mitarbeiter und besitzt neben einer Gruppe von Dienstleistungsunternehmen die Mehrheit an namhaften Textilunternehmen wie Ackermann Göggingen und Pfersee Kolbermoor. »Ich bin ein Bauchmensch, der einen Wutausbruch bekommt, wenn ihn etwas ärgert«, bekennt der temperamentvolle Hesse, »ich bin nicht auf der Welt, um Pädagoge zu sein, sondern um gewisse Dinge zu bewegen.« Als selbständiger Unternehmer hat er keine Hemmungen, die Dinge beim Namen zu nennen, während sich die typischen Manager hinter Fakten, Zahlen und Instanzen verschanzen.

Die Mythen der Manager

Doch ihre Taktik, eigene Machtinteressen hinter scheinbar objektiven Tatbeständen zu verstecken, wird immer öfter durchschaut. Schon vor Jahren entlarvte der amerikanische Organisationsexperte Henry Mintzberg die My-

then, die das Management errichtete, um sich ungehemmt an den Fleischtöpfen ihrer Unternehmen laben zu können. Entgegen diesen Mythen
- ist der Manager kein systematischer Planer, sondern ein in tausenderlei Tagesgeschäften verstrickter Schreibtischtäter;
- regiert der Manager kein logisch geordnetes Unternehmen, sondern ein mühsam gebändigtes Chaos;
- verfügt der Manager nicht über umfassendes Wissen über die Märkte, sondern setzt eher wie ein Roulettespieler blindlings auf Rot oder Schwarz;
- denkt der Manager keineswegs an das Wohl seines Unternehmens, sondern vor allem an sein eigenes;
- trifft er seine Entscheidungen selten emotionslos und nach sachlichen Gesichtspunkten, sondern meistens aus eigennützigen und emotionalen Motiven.

Der Münchner Organisationspsychologe Lutz von Rosenstiel kommt zu einem ähnlichen Ergebnis, wenn er feststellt: »Viel häufiger, als es den Topmanagern lieb ist, wird das Führungsverhalten des Chefs von seinen Mitarbeitern der zweiten und dritten Führungsebene diktiert.«

Mißt man die ihres Mythos entkleideten Chefs an ihren realen Arbeitsleistungen, schrumpfen sie schnell aufs bürgerliche Normalmaß zusammen. Denn vielen von ihnen geht es, meint zum Beispiel der Schweizer Psychoanalytiker Arno Gruen, gar nicht so sehr um den Erfolg ihres Unternehmens, sondern in erster Linie um die Ausübung von Macht. Gruen: »Ich habe viele dieser Menschen kennengelernt, die in einer fatalen Abhängigkeit leben: Sie wollen durch Macht und Besitz unverletzlich werden, weil sie den Schmerz und die Verzweiflung nicht ertragen können.«

Der Therapeut ortete in den Chefetagen viele Psychopathen, »die als Antwort auf Verletzungen in der Kindheit ihr Bedürfnis nach Wärme und Liebe abgespalten haben. Sie wollen den Schmerz nicht mehr, sie wollen sich nur noch stark fühlen.« Die Psychopathen sind, nach Gruen, »Meister im Erwekken von Schuld. Für ihre Mitarbeiter haben sie meist nur Verachtung übrig, und wenn etwas schiefläuft, ergehen sie sich in Selbstmitleid.« Gruens Rezept:

»Wenn wir von den Psychopathen keine Anerkennung mehr wollen, verlieren sie an Macht.«

Geplagt werden die Psychopathen im Chefsessel offenbar von mehr oder weniger schweren Neurosen. Akuten Realitätsverlust, krankhaftes Mißtrauen und nervöse Zwangsvorstellungen ortete zum Beispiel Rolf Berth von der Kienbaum-Akademie bei einer Vielzahl von Managern. Nach einer Psychoumfrage bei 437 Führungskräften stufte Berth rund 30 Prozent als »leichte« und ein weiteres Drittel als »mittlere« Neurotiker ein. Ein Prozent der deutschen Topmanager leidet demnach sogar an »schweren« Neurosen.

Diese psychisch Gestörten in den Chefetagen sind für ihre Betriebe eine schwere Belastung. Sie kapseln sich gegen Mitarbeiter und Kunden ab, vertreten unhaltbare Positionen, reagieren aggressiv auf Kritik und führen sinnlose »Vernichtungsfeldzüge« wie zuletzt Peter Tamm, der geschaßte Chef des Springer-Verlags, gegen seinen eigenen Großaktionär Leo Kirch.

Ist die Geschäftsführung eines Unternehmens stark mit Neurotikern durchsetzt, sackt nach der Kienbaum-Studie fast immer das Ergebnis ab. So erzielten die untersuchten »Neurotiker-Firmen« nur eine Umsatzrendite von 2,7 Prozent, die von gesunden Chefs geführten Unternehmen hingegen eine Umsatzrendite von 8,6 Prozent.

Ein Trost für die geschädigten Firmen: krankhafte Ehrgeizlinge machen es meist nicht sehr lange. Die überforderten, psychisch gestörten Chefs sind ideale Infarktkandidaten. Schon bei der Gesamtgruppe »Manager« ist das Risiko eines Herzinfarkts dreimal so hoch wie beim Bevölkerungsdurchschnitt, und bei den Neurotikern steigt es nochmals an. Der Unternehmensberater Leopold Stieger konstatiert deshalb bereits eine »Todessehnsucht der Manager«.

7
DIE NEUE WIRTSCHAFT

Wenn nicht alles täuscht, dann hat ihre Stunde geschlagen. Den ausschließlich an der Erringung und Ausübung von Macht interessierten Bossen droht das Saurierschicksal, denn die deutsche Wirtschaft steht vor dem vielleicht bedeutendsten Strukturwandel seit dem Wiederaufbau nach dem Krieg. Nicht politische Ereignisse wie die deutsche Wiedervereinigung oder die europäische Integration erzwingen den Prozeß, sondern der immer härter werdende internationale Wettbewerb und das beschleunigte Entwicklungstempo in den wichtigsten Schlüsseltechnologien.

Die Telekommunikation mit Hilfe von Erdsatelliten und Glasfaserkabeln macht es für jeden Wettbewerber möglich, Produktionsstätten an den kostengünstigsten Orten zu errichten und Verwaltungszentren in Steueroasen aufzubauen. Techniken wie das Computer Added Design (CAD), das Computer Aided Engineering (CAE) und das Computer Integrated Manufacturing (CIM) verkürzen die Zeit zwischen dem ersten Entwurf für ein neues Produkt und seiner Auslieferung in Massenstückzahlen auf dramatische Weise. Die Fortschritte in der Mikroelektronik, der Biotechnologie und der Genmanipulation führen zu einer Fülle neuer Produkte und Verfahren, derer sich die

Wettbewerber aus Malaysia, Taiwan und Korea ebenso bedienen können wie die Unternehmen der etablierten Industrienationen.

Die enormen Kostenvorteile der Newcomer, die kein 100 Jahre altes Sozialsystem versorgen, keine fett und träge gewordene Bürokratie ernähren und kein Riesenheer bestens ausgebildeter und enorm teurer Arbeitskräfte mit auslasten müssen, zwingen unsere Unternehmen zu einer beispiellosen Fitneßkur. Angesichts der globalen Verfügbarkeit von technologischem Knowhow, Kapital und lernwilligen Mitarbeitern verkehren sich die Vorteile einer uralten Industrienation schnell ins Negative, wenn es den Unternehmen nicht gelingt, den technologischen Wandel zu bewältigen und blitzschnell auf die sich permanent ändernden Verbraucherwünsche überall auf der Welt zu reagieren.

In ihrer heutigen Form aber sind viele unserer Betriebe nur noch in den komfortablen Zeiten der Hochkonjunktur überlebensfähig. Wenn zum Beispiel ein Riesenkonzern wie VW mitten im Autoboom mit seiner inländischen PKW-Produktion keinen Gewinn mehr erzielt, dann kann man sich leicht ausmalen, was in einer Rezession passiert: Das Unternehmen, das viel zu viele und viel zu gutbezahlte Mitarbeiter beschäftigt, müßte Massenentlassungen vornehmen und ganze Werke stillegen.

Größe schützt in diesem Fall nicht vor Verlusten, allenfalls vor Konkurs. Denn wenn es zum Äußersten käme, würde mit Sicherheit die öffentliche Hand einspringen – ähnlich, wie das in den USA schon mit dem Automobilkonzern Chrysler geschah.

Größe bedeutet nichts, Schnelligkeit alles

Größe, ausgewiesen durch beeindruckende Umsatz- und Beschäftigtenzahlen, war das vorrangige Ziel der heutigen Managergeneration. Die angestellten Konzernlenker berauschten sich, wie weiland Kaiser Karl V., an der Vorstellung, über Imperien zu gebieten, in denen »die Sonne nicht untergeht«.

Trotz aller gegenteiligen Beteuerungen ging es ihnen in Wahrheit nur um die Ausdehnung ihrer Machtbereiche, um die Potenzierung ihres persönlichen Einflusses.

Je größer ihr Unternehmen, so glaubten sie allen Ernstes, um so unverwundbarer würde es sein. Ihr Selbstwertgefühl wuchs in dem Maße, wie ihr Konzern in den Umsatzranglisten internationaler Wirtschaftsmagazine nach oben kletterte. Und wenn sie es mit einem neuen Geschäftspartner zu tun hatten, dann maßen sie dessen Bedeutung an den gleichen oberflächlichen Parametern. Handelte es sich um einen kleineren Unternehmer mit einer interessanten Idee, dann wurde er nicht beim Ranghöchsten vorgelassen, sondern mußte mit einem einfacheren Vorstandsmitglied vorliebnehmen. Von einem westdeutschen Konzernherrn ist der Spruch überliefert: »Mit Leuten unter einer Milliarde Umsatz rede ich erst gar nicht.«

Inzwischen hat sich auch in den Kleinhirnen der Wirtschaftssaurier die Erkenntnis breitgemacht, daß Größe nicht mehr alles bedeutet und der Kleine von heute, der das richtige Konzept verfolgt, schneller als je zuvor zu einem Großen werden kann.

Der Frankfurter Volkswirtschaftsprofessor und »WirtschaftsWoche«-Herausgeber Wolfram Engels geißelte den Größenwahn der Manager: »Mittlere und kleinere Unternehmen haben im letzten Jahrzehnt viel mehr Arbeitsplätze geschaffen als Großunternehmen.«

In Deutschland schaffte es der einstige Autozwerg BMW zum Beispiel, binnen 20 Jahren den übermächtigen Rivalen Daimler-Benz in der Anzahl der produzierten Personenwagen zu überholen. Und in den USA bewältigte der einstige Garagenbetrieb Microsoft den Aufstieg zum weltgrößten Anbieter in Computersoftware in nur 15 Jahren. An der Börse ist das 1975 von William H. Gates gegründete Unternehmen mittlerweile ebensoviel wert wie der 150 Jahre alte Siemenskonzern.

»Nicht der Große besiegt den Kleinen, sondern der Schnelle den Langsamen«, prophezeite BMW-Lenker Eberhard von Kuenheim den Managern seiner Branche: Im postkapitalistischen Wirtschaftssystem der Jahrtausendwende bedeutet Größe nichts, Tempo alles. Denn wo es notwendig ist, kann sich auch ein kleines Unternehmen alles beschaffen, was es zur Bedienung der Märkte benötigt.

Will zum Beispiel ein mittelständischer Werkzeugmaschinenhersteller aus dem Schwabenland auf dem japanischen Markt vertreten sein, dann muß er dort nicht selbst ein flächendeckendes Vertriebsnetz aufbauen, sondern kann sich einen Partner suchen, dem er im Gegenzug zur Präsenz auf dem deutschen Markt verhilft.

Netzwerke aus miteinander kooperierenden Kleinbetrieben können dieselbe Schlagkraft entwickeln wie ein Konzerngigant. Dies versuchen derzeit zum Beispiel einige kleinere deutsche Kfz-Zulieferer zu beweisen, die sich mit ausländischen Partnern verbünden, um gemeinsam als starke »Systemanbieter« aufzutreten. Statt mit einer Vielzahl kleinerer Zulieferer haben es dann die Einkäufer der Automobilindustrie plötzlich mit selbstbewußten Vertretern größter Unternehmensverbände zu tun, denen sie die Preise keineswegs so leicht diktieren können wie zuvor.

In dieser sich permanent verändernden Wirtschaftslandschaft wirken die großen Konzerne mit ihren starren Hierarchien wie Lastwagen in einem Formel-1-Feld. Zwar können sie kleinere Konkurrenten, die sich ihnen in den Weg stellen, noch plattwalzen, aber sie sind nicht mehr in der Lage, den rechts und links überholenden Flitzern den Weg zu verstellen.

Wie hilflos selbst ein vergleichsweise gut gemanagter Konzernkoloß ist, wenn er von einer Meute aggressiver und flinker Wettbewerber attackiert wird, zeigt der Fall des amerikanischen Computerherstellers IBM. Erst ignorierte der einst marktbeherrschende Konzern das am schnellsten wachsende Segment des Geschäfts mit Personalcomputern. Dann verfolgte er ziemlich konfus die Strategie, sich gegenüber den billigeren Mitbewerbern durch hohe Preise und eine gediegene Hardware abzugrenzen.

Als auch dies nichts fruchtete, drückte er das Betriebssystem MS-DOS als internationalen Standard durch, mit dem Ergebnis, daß sofort sämtliche Mitbewerber das IBM-System kopierten und sogenannte »Clones« auf den

Markt brachten. »Big Blue's«-Marktanteil sank ständig, bis Konzernchef John Akers auf die Idee verfiel, die Konzepte seiner Nachahmer zu kopieren. Er gliederte das PC-Geschäft aus dem Konzern aus und gründete zwei völlig selbständig operierende Firmen. Die Entry Systems Division (ESD) soll in weitgehend automatisierten Fabriken Billigrechner herstellen – ohne Rücksichtnahme auf die für Großcomputer geltenden IBM-Qualitätsnormen. Und die Personal Systems Division (PSD) entwickelt die für die PC-Massenware geeignete Software. Um die Meute der kleineren Konkurrenten lahmzulegen, verbündete sich der Konzern mit einer Reihe strategisch wichtiger Zulieferer und Konkurrenten wie Apple und Microsoft.

Noch ist der Ausgang des Rennens ungewiß, doch seit der Gigant die ehernen Prinzipien der Konzernbürokratie über Bord schmiß, verbessern sich seine Marktchancen zusehends.

Auch einige deutsche Großunternehmen haben mittlerweile begriffen, daß die Zeit der Saurier unwiederbringlich vorüber ist. Doch die Lehren, die sie aus dieser Erkenntnis zogen, sind eher halbherzig. Um schneller und beweglicher zu werden, verordneten sich Konzerne wie Siemens, Daimler, VW, Hoechst und MAN tiefgreifende Organisationsreformen.

Kernpunkt all dieser Bemühungen war die Absicht, das eigentliche Geschäft in kleinen, übersichtlichen Unternehmenseinheiten zusammenzufassen. Doch über diesen unterschiedlich großen Teilkonzernen rangiert stets eine übergeordnete »Management Holding«, die mehr oder weniger stark in die Geschäfte ihrer Töchter eingreift. Mit dem Instrument der Holding, die bei Daimler zum Beispiel über 3500 Leute beschäftigt, sichern sich die Topmanager in der Zentrale ihren Einfluß bis in die letzte Außenstelle ihres Konzerns.

Im Idealfall soll das Konzept der Management Holding die Vorteile eines Konzerns, wie große Kapitalkraft und Marktmacht, mit den Vorteilen kleiner Unternehmenseinheiten, wie Kundennähe, schnelles Reagieren auf Marktveränderungen und hohes Innovationstempo, verbinden.

In der Praxis freilich führte diese Konstruktion in vielen Unternehmen zu einem heillosen Durcheinander, zu Kompetenzstreitigkeiten zwischen der Zentrale und Unternehmensbereichen, zu Doppelentwicklungen und konzerninternen Rivalitäten.

Nur dort, wo souveräne Manager an der Spitze stehen wie etwa Klaus Götte beim Maschinenbauer MAN, funktionierte die Holdingkonstruktion. In anderen Fällen, etwa bei der VEBA oder auch bei Daimler-Benz, führte sie zu enormen Reibungsverlusten und zu einer Abnahme der Effizienz.

Der Trend ist klar: Die Unternehmen müssen kleiner, schlanker, schneller und effizienter werden. Die großen Konzernzentralen mit ihren vielen unterbeschäftigten, aber fürstlich entlohnten Managern sind überflüssig und werden verschwinden. Statt wie bisher sieben und mehr Hierarchie-Ebenen wird es auch in dem größten Konzern kaum mehr als fünf geben.

Längst ist nämlich erwiesen, daß eine Vielzahl von Managern gar nicht wirklich führt oder Entscheidungen trifft, sondern lediglich Informationen sammelt, auswertet und weitergibt. Und diese Tätigkeit übernehmen in immer stärkerem Maße Computer. Der amerikanische Management-Professor Peter F. Drucker nennt das Unternehmen der Zukunft eine »informationsorientierte Organisation«.

»Sie wird in ihrer Struktur, den Managementproblemen und -aufgaben, nur noch wenig Ähnlichkeit mit dem typischen Fertigungsunternehmen anno 1950 aufweisen, welches in unseren Lehrbüchern immer noch als Norm betrachtet wird«, prophezeit der weltweit angesehene Unternehmenstheoretiker. Drucker vergleicht das Unternehmen der Zukunft mit einem Symphonieorchester, das auf dem präzisen Zusammenspiel einer Vielzahl von Solisten basiert.

Die Noten, nach denen sie spielen, sind die immer wieder neu definierten Unternehmensziele und Prinzipien; der Dirigent, der sie lenkt, ist ein zahlenmäßig kleines Vorstandsgremium. Drucker: »Es wird im wesentlichen eine aus Spezialisten zusammengesetzte, wissensorientierte Organisation sein, deren Mitglieder ihre Leistung durch einen ausgeklügelten Informationsaustausch zwischen Kollegen, Kunden und Hauptquartier selbst steuern.«

Die Bürokraten gehen von Bord

Was bei Drucker ein wenig kryptisch klingt, ist in Wirklichkeit ganz simpel: Es geht darum, den Industriebürokratismus über Bord zu werfen. Von den vielen tausend Führungskräften, die sich in den Verwaltungen der Unternehmen komfortabel eingerichtet haben, sind die meisten überflüssig, wenn die Informationen, die in einem Unternehmen zirkulieren, weitgehend automatisiert gesammelt, selektiert und verteilt werden.

Die Größe, die unsere Volkswirtschaft erreicht hat, und das hohe Kostenniveau, auf dem sie sich bewegt, zwingen zum Umdenken: Ein Unternehmen ist kein bequemer und prestigeträchtiger Aufenthaltsort mehr, den aufzusuchen auch noch viel Geld bringt, sondern eine Maschine, die nur einen Zweck hat, nämlich Gewinne zu erwirtschaften.

Die harten 90er Jahre werden die Unternehmen zwingen, den Luxus und Komfort, der sich in allen Winkeln angesammelt hat, auszumustern. Konzerne werden sich quasi von S-Klasse-Limousinen mit Automatik, Klimaanlage und CD-Player in spartanisch ausgestattete Ferraris verwandeln müssen, wenn sie im Rennen um die Märkte von morgen mithalten wollen.

Auf der Strecke bleiben jene schwerfälligen Kolosse, die so weitermachen wie bisher. Unternehmen, die sich eine zu große Fertigungstiefe leisten, eine unübersehbare Menge von Produkten und Produktvarianten herstellen, unter deren Dach sich Betriebe der verschiedensten Branchen eingenistet haben und die von einem Heer ideenloser Bürokraten verwaltet werden, sind unwiderruflich zum Untergang verurteilt. Natürlich werden diese Saurier nicht von heute auf morgen verschwinden, aber sie werden laufend an Boden verlieren und irgendwann gezwungen sein, einen Unternehmensteil nach dem anderen abzustoßen.

Das Ideal der Zukunft ist das kundenorientierte Unternehmen mit »schlanker« Produktion. Dieser Betrieb kennt keine Zweiklassengesellschaft – hier die Manager, dort das arbeitende Fußvolk –, sondern wird in Bewegung gehalten von einer überschaubaren Zahl gut ausgebildeter und eigenverant-

wortlicher Mitarbeiter. Der Betrieb stellt nicht eigentlich Produkte her, sondern er versteht sich als Lieferant ganz bestimmter Problemlösungen.
Fortschrittliche Unternehmen handeln heute schon so. Die Firma Hilti in Liechtenstein zum Beispiel versteht sich nicht als Hersteller von Schlagbohrmaschinen, sondern als Anbieter von Befestigungstechnik. Sie wird versuchen, sämtliche Ideen und Entwicklungen, die dem Befestigen dienen, zu nutzen, ob sie in das bisherige Produktionsprogramm passen oder nicht.
Die »Philosophie« wird also in den Unternehmen künftig eine wesentlich größere Rolle spielen als bisher. Denn zentrale Glaubenssätze, auf die jeder Mitarbeiter verpflichtet werden kann (Beispiel: »Bei allem Handeln an den Nutzen für den Kunden denken«), machen einen großen Teil jener Handlungsanweisungen und Kontrollinstanzen überflüssig, aus denen die Bürokraten ihre Legitimation beziehen.

Philosophie statt Organisation

Wie so etwas funktionieren kann, läßt sich zum Beispiel bei dem amerikanischen Jeanshersteller Levi Strauss beobachten. Der einstige Marktführer war nach einer gescheiterten Diversifikationspolitik in eine schwere Krise geraten und suchte deshalb Mitte der 80er Jahre nach neuen Wegen, um den angestammten Platz an der Spitze der Jeansindustrie einzunehmen.
Firmenchef Robert D. Haas erkannte damals: »In einem Unternehmen mit rund 30 000 Mitarbeitern ist es unmöglich, daß ein paar Manager allen Leuten sagen können, was sie rund um die Uhr zu tun haben.« Zusammen mit seinen Mitarbeitern entwickelte er 1987 eine Unternehmensverfassung (»Aspiration Statement«), die jeden Mitarbeiter in die Lage versetzen sollte, eigenständig zu handeln. In diesen Glaubenssätzen ist festgelegt, welches Ziel die Firma verfolgt, wie die Mitarbeiter miteinander umgehen sollen und wie Konflikte beigelegt werden. Haas glaubt, daß er mit seinem Regelwerk, auf das jeder Mitarbeiter verpflichtet wird, einen großen Teil der betrieblichen Organisation überflüssig gemacht hat.

Die Aufgabe der Levi-Strauss-Manager besteht heutzutage vor allem darin, sich um die Probleme ihrer Mitarbeiter zu kümmern, und zwar bis ins Privatleben hinein. Haas: »Wenn heute das Kind einer Mitarbeiterin krank ist, so ist das unsere Angelegenheit; denn wenn sie sich um ihr Kind sorgt oder sich krank meldet, obwohl sie gar nicht krank ist, sondern sich nur elend fühlt und dafür auch noch lügen muß, so wird sie auch nicht produktiv sein.«

Die beinahe paternalistische Fürsorge, die ansonsten wohl nur noch bei japanischen Firmen praktiziert wird, erwies sich als äußerst wirksames Führungskonzept: Seit der Reform von 1987 konnte Levi Strauss seinen Marktanteil wieder kontinuierlich steigern.

Eine klare Firmenphilosophie, die jedem einzelnen Mitarbeiter vermittelt werden kann, führte auch in Deutschland beim oberfränkischen Kunststoffhersteller Rehau Plastik zu erstaunlichen Erfolgen. Das Unternehmen mit seinen 550 Beschäftigten, das sich im hartumkämpften Markt der Autozulieferer behauptet, duldet bis heute keinen Betriebsrat und keine Gewerkschaftsfunktionäre in seinen Reihen. Das Erstaunliche: Die Mitarbeiter selbst wehren sich gegen die Versuche der IG-Chemie, Einfluß in ihrem Betrieb zu gewinnen, und schickten deren Funktionäre einmal in einer spektakulären Aktion vor laufenden Fernsehkameras wieder nach Hause.

Firmenchef Helmut Wagner, der das Unternehmen 1948 gegründet hatte, frohlockte: »Nicht das Kollektiv, sondern der einzelne Mensch steht bei Rehau im Vordergrund.« Tatsächlich zeichnet sich sein Unternehmen durch ein besonders harmonisches Betriebsklima aus. Wie in japanischen Firmen, hängen in den Produktionshallen Plakate mit Parolen wie »Null Fehler« oder »Mach's gleich richtig«, und jeder einzelne Rehau-Werker bemüht sich nach Kräften, seine Arbeit so gut wie möglich zu machen.

Wagners Leute lassen es sich gefallen, daß sie jedes Jahr mit Schulnoten von 1 bis 6 bewertet werden und daß die Noten Einfluß auf ihr Gehalt haben. Jeder Mitarbeiter kann sich über seinen Vorgesetzten direkt bei der Geschäftsleitung beschweren, und unbeliebte Manager haben damit zu rechnen, daß sie auf einen Teil ihrer Gehaltserhöhung verzichten müssen. Die Betriebstreue der Rehau-Werker ist legendär, und die Qualität ihrer Produkte machte Konzerne wie Audi und Daimler zu ihren Kunden.

Nicht bloß den Nutzen einer eingängigen Firmenphilosophie können die Herren der westlichen Wirtschaft bei den Japanern studieren. Viel zu spät beginnen sie zu kapieren, daß die fernöstlichen Konkurrenten ihre Fabriken besser und effizienter organisiert haben, daß ihre Mitarbeiter produktiver sind, daß sie viel weniger Zeit brauchen, um neue Produkte zu entwickeln, und daß sie bei der Produktion weniger Fehler machen als wir mit unserer uralten Industrietradition. Hatten sie den Japanern bisher immer vorgeworfen, sie seien nicht kreativ und könnten lediglich westliche Ideen und Produkte nachahmen, so müssen sie sich heute eingestehen, daß der industrielle Fortschritt mittlerweile aus dem Osten kommt.

Es spricht für die Ignoranz und Dumpfheit unserer Wirtschaftslenker, daß sie 40 Jahre lang überhaupt nicht registrierten und begriffen, was sich da im Fernen Osten abspielte. Erst glaubten sie, die neuen Wettbewerber verdankten ihre Erfolge vor allem unendlich genügsamen, dabei arbeitswütigen Belegschaften.

Als genauere Untersuchungen zutage förderten, daß japanische Arbeitnehmer im Schnitt fast ebenso hoch bezahlt werden wie die deutschen, akzeptierten sie widerwillig die These, daß die Newcomer ihre jungen Fabriken eben besser organisiert hätten. Erst in letzter Zeit beginnen die Einsichtigen unter den deutschen Managern zu begreifen, daß viel mehr hinter den japanischen Erfolgen steckt: nämlich eine Reform der Sozialpartnerschaft zwischen Unternehmensleitung und Belegschaften, wie sie hierzulande allenfalls in den Sonntagsreden mancher Politiker, nie aber in der betrieblichen Realität vorkommt.

Die verschlafene Revolution

Wie eine glühende Nadel muß den Bossen der deutschen Autoindustrie die 1990 veröffentlichte Studie des Massachusetts Institute of Technology (MIT) unter die Haut gefahren sein. In der Quintessenz wies sie nach, daß die japanischen Autohersteller viel effizienter und kostengünstiger arbeiteten als ihre Konkurrenten in den USA und in Europa.

So fanden die MIT-Forscher heraus, daß die Herstellung eines Personenwagens bei Toyota oder Honda nur 16,8 Stunden dauert, bei den Riesen von Detroit hingegen im Schnitt 24,9 Stunden und bei europäischen Herstellern wie VW gar 35 Stunden. Damit nicht genug: Die Japaner schlagen ihre Materiallager fast doppelt so schnell um wie die Europäer, brauchen zur Entwicklung neuer Modelle nur halb soviel Zeit und liefern ihre Autos in beinahe fehlerfreiem Zustand aus.

Die Ergebnisse der MIT-Studie, die unter dem Titel »Die zweite industrielle Revolution« inzwischen auch in deutsch erschienen ist, lösten bei den deutschen Automanagern fieberhafte Aktivitäten aus. Denn die »Zweite industrielle Revolution« (Nummer 1 war die Einführung des Fließbandes durch Henry Ford) hat unübersehbare Folgen für die gesamte Volkswirtschaft. Dabei übersehen die Bosse, die jetzt eilends ihre Fabriken umkrempeln wollen, daß diese Revolution schon im Jahre 1950 begann.

Damals, im Frühjahr, reiste ein junger Ingenieur namens Eiji Toyoda aus der japanischen Provinzstadt Nagoya nach Amerika. Der Inhaber einer ziemlich unbedeutenden Kfz-Werkstatt, die seit ihrer Gründung im Jahr 1937 gerade 2685 Autos hergestellt hatte, wollte den River-Rouge-Komplex der Ford Motor Company in Detroit am Michigansee besuchen, damals das größte und produktivste Automobilwerk der Welt, wo täglich rund 7000 Wagen vom Band rollten.

Drei Monate blieb der Japaner, dann hatte er die Vor- und Nachteile der arbeitsteiligen Massenproduktion amerikanischen Zuschnitts begriffen. Vor allem hatte er viel »Muda« entdeckt: Leerlauf, Verschwendung von Material, Maschinen, Arbeitszeit. Zusammen mit seinem Produktionsleiter Taiichi Ohno, der ebenfalls mehrmals Detroit besucht hatte, entwickelte der Neffe des Firmengründers Soichiro Toyoda Schritt für Schritt jenes System, das jetzt als »lean production« unsere Industrie revolutionieren soll.

Die schlanke Produktion, in Japan längst bei allen Herstellern hochwertiger Industriegüter verwirklicht, hat gegenüber der herkömmlichen Massenfertigung europäischen und amerikanischen Zuschnitts so viele Vorteile, daß sie wenigstens in ihren Grundprinzipien übernommen werden muß, wenn der Westen nicht noch weiter zurückfallen will.

Sie beruht im wesentlichen auf einer anderen Arbeitsteilung zwischen dem Hersteller und seinen Zulieferern, auf veränderten Produktionsmethoden bei der Montage und der engagierten Mitarbeit jedes Belegschaftsmitglieds an der Verfolgung der vom Management vorgegebenen Unternehmensziele.

Bisher beschränkten sich die europäischen Manager darauf, jene Teile der »lean production« zu übernehmen, die die spektakulärsten Ergebnisse versprachen. Den ersten Vorstoß machte der schwedische Volvo-Konzern bereits Anfang der 70er Jahre, als er die Gruppenarbeit einführte. Das geschah freilich weniger aus wirtschaftlichen Erwägungen, sondern unter dem Druck der rebellischen Arbeitnehmer, die sich über die öde und geisttötende Tätigkeit am Fließband beschwerten.

Für die deutschen Autobauer hatte das »schwedische Modell« wenig Reiz, da sie über ein ausreichend großes Reservoir an Gastarbeitern verfügten, die bereit waren, ohne zu murren am Band zu malochen. Statt dessen investierten die deutschen Hersteller in den 80er Jahren riesige Summen in die weitergehende Automatisierung ihrer Werke, da sie hofften, mit Hilfe von Industrierobotern ähnlich gute Ergebnisse zu erzielen wie die Japaner. Die Hoffnung trog, denn auch die fernöstlichen Konkurrenten setzten Roboter ein, um in immer schnellerer Folge neue Modelle auf Kiel zu legen und so selbst kleinste Marktnischen zu besetzen.

Dann begannen die Europäer, eine zweite Innovation der »lean production« zu kopieren, die effizientere Logistik. Horteten die Automobilhersteller früher Materialvorräte, die für eine Produktion von zwei bis vier Wochen reichten, so gingen sie nun nach japanischem Vorbild dazu über, ihre Zulieferer zu minutengenauer Anlieferung der benötigten Teile ans Band zu verpflichten. Damit sparten sie zwar viele Milliarden Mark an Lagerhaltungskosten, machten dafür aber gleichzeitig die Autoproduktion sehr störungsanfällig.

Überdies weigerten sich viele Zulieferer, dem Diktat der Autobosse zu gehorchen, die verlangten, daß neue Produktionsstätten (etwa für Autositze oder Armaturenträger) unmittelbar neben ihren Montagewerken errichtet werden sollten, um die Risiken langer Transportwege zu verringern. So blieb das sogenannte »just in time-Verfahren« bis heute Stückwerk.

Die Zwei-Klassen-Gesellschaft verschwindet

Von einer voll integrierten, vernetzten »lean production« sind die deutschen Hersteller noch weit entfernt. Als Vorreiter der Branche gilt mittlerweile die Adam Opel AG, die unter dem Regiment des jungen amerikanischen Chefmanagers Louis R. Hughes nicht bloß die Gruppenarbeit einführte, sondern auch eine völlig neue Art der Zusammenarbeit mit den Zulieferbetrieben entwickelte.

Opel-Chefeinkäufer ist der Spanier Ignacio López de Arriortua; er gilt nicht nur als härtester Verhandler der Branche, sondern auch als unbestrittene Autorität in Sachen »lean production.« Glaubt zum Beispiel ein Opel-Lieferant die strengen Preis- und Qualitätsvorgaben des Spaniers nicht einhalten zu können, so scheut er sich nicht, mit einer Crew hochkarätiger Spezialisten den Betrieb des Zulieferers durchzukämmen. Bisher schaffte er es noch immer, Schwachstellen aufzuspüren und die Effizienz zu steigern.

Selbst Renommierfirmen wie Bosch, Siemens und VDO verdanken dem Opel-Manager erstaunliche Produktivitätsfortschritte. Mit seinem Entwicklungs- und Produktionsmodell »Picos« half Lopez beispielsweise, die Kosten der Herstellung von Klimaanlagen um 20 Prozent, die Fehlerrate gar um 50 Prozent zu senken.

Das ist wohl auch dringend nötig, denn mittlerweile haben Unternehmensberater herausgefunden, daß selbst die besten unter den europäischen Kfz-Zulieferern viel mehr Ausschuß produzieren als ihre japanischen Konkurrenten.

VDO zum Beispiel produziert vierzigmal mehr fehlerhafte Tachometer als die japanische Firma Nippon Denso.

Inzwischen geht es längst nicht mehr darum, einzelne japanische »Tricks« zu kopieren, sondern um eine grundlegende Neuorganisation unserer gesamten Industriestruktur. Roland Bergers italienischer Statthalter Franco Cremante, der für Fiat die japanischen Produktionsmethoden studierte, bestätigt: »Wir haben gar nicht mehr die Zeit, um die Japaner zu imitieren, deshalb müssen wir völlig neue Wege gehen.«

Der entscheidende Punkt dabei ist, daß die Kluft zwischen den Krawattenträgern im Management und den Blaumännern in der Produktion verschwinden muß. Weil die Manager viel zuwenig über das wissen, was in ihren Fabrikhallen wirklich vorgeht, können sie die Schwachpunkte der herkömmlichen Fertigungsmethode gar nicht erkennen.

Nach amerikanischen Untersuchungen verursacht zum Beispiel der produzierte Ausschuß Kosten, die fast ein Viertel des gesamten Absatzes ausmachen; und die für ein Produkt wie das Auto benötigten Teile verbringen bis zu 95 Prozent ihrer Herstellungszeit in Zwischenlagern. Und schon vor 30 Jahren entdeckte der Japaner Toshiaki Tagushi die »Rule of Ten«: Ein Fehler, der in der Planungsphase beseitigt wird, kostet einen Dollar. Nicht eliminiert, kostet er in der Produktion zehn und nach der Markteinführung des Produkts sogar 100 Dollar.

Was die Japaner vorexerzieren, ist nichts anderes als das optimale Zusammenwirken aller am Herstellungsprozeß beteiligten Personen. Also das, was man eigentlich unter »Management« versteht. Dieses Bestreben führt zu Unternehmen, die nur relativ wenige Dinge selber machen und soviel wie möglich von spezialisierten Unternehmen zukaufen.

Sie verwenden einen großen Teil ihrer Energie und Zeit darauf, die Wünsche der Kunden so frühzeitig und exakt wie möglich zu erforschen und aus diesen Wünschen entsprechende Produkte aus vorgefertigten und exakt zur rechten Zeit angelieferten Teilen zusammenzumontieren. Alle am Produktionsprozeß beteiligten Mitarbeiter bemühen sich, Schwachstellen aufzuspüren und zu beseitigen. Das kann freilich nur funktionieren, wenn jeder Mitarbeiter das Gefühl hat, vom Management als gleichberechtigter Partner behandelt zu werden.

Die Japaner nennen dieses Streben nach Perfektion »Kaizen«. Obwohl sich die renommierten europäischen Hersteller wie Daimler-Benz, Bosch oder Siemens nach Kräften bemühen, mit Qualitätszirkeln ihre Ausschußquoten zu verringern, erreichen sie nicht entfernt das Niveau ihrer japanischen Konkurrenten.

Als Grund vermuten Fachleute wie Franco Cremante oder sein Stuttgarter Kollege Otto Hirschbach: »Unser Problem ist das Zusammenspiel im Unternehmen. Das kann man nicht kaufen wie einen Roboter, man kann es nur trainieren und die Leute sensibilisieren.« Cremante fordert deshalb eine Kulturrevolution in den Unternehmen, seit er erkannte: »Das Know-how der Leute am Fließband ist mehr wert als der teuerste Automat.«

Damit dieses Know-how nutzbar wird, bedarf es jedoch mehr als nur einer Umorganisation der betrieblichen Abläufe. Dazu gehört die echte, offene und lebendige Partnerschaft zwischen oben und unten. Das bisherige System unserer industriellen Produktion aber hintertrieb diese Partnerschaft.

Es schuf die Klasse des industriellen Proletariats, das sich in Gewerkschaften organisierte und den Unternehmern im Laufe der Jahre immer höhere Löhne, kürzere Arbeitszeiten und mehr Mitbestimmungsrechte abtrotzte. Eine wirkliche Mitverantwortung aber für den Betrieb und seine Produkte hat es, von einzelnen Ausnahmefällen abgesehen, nie übernommen.

Das gleiche System brachte auf der anderen Seite den Typus des Managers hervor, der sich wie ein Unternehmer aufführt und seine Mitarbeiter nicht als Partner, sondern als notwendiges Übel begreift. Weil die Manager sich immer weiter von der Produktion entfernten und ziemlich praxisfremd in betriebswirtschaftlichen Kategorien dachten, entging ihnen die wachsende Ineffizienz ihrer Fabriken und Verwaltungen.

Mit dem Rücken zur Wand

Das größte Kapital der deutschen Industrie ist zweifellos ihr enormes Potential an intelligenten, hervorragend ausgebildeten Facharbeitern. Daß sie dieses Kapital nicht hinreichend nutzten, zählt zu den schwerwiegendsten Versäumnissen unserer Führungskräfte. Sie entwickelten Berührungsängste und kultivierten einen Lebens- und Arbeitsstil, der sie unerreichbar machte für den gewöhnlichen Bandarbeiter.

Obwohl viele der »Weißen-Kragen-Täter« in den Verwaltungssilos nicht wesentlich mehr verdienen als ein mit Überstunden gesegneter Facharbeiter, und obwohl ihre Arbeit auch nicht viel anspruchsvoller und interessanter ist als seine, vermeiden sie jeden Kontakt mit den Werktätigen. Das muß anders werden, denn ohne Überwindung der sozialen Kluft läßt sich das »schnelle, schlanke und effiziente« Unternehmen der Zukunft auf keinen Fall verwirklichen.

Gewerkschaftsfunktionäre, die die soziale Kompetenz gewählter Gruppensprecher fürchten und deshalb die Einführung der Gruppenarbeit in den Betrieben behindern, müssen ebenso umdenken wie Manager, die gewohnt sind, ihren Arbeitern alles und jedes vorzuschreiben. Der Wettbewerbsdruck der fernöstlichen Konkurrenten ist mittlerweile groß genug, um die in Jahrzehnten gewachsenen Ressentiments und Vorurteile zu begraben.

Seit der Veröffentlichung der MIT-Studie wissen nämlich die Bosse der Autoindustrie ganz genau, daß sie mit dem Rücken zur Wand stehen. Sie haben gar keine Wahl mehr, als ihre jahrzehntelang verschleppten Hausaufgaben nachzuholen.

Wie das in der Praxis ablaufen soll, das ließ sich zuletzt im thüringischen Eisenach beobachten, wo Opel im Januar 1991 am Fuße der Wartburg mit dem Bau einer völlig neuen Autofabrik begann. Hier gibt es keinen Teppichtrakt für das Management, denn hier sitzen die Bosse mitten unter ihren Mitarbeitern in einem riesigen Großraumbüro in den Opel-Farben Grau und Gelb.

Geplant und realisiert haben das modernste Autowerk auf deutschem Boden, in dem jährlich etwa 150 000 Astra- und Corsa-Modelle von nur 2000 Beschäftigten zusammengebaut werden, sechs junge Manager, darunter nur ein einziger Deutscher. Das Team unter der Leitung des Kanadiers Tom Lassorda hatte die »lean production« in zwei US-Werken kennengelernt, die von der Opel-Mutter General Motors zusammen mit den japanischen Herstellern Suzuki und Toyota betrieben werden.

In Eisenach gibt es keine Zweiklassengesellschaft mehr. Hier kennen Manager und Mitarbeiter nur ein Ziel: die Nullfehlerproduktion. Sämtliche Arbeiten werden in Eisenach von Teams aus sechs bis acht Mitgliedern erledigt, egal, ob es um die Montage geht, um das Controlling oder um Entscheidungen im Topmanagement.

Jedes Team wählt einen Sprecher, der von der Alltagsarbeit freigestellt ist und sich um die Motivation, die Bedürfnisse und Probleme der Gruppe kümmert. Die Manager tragen keine Sakkos und Krawatten, sondern offene Hemden und Pullover. Jeder Mitarbeiter kann jederzeit zu seinem Manager kommen, um mit ihm anstehende Probleme zu besprechen.

Statt wie bisher sechs Lohngruppen, gibt es in dem neuen Opel-Werk nur noch zwei. Denn alle Teammitglieder sind gleich gut qualifiziert und können überall einspringen, wenn Not am Mann ist.

Jedes Teammitglied ist verpflichtet, auf höchste Qualität zu achten, und jede Gruppe hat den Ehrgeiz, das Auto in fehlerfreiem Zustand an die nächste Gruppe weiterzuleiten.

Wurden früher Fehler einfach ignoriert und von einer Montagestation zur anderen am Band weitergegeben, so müssen sie nun sofort nach ihrer Entdeckung beseitigt werden. Nur wenn ein Gruppenarbeiter nicht in der Lage ist, den Mangel zu beseitigen, zieht er an einer Kordel und alarmiert damit den Teamchef.

Besondere Aufmerksamkeit widmeten die Opel-Manager dem innerbetrieblichen Vorschlagswesen, denn mittlerweile hat sich auch in der deutschen Industrie herumgesprochen, daß die wesentlichen Verbesserungsvorschläge zur Optimierung der Produktion in den japanischen Betrieben aus der Belegschaft kamen.

Bei Honda, Toyota oder Sony wetteifern die Mitarbeiter darin, immer neue Ideen auszutüfteln, um schneller, besser und billiger zu produzieren. Nach eingehendem Studium der verschiedenen japanischen Systeme entschieden sich die Opel-Leute dafür, das Vorschlagswesen beim Stromlieferanten Tokyo-Electric abzukupfern, wo jeder Mitarbeiter im Schnitt etwa 70 Verbesserungsvorschläge pro Jahr macht. Ein wesentliches Kriterium dieses Programms ist es, daß sehr schnell – meist binnen eines Tages – über jeden Vorschlag entschieden wird und daß der Ideengeber selbst für seine Einführung zu sorgen hat. Die Manager sind bei Opel verpflichtet, täglich mit ihren Mitarbeitern über Verbesserungsvorschläge zu diskutieren und deren Umsetzung voranzutreiben.

Alle wollen »schlank« werden

Mittlerweile werden überall in der deutschen Industrie hausgemachte Rezepte zur »lean production« erprobt. In der Automobilbranche wollen nach Opel inzwischen alle anderen Hersteller »schlank« werden – nachdem sie sich in den 80er Jahren, um im Bild zu bleiben, fett gefressen hatten.

Daimler-Benz zum Beispiel will zunächst bei etwa 150 Pilotprojekten mit rund 10 000 Beschäftigten die Gruppenarbeit erproben, und in dem neuen Mercedes-Werk in Rastatt, das am 25. Mai 1992 eröffnet wurde, arbeiten etwa 80 Prozent der Belegschaft bereits in Gruppen von acht bis zehn Leuten. Daimlers Nahziel ist es, den Kostennachteil von etwa 30 Prozent gegenüber den japanischen Werken aufzuholen. Deshalb will der Konzern in absehbarer Zeit etwa 20 000 Arbeitsplätze einsparen.

Noch ehrgeizigere Ziele hat sich der neue VW-Chef Ferdinand Piëch gesetzt, der die Umsatzrendite in seinem Konzern von dürftigen 1,5 auf mindestens 8 Prozent anheben will. Solche Radikalkuren, die nur mit einer drastischen Reduzierung der Belegschaft zu erzielen sind, wären freilich gar nicht nötig gewesen, wenn die Manager in der deutschen Automobilindustrie nicht jahrzehntelang eine beispiellose Mißwirtschaft getrieben hätten.

Getragen vom Kaufrausch einer autogeilen Konsumgesellschaft, die jede Preiserhöhung klaglos hinnahm, duldeten sie in ihren Betrieben einen Wildwuchs der Kosten, wie er in keiner anderen Branche vorkam. Da sich jede Mark, die selbst für die überflüssigsten Anschaffungen ausgegeben wurde, locker über Preiserhöhungen wieder hereinspielen ließ, sahen die verwöhnten Manager keinen Grund, auf Sparsamkeit und Effizienz zu achten.

Das hat sich mittlerweile drastisch geändert, nachdem die deutschen Autobauer mit ansehen mußten, wie schnell selbst Riesenkonzerne wie General Motors und Ford Milliardenverluste einfuhren, als die Konjunktur in den USA absackte. Nun wissen sie, was ihnen blüht, wenn sie mit ihren viel zu großen Belegschaften und ihren ineffizienten Werken in eine Absatzkrise geraten.

Auch bereits vor den Autobossen haben manche mittelständischen Unternehmen die Vorteile des »lean managements« entdeckt. Schon 1986 führte beispielsweise der Osnabrücker Armaturenhersteller Kromschröder die Gruppenarbeit nach japanischem Vorbild ein. Und im österreichischen Weidhofen hat der Büromöbelfabrikant Manfred Behne seine Produktion längst voll entschlackt. Die Belegschaft arbeitet in zehn bis fünfundzwanzig Mitarbeiter starken Teams, das Materiallager wurde auf ein Minimum reduziert, und der Vertrieb liefert ohne Zwischenhändler direkt an den Kunden aus. Gute Erfahrungen mit der schlanken Produktion machte auch der Offenbacher Gelenkwellenhersteller Löhr & Bromkamp, dem allein die Verbesserungsvorschläge seiner Mitarbeiter rund 1,4 Millionen Mark im Jahr einzusparen halfen.

Diese Beispiele zeigen, wohin der Trend geht: weg von der schwerfälligen »Alles-unter-einem-Dach-Produktion« und hin zur billigeren »lean-Produktion« japanischen Zuschnitts. Weg von den Massengütern, hin zu immer intelligenteren Produkten und Dienstleistungen. Weg von den großen Konzernen mit ihren beamtenähnlichen Hierarchien und hin zu schlanken, beweglichen Einheiten. Weg von den Heeren schlecht ausgebildeter Arbeitnehmer, hin zu kleinen Gruppen intelligenter, selbständig handelnder Kollegen. Weg von den großen Fabriken und Verwaltungszentralen, hin zu den kleinen »business units«, die per Telekommunikation vernetzt sind und schnell auf veränderte Marktverhältnisse reagieren können.

Diese veränderte Wirtschaftswelt, deren Konturen sich heute schon klar abzeichnen, verlangt ganz andere Führungskräfte, als sie in den bürokratisch organisierten Konzernen der Gegenwart zu finden sind.

8
DIE NEUEN MANAGER

Die vielleicht wichtigste Erkenntnis über die Führungskräfte von morgen: Es werden wesentlich weniger von ihnen benötigt als heute.
»Weg mit dem Mittelmanagement«, forderte schon der amerikanische Unternehmensberater und Bestsellerautor Tom Peters *(in Search of Excellence)*, und er hat recht. Denn ein Teil der Aufgaben, die heute im Mittelbau des Managements erledigt werden, lassen sich automatisieren. Dazu gehört vor allem die Sammlung, Aufbereitung und Verteilung von Informationen. Den Rest erledigen die höher qualifizierten Mitarbeiter selber.
Selbst große Konzerne werden künftig mit weniger Hierarchieebenen auskommen, und in den kleineren und mittleren Unternehmen ist der Typ des unproduktiven »Arbeitsverteilers« völlig entbehrlich. Bei Mercedes-Benz zum Beispiel will der neue Chef Helmut Werner nicht nur den Vorstand verkleinern und die komplette Bereichsleiterebene verschwinden lassen, sondern auch in der aufgeblähten Entwicklungsabteilung reichlich Personal einsparen. Die beruflichen Pläne und Karriereziele der vielen hunderttausend Studenten, die derzeit die Hörsäle der betriebs- und volkswirtschaftlichen Fakultäten unserer Universitäten füllen, können deshalb schnell zu Makula-

tur werden, wenn die Wirtschaft ernst macht mit ihren Rationalisierungsabsichten in den aufgeblähten Verwaltungen.

Viele dieser jungen Karrieremacher träumen von einem mühelosen Aufstieg ohne Risiko. Ihnen könnte das Pareto-Prinzip zum Verhängnis werden, benannt nach dem italienischen Wirtschaftswissenschaftler Vilfredo Pareto, der schon um die Jahrhundertwende erkannt hatte, daß nur ein geringer Prozentsatz der Mitarbeiter eines Unternehmens tatsächlichen Einfluß hat.

Die Tage der Scheinmanager, die sich vor allem damit beschäftigen, ihre eigene Wichtigkeit darzustellen, sind gezählt, wenn der Wettbewerbsdruck auf die deutsche Industrie weiter zunimmt. Ein Konzern wie Siemens, der seinen Zentralvorstand bereits von 22 auf sieben Mitglieder reduzierte, wird dann eben auch mit 8000 wirklichen Führungskräften auskommen, anstatt mit den 20 000, die heute dem »oberen Führungskreis« angehören. Schlechte Zeiten also für Anpasser, Wichtigtuer und Selbstdarsteller, die eine beamtenähnliche Karriere mit schrittweiser Beförderung anstreben.

Denn der Typ des angestellten Managers, der seine Aufgabe darin sieht, einen möglichst sicheren Arbeitsplatz anzusteuern und keinerlei Risiken einzugehen, ist ein auslaufendes Modell. Die Wirtschaft der Zukunft braucht keine Laufbahnhengste, sondern risikobereite Unternehmer. Wenn sich die Konzerne in unzählige selbständig operierende Geschäftseinheiten atomisieren, dann werden auch in den Zentralen die weichgepolsterten und gutdotierten Managerposten rar.

Denn die Leiter der einzelnen Geschäftseinheiten müssen handeln wie selbständige Unternehmer. Sie werden sich ihre Ergebnisse nicht durch »overheads« schmälern lassen, die von nichtsnutzigen, aber sündteuren Stabs- und Verwaltungsmanagern verursacht werden. Als sich der Chemiekonzern Hoechst zum Beispiel Anfang 1991 eine neue Organisation verpaßte, wurden die 15 Geschäftsbereiche in insgesamt 110 selbständig operierende »business units« aufgeteilt. Schnell kann jetzt der Konzernvorstand erkennen, wer von den 110 neu ernannten Geschäftsleitern erfolgreich arbeitet und wer nicht. Es ist durchaus denkbar, daß Konzerne, die sich auf diese Weise an die veränderten Wettbewerbsbedingungen anpassen wollen, künftig ihre Führungskräfte eher aus dem Lager erfolgreicher Mittelständler rekrutieren als aus den gesichtslosen Heeren ihrer angestellten Führungskräfte.

Für die künftigen Bosse ist deshalb ein Lebenslauf, der sich durch eine Reihe abwechslungsreicher Tätigkeiten und frühzeitiger Übernahme von Verantwortung auszeichnet, wahrscheinlich hilfreicher als das bisher so hoch bewertete Streben nach guten Noten.

Ein Betriebswirt zum Beispiel, der nach dem Studium eine Weile in Australien jobbt, in Hongkong eine Einkaufsorganisation für deutsche Einzelhändler gründet und schließlich in Leipzig einen Gebrauchtwagenhandel aufmacht, taugt als Chef einer »business unit« wahrscheinlich mehr als der Klassenprimus, der als Trainee bei Daimler-Benz anfängt und sich in der Finanzabteilung Schritt für Schritt vorarbeitet, ohne jemals ein Auto verkauft zu haben.

Der *Abschied vom Erbsenzähler* – so ein populärer Titel aus der Managerliteratur der Gegenwart – ist unwiderruflich, auch wenn ihn die Generation der heutigen Hochschulabgänger noch nicht realisiert hat.

Der Manager der Zukunft ist ein Mann mit drei hervorstechenden Eigenschaften: Er hat eine Witterung für profitable Geschäfte, kann strategisch denken und mit Menschen umgehen. Fachwissen, das sich ohnehin schnell überholt, eignet er sich bei Bedarf an; er legt keinen Wert auf Status- und Abgrenzungssymbole, sondern er überzeugt durch Aufrichtigkeit und Kompetenz.

»Ethisches Gesäusel«

Die vielzitierte Ethik für Manager ist für ihn kein Seminarthema, sondern Bestandteil seines Charakters. Er wird, wenn ein schnelles Geschäft mit irgendeinem Waffenschieber oder Diktator winkt, überlegen, wie das auf seine Mitarbeiter wirkt und auf das Image seiner Firma, und dann im Zweifelsfall eher darauf verzichten. Dabei ist er beileibe kein blasser Moralist, sondern ein Kerl, wie ihn zum Beispiel der Chef des Nahrungsmittelmultis Nestlé, Helmut Maucher, fordert: »Priorität muß der ›fighting spirit‹ haben, nicht dieses ethische und soziale Gesäusel, das so modern ist. Es geht um den rechten Kampfgeist, mit dem man versucht, seinen Gegner anzugreifen, um mit besseren Leistungen an den Markt zu kommen.«

Tatsächlich ist die Hochkonjunktur, die der Ethikbegriff derzeit im Management hat, eher ein Ausdruck schlechten Gewissens als ein Indiz für einen Wertewandel. Zwar vergeht »kein Tag, an dem nicht an einer Universität ein Lehrstuhl für Busineß-Ethik eingerichtet wird« (Maucher), und Vermittler moralischer Werte wie der Jesuitenpater und Managementtrainer Rupert Lay haben Hochkonjunktur. Doch für die Mehrzahl der Manager zählt nach wie vor nur das, was der eigenen Karriere nutzt.

Der Widerspruch scheint unauflöslich: Die ethischen Normen unseres Kulturkreises fordern vom Manager beispielsweise, daß er keine Kriegswaffen herstellt (ausgenommen für die Verteidigung des eigenen Landes), daß er keine umweltschädigenden Produkte erzeugt, daß er keine Steuern hinterzieht, daß er keine Industriespionage betreibt, seine Mitarbeiter nicht ausbeutet, keine überhöhten Preise verlangt, keinen Vernichtungsfeldzug gegen Konkurrenten führt, die Kartellgesetze beachtet, etc. Gleichzeitig aber soll er für maximale Gewinne sorgen, den Bestand des Unternehmens sichern, Zuwachsraten produzieren und ständig höhere Löhne zahlen.

Herbert Sihler, der langjährige Vorstandsvorsitzende des Chemiekonzerns Henkel, versuchte den Zielkonflikt so aufzulösen: »Nicht Gesinnungen sind vom Manager gefordert, sondern Verantwortung. Verantwortungsethik heißt, ein bestimmtes Wertsystem nicht zu verabsolutieren, sondern die möglichen Ergebnisse der eigenen Handlungen im Hinblick auf ihre Übereinstimmung mit den angestrebten Werten zu prüfen.«

Der Mann hat recht, auch wenn er sich um den Knackpunkt herumdrückt, nämlich um die Frage, was im Zweifelsfall das höhere Gewicht hat: die Verantwortung oder das Geschäft. Nun ist ein Unternehmer oder Manager zweifellos nicht dazu da, ethische Verhaltensnormen zu postulieren. Das sollte er Pfarrern, Philosophen oder auch Politikern überlassen. Sein Job ist es, dafür zu sorgen, daß sein Unternehmen Gewinne macht.

Damit es das aber kann, muß er glaubwürdig bleiben. Und auch die Aussagen, die das Unternehmen öffentlich macht, etwa über die Werbung, Firmenpublikationen, Bilanzpressekonferenzen oder Interviews, müssen glaubwürdig sein. Und das sind sie nur, wenn die Aktivitäten des Unternehmens mit den Aussagen übereinstimmen. Ein Hersteller von Kriegsgerät zum Beispiel braucht sich nicht, wie das in der Rüstungsschmiede MBB praktiziert wurde, hinter seinen zivilen Produkten zu verstecken. Er sollte nur offen erklären, daß er seine Ware nicht an jeden verkauft, sondern sich an die Bonner Richtlinien über den Export von Kriegswaffen hält.

Man muß nicht so weit gehen wie Peter F. Drucker, der Guru des amerikanischen Managements, der die ganze Ethikdiskussion für eine kurzlebige Mode hält und sie als »ethical chic« denunzierte. Die Frage nach dem Sinn des unternehmerischen Handelns enthält nämlich eine Menge Motivations- oder Demotivationskraft, je nachdem, wie sie beantwortet wird.

Um gute Leute an sich zu binden, muß ein Unternehmen logischerweise etwas mehr bieten als nur ein hohes Gehalt. Seine Glaubensgrundsätze müssen so klar und attraktiv sein, daß sie von allen Mitarbeitern als Ansporn zu guten Leistungen akzeptiert werden. Die praktizierte Unternehmensethik verhindert, daß Manager die Firma als Selbstbedienungsladen betrachten, daß die Mitarbeiter faulenzen, krankfeiern oder am Arbeitsplatz Schaden verursachen, daß sich Kunden betrogen, Lieferanten ausgenützt vorkommen.

Führer braucht das Land

Die Sinngebung wird in den kommenden Jahren sicher eine der wichtigsten Managementfunktionen. Arbeit verteilen, Planzahlen korrigieren und Aufträge einsammeln, das können andere auch. Der Chef aber muß überzeugen. Je mehr die Expertensysteme die Experten ersetzen, desto überflüssiger werden die Fachidioten im Vorstand oder in der Geschäftsleitung.

Gefragt sind Leute, die das »Management by leadership« praktizieren, die ihren Mitarbeitern plausible Ziele vermitteln können, die eine »Vision« verfolgen. Karrieregeile Egomanen taugen dazu ebensowenig wie Reichsbedenkenträger (der Ausspruch stammt vom Bundespräsidenten Richard von Weizsäcker). Die Frage ist nur, wo solche Kaliber herkommen sollen, denn »Persönlichkeitsentwicklung« steht nicht auf den Lehrplänen unserer Hochschulen.

Da der große Produktivitätsvorsprung der japanischen Unternehmen vor allem darauf beruht, daß sie das Potential ihrer Mitarbeiter besser nutzen, müssen unsere Manager schnellstens lernen, wie man das macht. Sie haben dafür zu sorgen, daß ihre Leute gern zur Arbeit gehen, daß sie einen sportlichen Ehrgeiz entwickeln, die Konkurrenz zu besiegen, daß sie Erfolge ihrer Gruppe als ihre eigenen begreifen.

Das ist mit stupiden »Personalentwicklungsplänen« ebensowenig zu schaffen wie mit dauernden Seminaren, sondern nur mit einer ständig praktizierten Politik der Fairneß und des Vertrauens. Psychopathen, die ihre Mitarbeiter bespitzeln lassen und ihre Telefone abhören, müssen ebenso aus den Chefetagen verschwinden wie Neidhammel, Intriganten und Dampfplauderer.

Je selbstsicherer und kompetenter die Mitarbeiter werden, desto höhere Anforderungen stellen sie an das Management. Soziale Kompetenz wird deshalb für jede Führungskraft mindestens ebenso wichtig wie ihre fachliche Qualifikation. Dummschwätzer und Selbstdarsteller, die heutzutage noch scharenweise die Chefbüros bevölkern, werden als Karteileichen in den Aktenschränken der Headhunter enden, da sie immer schneller entlarvt werden.

Wenn nicht alles täuscht, stehen wir vor einer Renaissance der Kreativität. Denn die überbesetzten Märkte erfordern immer neue Produktideen, und die tüchtigen Konkurrenten aus Übersee sind nur mit ständigen Innovationen in Schach zu halten. Da die Qualität der japanischen Produkte auf vielen Gebieten von den deutschen Unternehmen kaum erreicht wird, kommt es darauf an, noch schneller auf veränderte Marktbedingungen zu reagieren.

Mit einem Management, das aus biederen Produktions- und Verteilungsbeamten besteht, ist das kaum zu schaffen. Deshalb suchen die Unternehmen immer häufiger Führungskräfte mit kreativem Potential.

»Stellt komische Leute ein«, fordert zum Beispiel der amerikanische Guru Tom Peters, und auch Edward de Bono, bekannt durch seinen Bestseller *Laterales Denken,* hält die Kreativität für einen wesentlichen Wettbewerbsvorteil der Europäer.

Querdenker, die sich trauen, eine vom allgemeinen Konsens abweichende Meinung auch in betriebliche Entscheidungen umzusetzen, müssen gefördert, nicht glattgebügelt werden. Natürlich ist ein Betrieb keine Spielwiese für Spinner, aber er kann Gestaltungsmöglichkeiten für außergewöhnliche Köpfe bieten. Und wenn es nicht möglich ist, diese Köpfe in den betrieblichen Organismus einzubinden, dann muß man ihnen die Chance geben, daß sie auf freier Wildbahn überleben können.

So, wie die japanischen Autohersteller freie Stylingbüros in Kalifornien und Norditalien unterhalten, um den europäischen und amerikanischen Markt mit gefälligen Modellen bedienen zu können, werden sich künftig auch die deutschen Unternehmen von außen »befruchten« lassen. Denn je mehr Unternehmen auf die Linie der »schlanken Produktion« einschwenken, desto mehr Bereiche werden ausgegliedert.

Das ist eine Riesenchance für unternehmerisch denkende Angestellte, sich selbständig zu machen. Wenn sie es geschickt anstellen, dann können sie die ersten Jahre mit Aufträgen ihrer alten Firmen überbrücken, bis sie genügend andere Kunden gefunden haben. Vieles, was in den Unternehmen heutzutage noch selbst hergestellt wird, läßt man morgen von draußen zuliefern. So werden im Laufe der Zeit eine Menge neuer Unternehmen entstehen, die ohne kostspieligen Verwaltungsapparat schneller, besser und billiger produzieren können als ein großer Konzern.

Damit sich die heutige Wirtschaftslandschaft, die von bürokratisch geführten, unendlich diversifizierten Konzernen geprägt wird, grundlegend verändern kann, brauchen wir in den Chefetagen nicht nur einen Generationen-, sondern einen Typenwechsel. Den Typ, der jetzt gefragt ist, nennt der Harvard-Professor John Kotter einen »leader«. Dabei handelt es sich freilich nicht um eine Neuauflage des »Führers« Adolf Hitler, sondern um eine Definition zur Unterscheidung vom herkömmlichen Manager, in dem Kotter lediglich einen »Verwalter des menschlichen und materiellen Potentials« eines Unternehmens sieht. Der »leader« hingegen gibt die Richtung vor und ändert sie notfalls auch, wenn dies zweckmäßig erscheint.

»Managers do the things right, leaders do the right things« – Manager erledigen die Dinge richtig, Führer erledigen die richtigen Dinge – verdeutlicht der Leiter des Instituts für Organisationsverhalten und Mitarbeiterführung an der Bostoner Harvard Business School den Unterschied. Der Professor, der nebenbei noch eine erfolgreiche Unternehmensberatung betreibt, hält die meisten größeren Firmen für »overmanaged but underled« – also für überbürokratisiert, aber schlecht geführt.

Führernaturen, die sich getrauen, ihre Unternehmen grundlegend zu verändern, sind auch hierzulande rar. Und es ist zu befürchten, daß die von den alten Recken ausgewählten Nachfolger wenig Neigung verspüren, die gewohnten Gleise zu verlassen. Erst wenn der Druck noch größer wird, wenn nach 1993 neue, aggressive Wettbewerber auftreten, wenn die Preise ins Rutschen kommen und die Margen schrumpfen, wird der Ruf nach »echten Führern« lauter werden.

Manager müssen inspirieren

Der Trend aber ist unverkennbar: Im Auftrag der weltweit tätigen Personalberaterfirma Korn/Ferry fragte die renommierte Columbia University Graduate School of Business in New York rund 1500 amerikanische, japanische und europäische Topmanager, welche Anforderungen heute und voraussichtlich im Jahre 2000 an die Unternehmenschefs gestellt werden. Dabei kam heraus, daß sich die künftigen Bosse in einigen Punkten wesentlich von den heutigen unterscheiden werden.

Sie brauchen, viel mehr als heute, die Fähigkeit zu strategischem Denken. Erheblich an Bedeutung gewinnt demnach auch die Auswahl und Entwicklung des Personals sowie die Fähigkeit zur Verhandlungsführung und Konfliktlösung. Die Topleute des 21. Jahrhunderts werden weniger am Schreibtisch sitzen als ihre Kollegen von heute, dafür aber viel mehr mit ihren Mitarbeitern, Kunden und Partnern kommunizieren. Sie brauchen, darin waren sich die Befragten einig, vor allem eine klare Vorstellung von der Zukunft ihrer Firma, und die müssen sie nach drinnen wie draußen vermitteln können.

Deshalb müssen Spitzenmanager in Zukunft vor allem enthusiastisch sein – das fordern 92 Prozent aller Befragten. Sie sollen inspirieren (91 Prozent), Mut machen (89 Prozent), aufgeschlossen und kreativ sein (88 Prozent) und ein Beispiel an ethischem Verhalten geben (88 Prozent). Interessant auch, daß konservatives Verhalten künftig weniger wichtig sein wird als heute, und daß differenzierte, auch widersprüchliche Charaktere mehr gefragt sein werden. Der ideale Boß des Jahres 2000 ist demnach ein Kosmopolit von hervorragender Allgemeinbildung mit einem Verständnis für unterschiedliche Kulturen, er ist ein erstklassiger Teamarbeiter, aber in seinem Denken unabhängig. Damit entspricht er ziemlich genau dem »Leadertyp« des Harvard-Professors Kotter.

Die Berufung des schwierigen, aber effizienten Porsche-Enkels Ferdinand Piëch an die Spitze des VW-Konzerns, sogar mit den Stimmen der IG-Metall, signalisiert einen Bewußtseinswandel in den Köpfen der Aufsichtsräte. Wenn schon die VW-Räte den knochenharten Techniker Piëch, der sich und seinen Leuten das Letzte abverlangt, einem Schönredner wie Daniel Goeudevert vorziehen, dann könnte das ein Indiz dafür sein, daß die Zeit der Nieten in Nadelstreifen abgelaufen ist.

Außerdem zeigt die vorzeitige Pensionierung des begabten Selbstdarstellers Carl Hahn, der den Konzern durch eine hemmungslose Zukaufpolitik, mangelndes Kostenbewußtsein und überzogene Investitionspläne finanziell ausgeblutet hat, wie groß der Druck war, unter dem die Räte standen. Hahn war ein typischer Vertreter der Sauriergeneration. Er berauschte sich an großen Zahlen und sah tatenlos zu, wie in den Wolfsburger Führungsetagen mit dem Geld der Aktionäre umgegangen wurde.

Spätestens dann, als sich herausstellte, daß die Devisenspekulanten um Burkhard Junger zeitweilig mehr zum Betriebsergebnis beitrugen als die gesamte Autoproduktion, hätte ein verantwortungsbewußter Chef hart durchgreifen müssen. Hahn indes wusch seine Hände auch noch in Unschuld, als die fixen Jungs aus der Devisenabteilung eine halbe Milliarde Mark in den Sand gesetzt hatten.

Hahn hatte es auch zu verantworten, daß innerhalb des VW-Konzerns gleich zwei verschiedene, in Hubraum und Leistung aber nahezu identische Sechszylindermotoren konstruiert wurden, von denen jeder 370 Millionen Mark an Entwicklungskosten verschlang. Allein durch die Tatsache, daß in Wolfsburg die Motoren quer, in Ingolstadt aber längs eingebaut werden, ergeben sich innerhalb des Konzerns Mehrkosten von mehreren Milliarden Mark, die bei besserer Koordination hätten eingespart werden können.

So viel Luxus, der den Kunden keine Vorteile und dem Hersteller nur Kosten einbringt, werden sich die Manager in Zukunft verkneifen müssen. Die uralten Tugenden der Betriebswirtschaft, nämlich Sparsamkeit, Einfachheit und Rentabilität, sind jetzt wieder gefragt. Mit Nachdruck werden die Kapitalgeber, also die Aktionäre, Gesellschafter und deren Vertreter, künftig wieder mehr als bisher auf die Erträge ihrer Investments achten.

Unternehmer statt Beamter

Für die wohlstandsverwahrlosten Manager bedeutet das, daß sie nicht mehr einfach alles machen können, was der Markt erlaubt und was ihrer Karriere nützt. Vielmehr sind sie gehalten, bei jeder Maßnahme auf den betriebswirtschaftlichen Nutzen zu achten, kurzum: sich wie Unternehmer und nicht wie Beamte zu verhalten.

Fortschrittliche Gesellschaften wie der Markenartikler Jacobs Suchard (»Milka«) haben daraus bereits die Konsequenzen gezogen und ihren Managern eine Art von Kulturrevolution verordnet: »Wir sind ein Unternehmen der Unternehmer« formuliert der seit kurzem zum Philip-Morris-Konzern gehörende deutsch-schweizerische Kaffee- und Schokoladenhersteller sein neues Selbstverständnis.

Künftige Führungskräfte lockt Jacobs Suchard dagegen auch nicht mehr mit herkömmlichen Versprechungen von hohen Gehältern und Pensionszusagen, sondern mit dem Slogan: »Wer bei uns arbeitet, muß sich nicht selbständig machen, um selbständig zu sein.« Tatsächlich räumt der Erfinder der lilafarbenen Kuh seinen Führungskräften schon in jungem Alter viel unternehmerischen Freiraum ein.

So kann bei Jacobs Suchard eine 28jährige Brand-Managerin bereits alleinverantwortlich über die Verkaufspreise, die Verpackung, den Vertrieb und das gesamte Budget einer Produktlinie (in diesem Fall der Schokoladenkugeln »Lila Stars«) entscheiden.

Echte Unternehmer mit Angestelltenvertrag brauchen ganz andere Eigenschaften und Fähigkeiten als die schmalspurigen Karrieremacher der Gegenwart, nämlich: Mut, Erfolgswillen, Kostenbewußtsein, Tatkraft und Übersicht. Entbehrlich sind hingegen die in den heutigen Großorganisationen so nützlichen Talente zur Aufgabe der eigenen Meinung, zur Intrige und zur Denunziation.

Die immer besser ausgebildeten, intelligenten Mitarbeiter – in Japan verfügen bei den großen Companies schon ein Viertel der Facharbeiter über Hochschulreife – durchschauen Fehler und Versäumnisse ihrer Vorgesetzten schneller als je zuvor. Manager müssen deshalb lernen, Kritik auch von unten zu ertragen. Nur so werden sie für ihre Mitarbeiter »satisfaktionsfähig« und können in einen offenen Dialog mit ihnen eintreten. Und wenn sie nicht selber in der Lage sind, die Sorgen und Nöte ihrer Mitarbeiter zu ergründen, dann sollten sie dies wenigstens mit Hilfe regelmäßiger Umfragen oder institutionalisierter Round-table-Gespräche versuchen.

Im letzten Jahrzehnt des 20. Jahrhunderts geht es darum, die tiefen Gräben aus der Steinzeit des Klassenkampfs vollends einzuebnen. Dazu müssen die Manager aber einige Voraussetzungen mitbringen, an denen es heute den meisten von ihnen fehlt. Um ein Verständnis für die Denkstrukturen und Verhaltensmuster ihrer Mitarbeiter zu entwickeln, sollten sie sich intensiv mit der Geschichte der Arbeiterbewegung auseinandersetzen. In jungen Jahren sollten sie wenigstens für einige Zeit irgendwo in einer Fabrik, am Bau oder in einem ordentlichen Handwerksbetrieb mit Handarbeit ihr Geld verdienen, und später könnten ihnen ein paar Semester Psychologie schließlich auch nicht schaden.

Theater bei Thyssen

Wie Mißstimmungen, Vorurteile, Ressentiments in einem Betrieb auf ebenso amüsante wie lehrreiche Art abgebaut werden können, das demonstriert die Thyssen Handels Union (THU) auf ihrem jährlichen Führungskräftetreffen. Im Gegensatz zu den üblichen Meetings dieser Art, die sich durch langweilige Reden und ein mehr oder weniger geschmackloses Rahmenprogramm auszuzeichnen pflegen, nutzt THU-Chef Dieter H. Vogel die Gelegenheit, um bei seinen Mitarbeitern das »Zusammengehörigkeitsgefühl zu stärken und Barrieren abzubauen«.

Dazu läßt er regelmäßig während der Tagung ein »Theaterprogramm« aufführen, in dem auf unterhaltsame Art das im Laufe eines Jahres angefallene Konfliktpotential zur Sprache kommt. Die Büttenredner aus dem Konzern nehmen dabei kein Blatt vor den Mund, und sogar der Vorstandsvorsitzende selber reiht sich in die Gruppe der Akteure ein. Bisher erfüllte die Veranstaltung allemal ihren Zweck, und zumindest die weitverstreuten Führungskräfte des Unternehmens hatten hinterher das Gefühl, daß sie mit ihren Sorgen und Nöten von der Konzernspitze ernstgenommen werden.

Auf ähnliche Weise ließen sich auch Konflikte zwischen Management und Belegschaft beilegen, ohne daß dabei ein Schmierentheater entstehen müßte. Mehr denn je kommt es darauf an, die seit Jahrzehnten eingeübten Rollen-

spiele von Management und Belegschaft zu reformieren. Allein das Affentheater der jährlichen Tarifauseinandersetzungen mit seinen immer gleichen Drohgebärden und Rückzugsgefechten ist schon lange unglaubwürdig und damit überflüssig.
Es dient letztendlich nur noch der Legitimation der Gewerkschaftsführer, die bei ihren Mitgliedern die Illusion wachhalten müssen, sie verdankten ihre regelmäßigen Lohnerhöhungen und Arbeitszeitverkürzungen allein der Gewerkschaftsmacht. Tatsächlich aber ist das Maß der möglichen Mehrleistungen des Unternehmens eine betriebswirtschaftliche Größe, die sich fast von allein ausrechnen läßt.

Gewerkschaften in der Klemme

Es ist wahr: Die geballte Macht des DGB und seiner Einzelgewerkschaften bescherte den deutschen Arbeitern und Angestellten ein beispiellos günstiges Verhältnis von Arbeitsleistung und Einkommen. Dies war möglich, weil auf der Arbeitgeberseite stets angestellte Manager den Ton angaben, die sich um die Rentabilität und Finanzierung ihrer Betriebe keine allzu großen Sorgen machen mußten.
Typischer Fall ist die Metallindustrie, wo Konzerne wie Daimler-Benz oder Siemens die Taktzahl vorgeben, die dann von unzähligen schlechter verdienenden Klein- und Mittelbetrieben gehalten werden muß. Daß die von den Managern auf der Arbeitgeber- wie Arbeitnehmerseite ausgeheckte Tarifpolitik das Wachstum der Konzerne begünstigte und den industriellen Mittelstand austrocknete, ist längst erwiesen. Nutznießer dieser Politik waren letzten Endes allein die Manager.
Sie verhinderte die Bildung neuer großer Industrievermögen, brachte Millionen Kleinaktionäre um die ihnen zustehenden Dividenden und Kursgewinne und gaukelte den Arbeitnehmern stets wachsende Einkommen vor, die in Wahrheit durch allfällige Preiserhöhungen sofort wieder zunichte gemacht wurden. So ist ein durchschnittlicher Arbeitnehmerhaushalt in einer Groß-

stadt wie München, Frankfurt oder Hamburg heutzutage, ebensowenig wie vor 20 Jahren, in der Lage, Kapitalvermögen zu bilden und sich so für die Risiken des Arbeitsplatzverlustes abzusichern, obwohl er nominal etwa doppelt soviel Einnahmen hat wie damals.

Da die Großorganisationen der Wirtschaft immer schwerfälliger und ineffizienter werden, beginnen sie zu erodieren. Auf der einen Seite spalten sich die Konzerne in kleinere Unternehmenseinheiten auf, auf der anderen verliert der DGB seine Macht über die Einzelgewerkschaften. Und auch den großen Einzelgewerkschaften wie der IG-Metall droht die Spaltung. Die Funktionäre und Manager haben deshalb auf beiden Seiten die Aufgabe, ihren Machtverlust zu begrenzen und neue, zweckmäßigere Organisationsformen zu finden.

Wenn der Grundgedanke der betrieblichen Partnerschaft allmählich akzeptiert wird, dann werden die beiden großen Blöcke, »Arbeitgeber« und »Gewerkschaften«, ebenso überflüssig wie der Warschauer Pakt und die Nato.

So wie die Regierungen der Nationalstaaten innerhalb der EG an Bedeutung verlieren, werden auch Gewerkschaftsfunktionäre und Konzernmanager Macht einbüßen. Die Unternehmen werden künftig noch mehr als bisher das weltweite Lohngefälle ausnutzen. Statt in den neuen Bundesländern wird dann eben in der CSFR investiert, weil dort die Löhne nur halb so hoch sind. Und BMW baut sein neues Automobilwerk nicht mehr in Deutschland, sondern in den USA, um von dort aus die Überseemärkte besser beliefern zu können.

Der Optimierungsprozeß, der die gesamte Weltwirtschaft erfaßt hat, zwingt letztlich auch die Gewerkschaften zum Umdenken. Der Einheitsgedanke, der ihnen früher zum Vorteil gereichte, verkehrt sich jetzt ins Gegenteil. Einheitliche Löhne und Arbeitsbedingungen für höchst differenzierte Branchen wie die Metallindustrie oder das Druckgewerbe behindern die Fortentwicklung der Wirtschaft seit langem. Es ist an der Zeit, die Chancen zu nutzen, die sich bei flexibler Auffassung von Arbeitszeitregelung und differenzierterer Entwicklung von Löhnen und Gehältern ergäben.

Allein die stupide Forderung nach »100 Prozent Westlohn« für die ziemlich unproduktiven Beschäftigten in den neuen Bundesländern verhindert, daß zwischen Gera und Görlitz ordentlich investiert wird. Auch Gewerkschaftsmitglieder werden langsam die Zusammenhänge durchschauen und von ihren allzu selbstherrlichen Funktionären Antworten verlangen. Schließlich ist auch ein etwas schlechter entlohnter Arbeitsplatz immer noch besser als gar kein Arbeitsplatz.

So einträglich Manager und Gewerkschaftsfunktionäre die wirtschaftliche Macht in Deutschland untereinander aufgeteilt haben – in einem sind die Arbeitnehmervertreter voraus: Sie ließen eine Frau an die Schalthebel der Macht. In der deutschen Privatwirtschaft hingegen ist – Treuhand-Präsidentin Birgit Breuel ist die große Ausnahme – weit und breit kein weibliches Wesen in Sicht, das es an Einfluß mit der ÖTV-Chefin Monika Wulf-Mathies aufnehmen könnte.

Frauen an die Macht

Doch wenn die Prognosen führender Fachkräfte sich als richtig herausstellen, dann werden Frauen schon bald die Führungsetagen erobern. Tom Peters, mit einem Tageshonorar von 40 000 Dollar Amerikas höchstbezahlter Unternehmensberater, orakelt: »In der zukünftigen Welt, wo wir eher Netzwerke haben werden als Hierarchien, wo Mitarbeiter mit unzähligen Leuten von außen zu tun haben werden, wo der Schwerpunkt im Aufbau von Beziehungsgeflechten liegen wird, werden Frauen besser sein als Männer, weil sie in der Tendenz weniger egozentrisch, weniger statusbesessen und mehr beziehungsorientiert sind.«

Auch Trendforscher John Naisbitt, der mit seinen verschiedenen *Megatrend*-Bestsellern einer ganzen Managergeneration den Weg wies, glaubt: »Frauen werden immer mehr Führungspositionen gewinnen. Das geht fast nach Plan. Die Zeit arbeitet für sie. Industriell geprägte Arbeitsplätze, wo einige Leute Befehle ausgeben, andere Leute Befehle empfangen, sterben langsam aus.

Die Zukunft gehört den informationsorientierten Arbeitsplätzen. Die verlangen viel mehr Sensibilität, Frauen sind darauf mit ihrem Wesen und ihrer Sozialisation besser vorbereitet als Männer. Frauen sind viel eher in der Lage, eine Umgebung zu schaffen, in der Kreativität und Innovation blühen.«

Und selbst in Deutschland, wo alles ein bißchen länger dauert, bessern sich allmählich die Chancen weiblicher Führungskräfte, in die oberen Ränge des Managements aufzusteigen.

Der Augsburger Organisationspsychologe Oswald Neuberger zum Beispiel erhofft sich von dem Einzug der Frauen in die Chefetagen vor allem mehr Frohsinn: »Die Männer-Manager spüren im Grunde, daß sie ausgetrocknet sind, daß ihnen wichtige Teile des Lebens verlorengehen, nämlich Freude, Spaß, Lust und Lebendigkeit.«

Nun zweifelt kaum mehr jemand daran, daß viele Frauen gerade jene Eigenschaften mitbringen, die jetzt und in den kommenden Jahren in den Entscheidungszentren der Wirtschaft benötigt werden. Also die Fähigkeit zu ganzheitlichem, vernetztem Denken oder zur offenen Kommunikation mit Menschen unterschiedlichster Herkunft. Auch Wesenszüge wie ein ausgeprägter Gerechtigkeitssinn, Kreativität und die Fähigkeit zu Teamarbeit gehören dazu. Doch: Diese Eigenschaften besaßen Frauen auch bisher schon, und dennoch gelang es ihnen nie, in der Männerwelt des Managements wirklich Fuß zu fassen.

Nur etwa 2 Prozent der Führungskräfte in den oberen Etagen sind weiblich, und die wenigen Vorzeigefrauen im Topmanagement, wie Erika Emmerich, die Präsidentin des Verbandes der Automobilindustrie, oder Ellen-Ruth Schneider-Lenné vom Vorstand der Deutschen Bank, lassen sich an einer Hand abzählen. Wenn sie nicht durch Heirat oder Erbschaft (wie Johanna Quandt, Grete Schickedanz oder Friede Springer) an die Spitze größerer Unternehmen gelangten, haben sie über die normale Ochsentour keine Chance gegen ihre männlichen Rivalen.

Auch in Zukunft warten die Chefsessel nicht angewärmt auf weibliche Besetzung, sondern müssen regelrecht erobert werden. Die Front der Frauengegner indes bröckelt, wie jüngere Umfragen unter Führungskräften ergaben. So ermittelte das Fachblatt *Karriere* im Oktober 1991, daß immerhin schon 37 Prozent der Männer sich lieber eine Frau als einen Mann zum Chef wünschen. Ein weiblicher Chef, so argumentierten die Befürworter unter den 200 Befragten, könne ganzheitlicher denken, sei »einfühlsamer, zielstrebiger und berechenbarer« als ein Mann.

Doch erst, wenn die ehrgeizigen Karrierefrauen, die jetzt schon zuhauf die Traineeposten und unteren Ränge des Managements in vielen Unternehmen vor allem der Konsumgüterindustrie, des Bankgewerbes und der Medien bevölkern, bei der Stange bleiben und weiterhin einen Großteil ihrer Energien auf den Job konzentrieren, haben einige wenige von ihnen die Chance, tatsächlich die Chefetagen zu erreichen.

Zu wünschen wäre es den Unternehmen auf jeden Fall, denn in Gegenwart von Frauen würden sicher viele Vorstands- und Aufsichtsratssitzungen anders verlaufen als heute. Das finge schon beim Outfit der Herren Manager an, in deren Kreisen braune Socken ungeniert zu blauen Anzügen getragen und grobe Glenchecksakkos mit bunten Streifenhemden kombiniert werden. Entsprechende Bemerkungen weiblicher Kollegen könnten hier ebenso Wunder wirken wie beim oftmals recht grobschlächtigen Umgangston unserer Wirtschaftsführer.

Sprachlose Helden

Als einer der wichtigsten Aktivposten der Frauen im Wettbewerb mit ihren männlichen Kollegen könnte sich ihre größere Sprachgewandtheit erweisen. Denn, man glaubt es kaum: 90 Prozent der deutschen Spitzenmanager sprechen nicht mal flüssig Englisch. Der langjährige Allianz-Chef Wolfgang Schieren zum Beispiel, der sich mit Riesenbeträgen sowohl in britische als auch amerikanische Versicherungsgesellschaften einkaufte, hatte größte Mühe beim Small talk mit seinen angelsächsischen Geschäftspartnern. Wenn er bei öffentlichen Reden englische Vokabeln benützte, da übte er deren Aussprache zuvor mit einem Englischlehrer, bis sie ihm akzentfrei über die Lippen kamen.

Die Nachfolger der Konzernlenker aber müssen nicht nur ein paar Brocken Englisch können, sie sollten vielmehr in mehreren Kulturkreisen zu Hause sein. Denn in Zukunft geht es nicht mehr bloß um die weitere Steigerung der Exporte, die von rangniederen Chargen mit guten Sprachkenntnissen besorgt werden, sondern um die Internationalisierung des gesamten Geschäfts.

Aktien deutscher Unternehmen werden dann nicht mehr nur in Frankfurt, Düsseldorf oder München gehandelt, sondern auch (wie heute nur wenige Spitzenwerte) in London, New York oder Tokio. Und Anleihen besorgt man sich nicht mehr allein in Mark, sondern in britischen Pfund ebenso wie in französischen Francs oder japanischen Yen. Neue Fabriken entstehen weniger auf der grünen Wiese in Regensburg als in Gegenden, in denen man außer Englisch vielleicht Ungarisch, Tschechisch oder Russisch sprechen sollte.

Noch immer aber werden die deutschen Führungskräfte von einer unerklärlichen Scheu geplagt, die Landesgrenzen für längere Zeit zu überschreiten. Dieter Fries zum Beispiel, bei Daimler-Benz verantwortlich für das Auslandspersonalwesen, beklagt die Seßhaftigkeit seiner schwäbischen Landsleute: »Ich kenne eine Reihe von Fällen, in denen sogar die Frage der Mitnahme des Karnickels oder des Meerschweinchens enorme Probleme aufwarf.«

Der von Fries so dringend benötigte »multikulturelle Manager« ist wohl noch für längere Zeit Mangelware, denn auch die heutigen Studenten der Betriebs- und Volkswirtschaft zeigen bisher nur wenig Neigung, sich längere Zeit im Ausland umzusehen. Nur 3 Prozent der Hochschüler büffeln derzeit jenseits der deutschen Grenzen. Doch wer den Spitzenjob in einem Großunternehmen anstrebt, hat künftig ohne ausgewiesene Auslandserfahrung wohl kaum noch eine Chance.

Weil viele der bequemen Führungskräfte Nachteile im Karriererennen befürchten, wenn sie sich zu lange im Ausland herumtreiben, weil sie Frau und Kindern die Eingewöhnung in fremde Kulturkreise nicht zumuten wollen und weil sie selbst den Frust der Lernphase fürchten, veranstalten die Unternehmen jetzt immer häufiger Trockenkurse in Sachen Auslandsbeziehungen. So lassen sich unsere Manager etwa im Institut für Auslandsbeziehungen in Stuttgart oder im Carl-Duisberg-Center in Köln mit Hilfe von Sprachkursen und Rollenspielen fit machen für den europäischen Markt.

Hier lernen sie, wie französische Handlungspartner bei einem opulenten Menü zur Sache kommen, oder was es bedeutet, wenn ein spanischer Geschäftsfreund mit zweistündiger Verspätung erscheint (nämlich nichts). Doch diese Schnellkurse in Sachen multikultureller Bildung können kaum einen Auslandsaufenthalt ersetzen. Mehrere Semester Studium und mindestens zwei Jahre praktische Tätigkeit – das sind die Minimalforderungen an die Manager der Zukunft.

Je früher sie sich mit fremden Kulturen vertraut machen und je schneller sie ihr Studium absolvieren, desto größer sind ihre Chancen. Die 30jährigen, die heutzutage mit einem Diplom die Unis verlassen, sind nach Meinung von Praktikern, wie des Unternehmensberaters Roland Berger oder des ehemaligen BMW-Chefs Eberhard von Kuenheim, bereits zu alt.

Vergreiste Vorstände

Bekanntermaßen erreicht der Mensch seine höchste intellektuelle und physische Leistungsfähigkeit zwischen 18 und 25 Jahren, aber in diesem Alter gelingt in Deutschland allenfalls Fußballprofis, Tenniscracks und Devisenhändlern der Griff zum großen Geld. Die künftigen Manager aber »vertrödeln« ihre besten Jahre in den überfüllten Hörsälen unserer Universitäten. In einem Alter, in dem Naturwissenschaftler wie James Watson und Francis Crick die mit dem Nobelpreis ausgezeichnete Entdeckung der Doppelhelix machten, in dem Unternehmer wie der Brite Richard Branson sein Multimilliarden-Popimperium »Virgin« aufbaute, büffeln die Wirtschaftslenker von morgen verdrossen das kleine Einmaleins der Betriebswirtschaftslehre.

Zwar beklagen Topmanager wie Hilmar Kopper von der Deutschen Bank oder sein Kollege Edzard Reuter von Daimler-Benz seit Jahren das zu hohe

Eintrittsalter des Führungskräftenachwuchses, doch in ihren Betrieben machen die alten Bosse keine Anstalten, jüngeren das Steuer zu überlassen. Auch die japanischen Konzerne werden von Greisen regiert, doch beschränken sich die Altvorderen dort auf reine Repräsentations- und Abstimmungsaufgaben, während die Sachfragen von 30- bis 40jährigen entschieden werden. Das Gros der deutschen Vorstandsmitglieder aber ist zwischen 50 und 60 Jahre alt. Es mag zwar erklärlich erscheinen, wenn Schlüsselpositionen in zentralistisch organisierten Konzernbürokratien an erfahrene, also ältere Manager vergeben werden. Doch wenn diese Großorganisationen, die ja nicht selten über 100 000 Menschen beschäftigen, entzerrt werden und sich in kleine, bewegliche Unternehmenseinheiten aufteilen, dann naht die Chance der 30- bis 40jährigen.

Immerhin war ja auch ein Eberhard von Kuenheim erst 42 Jahre alt, als ihm der damalige Großaktionär Herbert Quandt das Steuer bei BMW überließ. Hermann Josef Abs wurde bereits mit 32 Vorstand der Deutschen Bank, und Berthold Beitz war mit 41 Alfried Krupps Generalbevollmächtigter. Wenn die Konzerne ernst machen mit der Absicht zu verjüngen, um schneller, beweglicher und schlagkräftiger zu werden, dann müssen sie sich von den verknöcherten Greisen in ihren Vorständen verabschieden und jüngere Manager an die Spitze ihrer operativen Einheiten berufen. Beispielhaft ist auch hier wieder der vom 51jährigen Percy Barnevick geleitete Elektrokonzern ABB: Im Vorstand der deutschen Tochter sitzen vier Manager unter 50, der jüngste ist gerade 41 Jahre alt.

Dafür brauchen sie allerdings andere Kaliber als jene schmalspurigen Karrierevirtuosen, die heutzutage so zahlreich die Assistenten- und Stabsposten in den Chefetagen besetzen. Nicht die blassen Eggheads aus den Eliteschulen, sorgfältig durchgestylt und rhetorisch begabt, haben die besten Chancen, sondern jene Praktiker, die sich frühzeitig durch sämtliche Abteilungen des Hauses schleusen ließen.

Jobrotation nach japanischem Vorbild ist angesagt, denn ein breiter Erfahrungshorizont wird künftig höher bewertet als extremes Spezialistenwissen.

Wer zu lange an einem Posten klebt, läuft Gefahr, auf die Spezialistenschiene geschoben zu werden, und von dort gibt es kein Entkommen mehr. Führungskräfte müssen spätestens mit 35 beweisen, daß sie wirklich führen können. Gibt ihnen ihr Arbeitgeber dazu keine Gelegenheit, dann sollten sie schleunigst kündigen oder sich selbständig machen.

Als die Karriere des neuen Bayer-Chefs Manfred Schneider (seit April 1992) in den 70er Jahren in einer Sackgasse zu enden drohte, kündigte der unzufriedene Manager beim Chemiemulti in Leverkusen und wechselte zu der viel kleineren und in einer wirtschaftlichen Krise steckenden Duisburger Kupferhütte. Nach zehn harten Jahren, die geprägt waren vom ständigen Kampf gegen die drohende Pleite, folgte Schneider dem Ruf seines früheren Arbeitgebers. Die Konzerngewaltigen in Leverkusen rollten dem Heimkehrer keinen roten Teppich aus, sondern deckten ihn mit eher langweiligen Aufgaben ein und entsandten ihn schließlich als »teuersten Lehrling der Firma« (Schneider) zur amerikanischen Tochtergesellschaft. Erst nach seiner Rückkehr bekam der Allroundmanager jene großen Aufgaben, mit deren Bewältigung er sich schließlich für die Nachfolge des Konzernchefs Hermann-Josef Strenger empfahl. Wenn die Unternehmen selbst es schon versäumen, für eine möglichst breite und umfassende Ausbildung ihrer Führungskräfte zu sorgen, dann müssen diese eben selbst die Initiative ergreifen und sich Aufgaben suchen, an denen sie ihre Fähigkeiten beweisen können.

Da die Anforderungen an die Manager in Zukunft zweifellos noch vielfältiger sein werden als heute, wachsen die Chancen von »Seiteneinsteigern« mit einer geisteswissenschaftlichen oder gar theologischen Ausbildung. Auch wirtschaftlich orientierte Politiker oder sogar Künstler können den Entscheidungsgremien oft bessere Dienste leisten als reine Kaufleute oder Techniker.

Chancen für Philosophen

Die Konzernchefs der Zukunft müssen Ideen so verkaufen wie Politiker, wenn sie Mehrheiten finden, Allianzen schmieden oder gleich starke Rivalen ausmanövrieren wollen.«»Ich glaube, daß ein großes ungenutztes Potential an Führungskräften im Bereich der Geisteswissenschaften liegt«, bestätigt McKinsey-Chef Herbert Henzler. Der wohl erfolgreichste deutsche Unternehmensberater prophezeit: »Die Unternehmen und die Umgebung, in der sie operieren, sind in den letzten Jahren um einige Potenzen komplexer geworden. Diese Komplexität wird weiter zunehmen – in der Vielzahl der Produkte, Varianten und Märkte, in der Vielseitigkeit der Beziehungsgeflechte. Und um Komplexität zu managen, sind Leute mit einem breiten Bildungshorizont gefragt, die eine viel größere Zahl von Führungsinstrumenten beherrschen als in der Vergangenheit.«

Beispiele gibt es bereits: An der Spitze des Stuttgarter Bosch-Konzerns steht mit Marcus Bierich ein Manager, der einst Mathematik und Philosophie studierte, ehe er sich dem Finanzwesen zuwandte, und die Bayerische Landesbank wird geleitet von dem gelernten Orientalisten Hans-Peter Linss. Auch der Mannheimer Lebensversicherungs AG steht mit dem studierten Psychologen Hans Schreiber ein Geisteswissenschaftler vor, und der Trend dürfte sich in den nächsten Jahren noch verstärken: bei der Hypo-Bank in München kamen bereits 10 Prozent der etwa 120 Trainees des Jahrgangs 1991 aus dem geistes- und sozialwissenschaftlichen Bereich.

»Der neue Manager lebt in scheinbar unklaren, offenen, netzförmigen Organisationen, er ist es gewöhnt, daß man für unterschiedliche Aufgaben verschiedene Chefs hat. Die früheren Schornsteinhierarchien sind vergessen«, vermutet Günter Hartwig, Produktionsvorstand im VW-Konzern. Die so ganz anders geartete Umgebung der künftigen Führungskräfte kommt den Neigungen und Fähigkeiten von Psychologen und Philosophen wohl eher entgegen als den ausschließlich an »harten« Fakten interessierten Kaufleuten und Technikern.

Hartwig weiter: »Der neue Manager braucht mehr Zeit für innerbetriebliche Kommunikation, er entscheidet selber weniger als heute, da die Entscheidungen tunlichst auf der Ebene der Probleme getroffen werden sollen. Er weiß, daß die Leistungsreserven der Mitarbeiter zu einem großen Teil aus Selbstmotivation und Selbstorganisation herrühren. Er will nicht oberster Entscheidungsträger, sondern Coach eines Teams sein, der sich selbst aktiv an der Unternehmensoptimierung beteiligt. Denn nicht der Boß ist gefragt, sondern der kreative und flexible Vordenker mit Visionen.«

Der vielseitig gebildete Chef der Zukunft aber wird beileibe kein »Softie« sein, der zu allen freundlich ist und Schönwetterreden hält. Trotz all seiner Fähigkeiten zur Kommunikation, zu einem vernetzten ganzheitlichem Denken, wird er sich viel stärker an den ökonomischen Grundlagen orientieren müssen als die selbstherrlichen Bosse von heute.

Wenn das zum Aufbau der Wirtschaft in den neuen Bundesländern und in Osteuropa in riesigen Mengen benötigte Kapital wieder zu einer knappen Ressource wird, verschieben sich die Gewichte zwischen Eigentümern und Managern. Die vom Regime der Manager weitgehend entmachteten Aktionäre und Gesellschafter werden nachdrücklicher als je zuvor auf ihre Rechte pochen und nur denjenigen die benötigten Mittel zur Verfügung stellen, die ihnen eine marktgerechte Verzinsung garantieren.

Unter dem Druck mächtiger Pensionskassen und Investmentfonds (vor allem aus dem Ausland) müssen die Manager der deutschen Konzerne die liebgewonnene Thesaurierungspolitik, die ihnen bisher ein so komfortables Dasein garantierte, aufgeben. Auch die deutschen Aktionäre werden sich dann möglicherweise besser als bisher organisieren und sich aus dem Klammergriff der Banken befreien.

Ehrenkodex für Manager

Schon jetzt fangen Publikationen wie das *Manager Magazin* an, Unternehmen nicht mehr nach herkömmlichen Kriterien wie Umsatz- oder Beschäftigtenzahlen zu bewerten, sondern sie am »shareholder value« zu messen, also am Aktionärsvermögen. Daraus ergibt sich, daß Konzerne wie Daimler, Siemens, Allianz oder RWE in den vergangenen zehn Jahren allenfalls durchschnittliche Vermögenszuwächse erwirtschafteten, während kleinere Firmen wie der Pharmahändler Gehe, der Maschinenbauer Heidelberger Druckmaschinen AG sowie der Baustofflieferant Nordcement Spitzenergebnisse erzielten.

Den absolut größten Mehr-Wert für die Aktionäre schaffte der Versicherungsriese Allianz heran, der schlimmste Wertevernichter im Kreis der 100 größten Industrieunternehmen war der Berliner Lichtsatzhersteller Berthold unter seinem in Insidergeschäfte verwickelten Exchef Hermann Brendel. Kommentiert der als Aktionärsvertreter bekanntgewordene Frankfurter Anwalt Thomas Simon: »Wenn deutsche Manager sich nicht darum bemühen, krasse Unterbewertungen auszugleichen, wenn sie sich also nicht um ›shareholder value‹ bemühen, laufen ihnen die Aktionäre weg und wandern zum besseren Wirt.«

Das neu erwachte Selbstbewußtsein der Eigentümer zwingt die Manager in die Defensive. Sie wären gut beraten, wenn sie nach den unglaublichen Fehlleistungen der vergangenen Jahre und dem gescheiterten Versuch der totalen Machtergreifung sich jetzt eines Besseren besinnen würden. Gut in die Landschaft passen würde eine Kampagne der neuen Bescheidenheit, der Rückbesinnung auf die ursprünglichen Tugenden ihrer Kaste, also der Pflichterfüllung, der Selbstzucht, des Dienens.

Die Manager der neuen Generation könnten zu Vorkämpfern einer gesellschaftlichen Erneuerungsbewegung werden, die Abschied nimmt von dem überzogenen Anspruchsdenken der 80er Jahre. Der Individual- und Gruppenegoismus, einst die Triebfeder der bundesdeutschen Gesellschaft, entfaltet heute angesichts der Herausforderung im Osten nur noch zerstörerische Kräfte. Nicht erst seit dem unsinnigen Streik der ÖTV vom Frühjahr 1992 wissen wir, daß die brutale Durchsetzung von Gruppeninteressen nicht mehr konsensfähig ist.

Und wenn schon die Politiker, korrumpiert bis in die Knochen, die Kehrtwendung nicht schaffen, so muß diese eben von anderen gesellschaftlichen Gruppen eingeleitet werden. Dazu ist niemand berufener als die wirtschaftliche Elite des Landes.

Die enorme Macht, die sich die deutschen Manager im Laufe der Jahre angeeignet haben, wird von der Gesellschaft nur toleriert werden, wenn sie nach erkennbaren und allgemein akzeptierten Prinzipien angewandt wird. Das heißt: Manager brauchen, wie einst die Offiziere im alten Preußen, einen verbindlichen Ehrenkodex.

Er sollte sich orientieren an den Idealen des fairen Wettbewerbs, der persönlichen Bescheidenheit, der Selbstzucht und des Dienens an der Gesellschaft. Da weit und breit keine Gegengewalt sichtbar ist, die das Management unter Kontrolle zu bringen vermöchte, sind wir alle auf die Selbstreinigungskräfte innerhalb dieser Kaste angewiesen. Die Manager selbst haben es in der Hand, ob sie als Ausbeuter, Schmarotzer und Versager angesehen werden, oder ob künftige Generationen in ihnen die intellektuellen, wirtschaftlichen und moralischen Führer der Gesellschaft sehen.

Wenn sie für ihre Mitarbeiter eine Vorbildfunktion einnehmen wollen, dann müssen sie als erstes wieder glaubwürdig werden. Glaubwürdigkeit aber setzt voraus, daß sie aufhören mit der hemmungslosen Selbstbereicherung, während sie gleichzeitig Massenentlassungen verfügen. Nur wenn sie selbst mit guten Beispielen vorangehen und auf eine weitere Ausdehnung ihrer Einkommen und Privilegien verzichten, können sie den anstehenden Strukturwandel mit all seinen negativen Begleiterscheinungen für die Schicht der Arbeitnehmer bewältigen.

Die neue, »intelligente« Wirtschaft setzt den Gleichklang der Interessen von Arbeitnehmern und Management voraus, und der intelligente, selbstbewußte Mitarbeiter der Zukunft wird nicht nur mehr Verantwortung tragen als heute, sondern auch viel höhere Anforderungen an das Führungspersonal stellen. Die Manager müssen also nicht nur kompetenter werden, sondern auch moralisch integer. Wer ausschließlich zum eigenen Nutzen handelt, wird von seinen Leuten schnell durchschaut und abgelehnt. Führungskräfte werden daran gemessen, welchen Nutzen sie für die Gemeinschaft erbringen und nicht, wieviel sie persönlich absahnen.

Gefragt ist jetzt das »Management by Wandering Around«: Chefs, die die

Kommunikation suchen, die kraft ihrer Persönlichkeit Offenheit und Vertrauen wecken und selbst permanent Anstöße geben. Sie begreifen ihr Unternehmen als lebendigen Organismus, der nur funktionieren kann, wenn sich alle Aggregate gegenseitig positiv beeinflussen.

Dieser Typ verabschiedet sich von der heute noch vorherrschenden »Weisungskultur«, die an einer aktiven Mitgestaltung des Betriebsgeschehens durch die einzelnen Mitarbeiter keinerlei Interesse zeigte. Er zerstört die starren Ordnungssysteme, die das Kästchendenken schuf, und vertraut auf die Selbstorganisation mündiger Mitarbeiter.

Das hierarchisch aufgebaute Schichtenmodell heutiger Betriebe ersetzt er durch eine Vielzahl kreativer Projektteams, die wie die Zellen in einem menschlichen Körper miteinander vernetzt sind. Die Kommunikation wird hier nicht mehr geprägt von komplizierten Regelwerken, sondern von freiwillig eingegangenen Zielvereinbarungen.

Kontrolliert wird nur noch die Einhaltung der Ziele, nicht mehr das sonstige Verhalten der Mitarbeiter. Wer allerdings bei der Spesenabrechnung schummelt, wer sich auf Kosten der Kollegen bereichert, wer faulenzt und krankfeiert, fliegt gnadenlos raus – das erfordert schon die Solidarität der Betriebsgemeinschaft.

Der neue Manager sieht in seinen Mitarbeitern nicht unmündige, unwillige und unfähige Gehaltsempfänger, die mit Druck und Drohungen motiviert werden müssen, sondern Partner, auf deren Intelligenz und Kreativität er angewiesen ist. Er begegnet ihnen mit Achtung und Respekt und kümmert sich auch um ihr Wohlbefinden außerhalb des Betriebs.

Er ist eher Coach als Dompteur, er ist Trainer, Seelsorger und Anreger hochmotivierter Mitarbeiter. Seine Macht basiert nicht auf der Befugnis zur Beförderung und Entlassung, sondern auf seiner Kompetenz und Persönlichkeit. Da es in der künftigen Betriebsorganisation keine starren Hierarchien mehr gibt, ist der Auf- und Abstieg auch nicht mehr die entscheidende Bewegung im sozialen Geflecht. Durchaus denkbar sind Karrieren, die vom Randbereich eines Unternehmens ins Zentrum führen und dann wieder zurück. Ein Manager, der zeitweilig die Verantwortung für den Gesamtkomplex trägt, kann ohne Gesichtsverlust wieder in den Entwicklungsbereich zurückkehren oder die Leitung der brasilianischen Tochtergesellschaft übernehmen.

Weg von linearen Organisationen, hin zu vernetzten Strukturen, weg von der Mißtrauens-, hin zu einer Vertrauenskultur, weg von Überwachungsmechanismen, hin zu selbststeuernden Systemen: das ist die Richtung, in die sich die Unternehmen entwickeln werden. Aus dem Manager wird dann der Prozeßgestalter, Moderator, Beweger. Die Niete im Nadelstreifen hat ausgedient.

Nachwort
zur Taschenbuchausgabe

Seit dem Erscheinen dieses Buches hat sich manches bewegt in der deutschen Wirtschaft. Damals dachten viele Leser und manche wohlmeinenden Kritiker, ganz so schlimm, wie hier dargestellt, könnten die Zustände in den Führungsetagen unserer Unternehmen ja wohl doch nicht sein. Heute wissen wir: Sie waren noch schlimmer.

Damals kannten wir noch nicht die Milliardenverluste der Metallgesellschaft, wir ahnten nichts vom Skandal um den Sportbodenhersteller Balsam, und auch der Baulöwe Dr. Jürgen Schneider weilte noch in unserer Mitte. Ignacio Lopez de Arriortua, der heute so umstrittene Kostenkiller des VW-Konzerns, stand noch nicht im Verdacht der Industriespionage, sondern in den Diensten der Adam Opel AG, und in der Mannesmann-Konzernzentrale am Düsseldorfer Rheinufer wußten nur wenige Eingeweihte von den seltsamen Privatgeschäften des obersten Chefs, Werner H. Dieter.

Zwar schwante uns schon, daß auch beim größten und angesehensten deutschen Industrieunternehmen die Dinge nicht zum besten standen, aber wie groß der Schlamassel wirklich war, den Daimler-Chef Edzard Reuter angerichtet hatte, das wurde erst bekannt, als sein Nachfolger Jürgen Schrempp die Zahlen auf den Tisch legte.

Inzwischen haben wir uns an derlei Botschaften aus den Konzernzentralen schon so gewöhnt, daß es uns nicht mehr erschüttert, wenn wir erfahren, daß bei Daimler-Benz seit Jahren Luxuswagen verschoben wurden, daß der Staatsanwalt gegen den Opel-Vorstand Werner Enderle und andere Manager ermittelt, weil sie angeblich ihre Privathäuser auf Firmenkosten herrichten ließen, daß nach der Dresdner Bank und der Hypo Capital Management noch weitere Banken von Steuerfahndern durchkämmt wurden, weil die Geldhäuser vermögenden Kunden ganz systematisch zur Steuerflucht verholfen hatten. Gelassen registrierten wir die Verhaftung des Südmilch-Chefs Wolfgang Weber im fernen Paraguay und nahmen Anteil am Schicksal des smarten, doch glücklosen Sanierers Karl Josef Neukirchen, der jetzt nicht mehr so recht weiß, welcher Dienstvilla er den Vorzug geben soll: jener von Hoesch oder doch lieber der von der Metallgesellschaft?

Einen Vorwurf muß ich mit dem Ausdruck des Bedauerns zurücknehmen: Langweilig sind sie nicht mehr, die deutschen Manager. Immer wieder sorgten sie in den letzten Jahren für interessante Nachrichten. So, als VW-Chef Ferdinand Piëch entdeckte, daß ihn sein eigener Sicherheitsdienst abhörte, oder als wir die Reste des McLaren-Sportwagens bewundern durften, den ausgerechnet BMW-Chef Bernd Pischetsrieder in den Graben gesteuert hatte.

Die Kaste hat ihre Aura verloren. Die »Unberührbaren« sehen sich einer wachsenden Kritikerschar gegenüber, da ihre Glanztaten die Öffentlichkeit mehr und mehr zu beunruhigen beginnen. Viele der in diesem Buch geouteten »Nieten« wurden bereits aus ihren Chefsesseln gekegelt, weitere werden gewiß folgen. Doch an der Arroganz der angestellten Funktionsträger hat sich bisher nicht viel geändert.

Zwar haben sie auf die jüngste Rezession überraschend schnell und scheinbar effizient reagiert. Viele Unternehmen veranstalten einen radikalen Hausputz;

Hunderttausende Arbeitsplätze wurden wegrationalisiert, zahlreiche Werke dichtgemacht, die Produktionsanlagen gründlich renoviert, so daß nach ein, zwei Verlustjahren die Bilanzen wieder stimmten. In Ordnung ist die deutsche Wirtschaft damit aber noch lange nicht.

Die Gewaltkur nämlich schlug nur oberflächlich an, und schon bald wieder werden sich die alten Symptome zeigen: steigende Kosten, abnehmende Effizienz, schwindender Kundennutzen. Die Verschlankung der Produktion, das Schleifen der Verwaltungsbürokratie, die Rückbesinnung auf die Kerngeschäftsfelder – all das war gewiß notwendig. Es reicht aber nicht aus für einen dauerhaften Unternehmenserfolg, wenn das Wichtigste vergessen wird: die Pflege einer humanen, doch leistungsorientierten Unternehmenskultur.

Deutschlands Manager müssen endlich begreifen, daß ihr Schicksal von den Leistungen ihrer Mitarbeiter abhängt. Nur wenn sie in die Welt ihrer Mitarbeiter zurückkehren, können sie das dort vorhandene Leistungspotential wirklich ausschöpfen. Solange in unseren Firmen zwei Welten existieren – jene der Führenden und jene der Geführten – bleibt jede Strukturreform, jedes Reengineeringr-Pogramm Stückwerk. Untersuchungen von Unternehmensberatern bestätigen dies: Sowohl der Deutsche Jochen Kienbaum als auch der Amerikaner Michael Hammer stellten fest, daß von 100 eingeleiteten Restructure-Programmen nur 15 dauerhaften Erfolg versprechen.

Bis jetzt haben unsere Firmen nur abgespeckt, jetzt müssen sie neue Muskeln bilden. Dafür brauchen sie Manager, die Mut zum Risiko entwickeln, die neue Produkte kreieren, neue Märkte erschließen. Manager, die ihren Mitarbeitern mehr Freiheiten einräumen, auf die Gefahr hin, daß auch mal etwas danebengeht.

Beispiele für solche Entrepreneure gibt es mittlerweile auch in der deutschen Wirtschaft: Wendelin Wiedeking zum Beispiel, der neue Chef von Porsche ist ein solcher Typ, auch Jürgen Dormann, der den Chemiekonzern Hoechst anführt, gehört dazu, ebenso wie Jürgen Weber von der Lufthansa.

Ob Helmut Werner (Mercedes-Benz), Heinrich von Pierer (Siemens), Jürgen Richter (Springer), Gerhard Schulmeyer (SNI) – alle diese Bosse stehen für einen neuen Managertyp, der aufräumt mit den Sünden der Vergangenheit.

Hätten wir mehr Manager dieses Schlages, wäre eine Fortsetzung der »Nieten in Nadelstreifen« vielleicht entbehrlich.

München im Juli 1995

Literaturverzeichnis

Bauer, W.M., *Die hilflosen Manager*. Frankfurt, 1985

Eberwein, Wilhelm, Tholen, Jochen, *Managermentalität*. Frankfurt, 1990

Eglau, Hanns Otto, *Edzard Reuter*. Düsseldorf, 1991

Galbraith, John Kenneth, *Die moderne Industriegesellschaft*. München, 1968

Hofstetter, H., *Die Leiden der Leitenden*. München, 1980

Kaufmann, F.X., *Ethos und Religion bei Führungskräften*. München, 1986

Mintzberg, H., *The Nature of Managerial Work*. New York, 1973

Mülder, J.B., & Partner, *Wege zur Unternehmensspitze*. Berlin, 1982

Neuberger, O., *Führung*. Stuttgart, 1985

Nussbaum, Bruce, *Das Ende unserer Zukunft*. München, 1984

Page, Martin, *Managen wie die Wilden*. Düsseldorf, 1972

Peter, J., *Das Peter-Prinzip oder die Hierarchie der Unfähigen*. Reinbek, 1970

Peters, T.J., Watermann, R.H., *In Search of Excellence*. New York, 1982

Pross, H., *Manager und Aktionäre in Deutschland*. Frankfurt, 1965

Pross, H., Bötticher, K.W., *Manager des Kapitalismus*. Frankfurt, 1971

Raddatz, Bettina, *Treu & Glauben*. Frankfurt, 1991

Rosenstiel, Lutz v., u.a., *Führungsnachwuchs im Unternehmen*. München, 1989

Schumpeter, J.A., *Kapitalismus, Sozialismus und Demokratie*. München, 1980

Seitz, Konrad, *Die japanisch-amerikanische Herausforderung*. Bonn, 1991

Sprenger, Reinhard, *Mythos Motivation*. Frankfurt, 1992

Strasser, D., *Abschied von den Wunderknaben*. München, 1985

Womack, James P., Daniel T. Jones, Daniel Roos, *Die zweite Revolution in der Autoindustrie*. Frankfurt, 1991

Zapf, W., *Wandlungen der deutschen Elite*. München, 1965

Ferner wurden Artikel aus folgenden Zeitschriften und Zeitungen verwertet:

auto, motor + sport
Der Spiegel
Manager Magazin
Management-Wissen
Capital
WirtschaftsWoche
Top Business
Harvard Manager
Die Zeit
Frankfurter Allgemeine Zeitung
Süddeutsche Zeitung
Handelsblatt
LAF 91 (Leseranalyse Führungskräfte)
Wallstreet Journal
Financial Times
New York Times

Register

Abs, Hermann Josef 24, 31, 37, 47, 259
Akers, John F. 131, 224

Barnevick, Percy 185, 215, 259
Baumgartel, Wolf-Dieter 12, 50
Becker, Gert 177
Behne, Manfred 238
Beisheim, Otto 213
Beitz, Berthold 77, 187, 199, 259
Bendlin, Kurt 17, 121
Bennigsen-Foerder, Rudolf von 56
Berger, Roland 54, 58, 141, 142, 166, 171, 172, 215
Bernau, Manfred 112
Berth, Rolf 127, 219
Bierich, Marcus 20, 26, 32, 114, 119, 261
Bilitza, Uwe-Volker 217
Birkenbihl, Vera F. 116
Blecke, Ulrich 114
Blum, Manfred 118
Bohn, Arno 23, 103, 179
Böning, Uwe 119, 217
Bono, Edward de 246
Brahms, Hero 202
Branson, Richard 258
Brauchitsch, Eberhard von 51, 107
Breitschwert, Werner 38, 111

Brendel, Hermann 263
Breuel, Birgit 19, 85, 196, 254
Breuer, Rolf E. 53
Bruhn, Manfred 106
Buddenberg, Helmut 104
Bühner, Rolf 60

Casdorff, Claus Hinrich 121, 200
Casper, Werner 81, 83
Christians, Friedrich Wilhelm 32, 59
Craven, John 31
Cremante, Franco 233, 234
Crick, Francis 258
Cromme, Gerhard 109, 202

Dieter, Werner H. 11, 114, 158, 159
Doppelfeld, Volker 123
Dornier-Tiefenthaler, Martine 39
Drucker, Peter F. 225, 244
Dürr, Heinz 24, 177, 200
Dziembowski, Constantin von 109

Eckard, Horst 86, 87
Eichbauer, Fritz 137
Eisner, Michael D. 100
Emmerich, Erika 255

Engels, Wolfram 53, 222
Erdtmann, Johanna 117
Erlemann, Jochem 88
Esch, Horst Dieter 85, 86, 199
Feuerlein, Wilhelm 115
Fiebich, Kurt 54
Fireman, Paul B. 100
Fischer, Manfred 107
Flick, Friedrich-Karl 32, 37, 46, 51, 55, 158
Flick, Friedrich Christian 55
Flick, Gert-Rudolf 55
Frey, Dieter 134, 135
Frey, Klaus 117
Friedrichs, Hajo 200
Fries, Dieter 257

Gäb, Hans-Wilhelm 106
Gaddafi, Muamar al 74
Galbraith, John Kenneth 22
Galen, Graf 85
Ganz, Axel 128
Gates, William H. 222
Gehlen, Arnold 17, 118
Gerken, Gerd 120, 200
Gieske, Friedhelm 158
Gödde, Alfons 75, 77
Goeudevert, Daniel 109, 129, 200, 202, 248
Goldmann, Heinz 17, 119, 200
Götte, Klaus 103, 225
Grosser, Harald 118
Gruen, Arno 218
Guth, Wilfried 22, 32, 37
Guthardt, Helmut 181

Haas, Robert D. 227
Hahn, Carl H. 114, 175, 248
Hanson, Dale 59
Hartwig, Günter 261
Hauff, Fritz 84
Heissler, Udo 76
Heldreich, Hans-Peter von 86, 87
Henkel, Hans-Olaf 92, 208
Henle, Familie 91
Henzler, Herbert 140, 142, 144, 261

Herfurth, Christian 108
Herrhausen, Alfred 32, 39
Herzig, Markus D. 84
Hilger, Wolfgang 148, 162
Hirschbach, Otto 234
Hirzel, Matthias 159
Hitler, Adolf 247
Hoffmann, Dieter 81
Höhler, Gertrud 120, 200
Holzheu, Harry 119
Hubbert, Jürgen 44
Hughes, Howard 158
Hughes, Louis R. 208, 232
Hussein, Saddam 16, 74

Iacocca, Lee 191
IBM 92
Icahn, Carl 46
Immenga, Ulrich 49

Jacobs, Klaus 52
Jäggi, René C. 103, 178, 200
Johannsmann, Hubert 202
Junger, Burkhard 91

Kaske, Karlheinz 72, 162, 208
Kentsch, Eckhard 87
Kienbaum, Gerhard 142
Kirch, Leo 216
Klenke, Günter 108
Klugt, Cornelis van der 184
Klune, Heinz-Ernst 82
Komperwass, Hans 184
Kopper, Hilmar 32, 112, 119, 258
Kotter, John 247
Krätschmer, Wolfgang 155
Kraves, Henry 46
Kreher, Peter-Jürgen 183
Kröncke, Karsten F. 118
Krupp, Alfried 259
Kuenheim, Eberhard von 20, 65, 98, 103, 104, 114, 133, 148, 213, 222, 258, 259
Kuhn, Klaus 90

Lambsdorff, Otto Graf 59
Langmann, Hans Joachim 181
Lappas, Alfons 79, 80, 82
Lassorda, Tom 236
Lay, Rupert 17, 95, 121, 243
Leder, Thomas 159
Leibinger, Berthold 167, 170
Lenz, Gerhard Hans 118
Ley, Margaretha 197
Liebe, Bodo 32
Liechtenstein, Fürst von 90
Ling, James 158
Linss, Hans-Peter 261
Lipp, Ernst Moritz 173
Lohr, Franziska 75
Lohr, Helmut 75, 76, 78, 109
López de Arriortua, Ignacio 232
Lucy, Herbert 39
Ludwig I. 105
Luft, Klaus 182
Lundkvist, Leif C. 183

Malik, Friedmund 126, 148
Manthey, Dirk 128
Maslow, Abraham H. 206
Matsushita, Konosuke 168
Matuschka, Albrecht Graf 180
Maucher, Helmut 119, 243
Maxwell, Robert 68, 199
Medici, Lorenzo de 105
Merkle, Hans L. 114, 213
Mertens, »Manni« 89
Mintzberg, Henry 217
Mohn, Liz 107
Mohn, Reinhard 190, 194
Morawa, Hans 119
Müller, Wolfgang 108
Münzner, Horst 182

Nagel, Klaus 89
Naisbitt, John 254
Napoleon 206
Närger, Heribald 59
Neuber, Friedel 90
Neuberger, Oswald 208, 255
Neukirchen, Karl-Josef 109, 112, 178

Niefer, Werner 38, 40, 45, 62, 76, 78, 104, 191, 196
Niefer, Veronika 45
Nold, Emil 54
Norgren, Christian 90

Odewald, Jens 179
Ohno, Taiichi 230
Otto, Bernd 75, 78, 79, 81, 82, 83

Pareto, Vilfredo 241
Peddinghaus, Jürgen 142
Peters, Tom 240, 246, 254
Petersen, Helge 52
Pickens, T. Boone 46
Piëch, Ferdinand 193, 237, 248
Pierer, Heinrich von 36, 131
Piltz, Klaus 56, 57, 58
Pirelli, Leopoldo 31, 49
Poschmann, Lothar 90
Prinz, Gerhard 37
Prinz, Günter 108

Quandt, Familie 48
Quandt, Herbert 37, 259
Quandt, Johanna 255
Queisser, Hans-Joachim 149, 152

Raddatz, Bettina 112
Rademacher, Karlheinz 145
Reitzle, Wolfgang 114, 123, 145
Resch, Werner 77
Reuter, Edzard 11, 19, 37, 42, 104, 114, 119, 148, 158, 162, 196, 200, 215, 258
Rey, Werner K. 84, 199
Rickert, Dieter 201
Rohwedder, Detlev Karsten 31, 196
Rowland, »Tiny« 158
Rosenstiel, Lutz von 70, 87, 135, 218
Rühl, Irmgard 117
Ruhleder, Rolf H. 117
Ruhnau, Heinz 79, 185
Rundstedt, Eberhard von 111

Sander, Jil 197
Schäffler, Johannes 107
Scherrer, Hans-Peter 108
Schickedanz, Grete 255
Schiefer, Friedrich 25
Schieren, Wolfgang 25, 26, 28, 48, 55, 256
Schippkühler, Jürgen 84
Schmidt, Gerhard 87
Schmidt, Helmut 15
Schmiedeknecht, Hayo 15
Schmitz, Ronaldo 129
Schneider, Jörg 160
Schneider, Manfred 260
Schneider-Gädicke, Karl-Herbert 89
Schneider-Lenné, Ellen-Ruth 255
Schneidewind, Klaus-Peter 109
Schreiber, Hans 261
Schrempp, Jürgen 41, 183
Schröder-Reinke, Klaus-Peter 81
Schubart, Maximilian 188
Schulte-Hillen, Gerd 190
Schulte-Noelle, Henning 25
Schweitzer, Albert 206
Seeliger, Hans 69, 70
Seipp, Walter 59
Sihler, Herbert 243
Simon, Thomas 263
Smith, Adam 91
Sommerlatte, Tom 145
Späth, Lothar 76
Spethmann, Dieter 50, 102, 125, 216
Spicka, Roland 86
Sprenger, Reinhard K. 205
Springer, Axel Cäsar 99
Springer, Friede 255
Steil, Friedrich 89
Steinhart, Heinz 88
Stöckl, Ernst Georg 177
Straaten, Erhard van 108
Strube, Jürgen 119

Tagushi, Toshiaki 233
Tamm, Peter 99, 108, 177, 216, 219

Thurn und Taxis, Fürst von 51
Thurn und Taxis, Gloria von 52
Timmer, Jan D. 162
Toyoda, Eiji 230
Toyoda, Soichiro 230
Trump, Donald 68

Urban, Horst 31, 176

Vetter, Heinz Oskar 79
Vida, Eitel J. 119
Vogel, Dieter H. 114, 190, 251
Vogelsang, Günter 32, 114

Wagner, Franz W. 28
Wagner, Helmut (Asko) 52
Wagner, Helmut (Rehau Plastik) 228
Watson, James 258
Weber, Jürgen 185
Weber, Max 129
Weickart, Nicolaus-Jürgen 49, 55, 56
Weiss, Heinrich 20, 62, 188
Weiß, Ulrich 31
Weizsäcker, Richard von 245
Wenger, Ekkehard 27, 55, 58
Werner, Helmut 240
Wersebbe, Karsten Bodo von 84
Wiedig, Hans-Dieter 184
Wilhelm, Johannes 86
Wille, Günter 108, 216
Winkler, Anette 197
Wisser, Claus 137, 217
Wolff, Otto 178
Wolff, Volker 160
Wöpkemeier, Helmut Friedrich 111
Wössner, Mark 100, 190
Wulf-Mathies, Monika 254

Zapp, Herbert 31, 180
Zuber, Wolf 112

Knaur

Die bisher erschienenen Taschenbücher von Günter Ogger.

Günter Ogger — Kauf dir einen Kaiser. Die Geschichte der Fugger (03613)

Günter Ogger — Die Gründerjahre. Als der Kapitalismus jung und verwegen war (77152)

Günter Ogger bringt Licht in die Machenschaften von Banken, Sparkassen, Versicherungskonzernen, Kapitalanlagegesellschaften und Immobilienanbietern.
Eine Pflichtlektüre für jeden, der ein Bankkonto, eine Versicherung, einen Bauspar- oder Darlehensvertrag hat!

Droemer Knaur®

304 Seiten. Gebunden.

Heiße Eisen

(3812) (3960) (77138)

(80051) (4079) (4807)

Knaur

Zeitgeschichte

(80052)

(80043)

(80063)

(80047)

(80072)

(80021)

Am Puls der Zeit

(77225)

(77228)

(77231)

(77234)

(80078)